जायसी

जायसी

आचार्य रामचन्द्र शुक्ल
भूतपूर्व अध्यक्ष, हिन्दी विभाग
काशी हिन्दू विश्वविद्यालय, वाराणसी

भूमिका
डॉ0 रामकिशोर शर्मा
अध्यक्ष हिन्दी विभाग, इलाहाबाद विश्वविद्यालय, इलाहाबाद

भारतीय ज्ञानपीठ

शिक्षोदय ग्रन्थमाला ग्रन्थमाला : ग्रन्थांक 010

ISBN 978-81-263-2088-2

प्रकाशक : **भारतीय ज्ञानपीठ**
18, इन्स्टीट्यूशनल एरिया, लोदी रोड, नयी दिल्ली-110 003

मुद्रक : आर.के. ऑफसेट, दिल्ली-110032

आवरण : ज्ञानपीठ कला प्रभाग

JAYASI
by Acharya Ramchandra Shukla

Published by
Bharatiya Jnanpith
18, Institutional Area, Lodi Road, New Delhi-110 003
Ph. : 011-24698417, 24626467; 23241619 (Daryaganj)
Mob. : 9350536020; e-mail : bjnanpith@gmail.com
sales@jnanpith.net; website : www.jnanpith.net

Second Edition : 2019
Price : Rs. 160

विषय-सूची

जायसी

वक्तव्य

(प्रथम संस्करण)

'पद्मावत' हिंदी के सर्वोत्तम प्रबंधकाव्यों में है। ठेठ अवधी भाषा के माधुर्य और भावों की गंभीरता की दृष्टि से यह काव्य निराला है। पर खेद के साथ कहना पड़ता है कि इसके पठन-पाठन का मार्ग कठिनाइयों के कारण अब तक बंद सा रहा। एक तो इसकी भाषा पुरानी और ठेठ अवधी, दूसरे भाव भी गूढ़, अत: किसी शुद्ध अच्छे संस्करण के बिना इसके अध्ययन का प्रयास कोई कर भी कैसे सकता था? पर इसका अध्यायन हिंदी साहित्य की जानकारी के लिये कितना आवश्यक है, यह इसी से अनुमान किया ज़ा सकता है कि इसी के ढाँचे पर 34 वर्ष पीछे गोस्वामी तुलसीदास जी ने अपने लोक प्रसिद्ध ग्रंथ 'रामचरितमानस' की रचना की है। यही अवधी भाषा और चौपाई दोहे का क्रम दोनों में है, जो आख्यानकाव्यों के लिए हिंदी में संभवत: पहले से चला आता रहा हो। कुछ शब्द ऐसे हैं जिनका प्रयोग जायसी और तुलसी को छोड़ और किसी कवि ने नहीं किया है। तुलसी के भाषा के स्वरूप को पूर्णतया समझने के लिये जायसी की भाषा का अध्ययन आवश्यक है।

इस ग्रंथ के चार संस्करण मेरे देखने में आए हैं—एक नवलकिशोर प्रेस का, दूसरा पं० रामजसन मिश्र संपादित काशी के चंद्रप्रभा प्रेस का, तीसरा कानपुर के किसी पुराने प्रेस का फारसी अक्षरों में और म०प०पं० सुधाकर द्विवेदी और डाक्टर ग्रियर्सन संपादित एशियाटिक सोसाइटी का, जो पूरा नहीं, तृतीयांश मात्र है।

इनमें से प्रथम दो संस्करण तो किसी काम के नहीं। एक चौपाई का भी पाठ शुद्ध नहीं, शब्द बिना इस विचार के रखे हुए हैं कि उनका कुछ अर्थ भी हो सकता है या नहीं। कानपुरवाले उर्दू संस्करण को कुछ लोगों ने अच्छा बताया। पर देखने पर वह भी इसी श्रेणी का निकला। उसमें विशेषता केवल इतनी ही है कि चौपाईयों के नीचे अर्थ भी दिया हुआ दिखाई पड़ता है। यह अर्थ भी अटकलपच्चू है; किसी मुंशी या मौलवी साहब ने प्रसंग के अनुसार अंदाज से ही लगाया है, शब्दार्थ की ओर ध्यान देकर नहीं। कुछ नमूने देखिए—

(1) 'जाएउ नागमती नगसेनहि। ऊँच भाग, ऊँचै दिन रैनहि।'

इसका साफ अर्थ यह है कि नागमती ने नागेसन को उत्पन्न किया; उसका भाग्य ऊँचा था और दिन रात ऊँचा ही होता गया। इसके स्थान पर यह विलक्षण अर्थ किया गया है—

'फिर नागमती अपनी सहेलियों को हमराह लेकर बहुत बलंद मकान में बलंदीए बख्त से रहने लगी'। इसी प्रकार 'कवलसेन पदमावति जाएउ' का अर्थ लिखा गया है ''और पद्मावत, मिस्ल कवल की थी, अपने मकान में गई''। बस दो नमूने और देखिए—

(2) 'फेरत नैन चेरि सौ छूटी। भइ कूटन कुटनी तस कूटी'।

इसका ठीक अर्थ यह है कि पद्मावती के दृष्टि फेरते ही सौ दासियाँ छूटीं और उस कुटनी को खूब मारा। पर 'चेरि' को 'चीर' समझ कर इसका यह अर्थ किया गया है—

'अगर वह आँखें फेर के देखे तो तेरा लहँगा खुल पड़े और जैसी कुटनी है, वैसा ही तुझको कूटे'।

(3) 'गढ़ सौंपा बादल कहँ, गए टिकठि बसि देव'।

ठीक अर्थ—चित्तौड़गढ़ बादल को सौंपा और टिकठी या अरथी पर बसकर राजा (परलोक) गए।

कानपुर की प्रति में इसका अर्थ इस प्रकार किया गया है—'किलअ बादल को सौंपा गया और बासदेव सिधारे'। बस इन्हीं नमूनों से अर्थ का और अर्थ करने वाले का अंदाज कर लीजिए।

अब रहा चौथा, सुधाकर जी और डाक्टर ग्रियर्सन साहब वाला भड़कीला संस्करण। इसमें सुधाकर जी की बड़ी लंबी चौड़ी टीका टिप्पणी लगी हुई है; पर दुर्भाग्य से या सौभाग्य से 'पद्मावत' के तृतीयांश तक ही यह संस्करण पहुँचा। इसकी तड़क भड़क का तो कहना ही क्या है! शब्दार्थ, टीका और इधर उधर के किस्सों और कहानियों से इसका डीलडौल बहुत बड़ा हो गया है। पर टिप्पणियाँ अधिकतर अशुद्ध और टीका स्थान स्थान पर भ्रमपूर्ण है। सुधाकर जी में एक गुण यह सुना जाता है कि यदि कोई उसके पास कोई कविता अर्थ पूछने के लिये ले जाता तो वह विमुख नहीं लौटता था वे खींच तान कर कुछ न कुछ अर्थ लगा ही देते थे। बस, इसी गुण से इस टीका में भी काम लिया गया है। शब्दार्थ में कहीं यह नहीं स्वीकार किया गया है कि इस शब्द से टीकाकार परिचित नहीं। सब शब्दों का कुछ न कुछ अर्थ मौजूद है, चाहे वह अर्थ ठीक हो या न हो। शब्दार्थ के कुछ नये नमूने देखिए—

(1) ताई=तिन्हें (कीन्ह खंभ दुइ जग के ताईं)। (2) आछहि=अच्छा (बिरिछ जो आछहि चंदन पासा) (3) अंबरउर=आम्रराज, अच्छे जाति का आम या अमरावती। (4) सारउ =सारा दूर्बा, दूब (सारिउ सुआं जो रहचह करहीं) (5) खड़वानी=गड़ुवा, झारी (6) अहूठ=अनुत्थ, न उठने योग्य। (7) कनक कचोरी,=कनिक या आटे की कचौड़ी। (8) करसी=कर्षित की, खिंचवाई (सिर करवत, तन करसी बहुत सीझ तेहि आस)।

कहीं कहीं अर्थ ठीक बैठाने के लिए पाठ भी विकृत कर दिया गया है, जैसे, 'कतहु चिरहटा पंखिन्ह लावा'का 'कतहु छरहठा पेखन्ह लावा' कर दिया गया है और 'छरहटा' का अर्थ किया गया है 'क्षार लगाने वाले' नकल करने वाले'। जहाँ 'गथ' शब्द आया है (जिसे हिंदी कविता का साधारण ज्ञान रखने वाले भी जानते हैं) वहाँ 'गंठि' कर दिया गया है। इसी प्रकार 'अरकाना' (अरकाने दौलत अर्थात सरदार या उमरा), का 'अरगाना'.करके 'अलग होना' अर्थ किया गया है।

स्थान-स्थान पर शब्दों की व्युत्पत्ति भी दी हुई मिलती है जिसका दिया जाना ही अच्छा था। उदाहरण के लिए दो शब्द ही काफी हैं—

पउनारि—पयोनाली, कमल की डंडी।

अहुठ—अनुत्थ, न उठने योग्य।

'पौनार' शब्द की ठीक व्युत्पत्ति इस प्रकार है—सं० पद्म+नाल=प्रा० पउम्+नाल=हि० पउनाड़ या पौनार। इसी प्रकार अहुठ= सं० अर्धचतुर्थ[1] प्रा०अज्झुट्ठ, अहवे=हि०अहुठ (साढ़े तीन, 'हूँठा' शब्द इसी से बना है)।

शब्दार्थों से ही टीका का अनुमान भी किया जा सकता है, फिर भी मनोरंजन के लिये कुछ पद्यों की टीका नीचे दी जाती है:—

(1) अहुठ हाथ तन सरर, हिया कवल तेहि माँझ।

सुधाकरी अर्थ—राजा कहता है कि (मेरा) हाथ तो अहुठ अर्थात् शक्ति के लग जाने से सामर्थ्यहीन होकर बेकाम हो गया और (मेरा) तनु सरोवर है जिसके हृदय मध्य अर्थात् बीच में कमल अर्थात् पद्मावती बसी हुई है।

ठीक अर्थ—साढ़े तीन हाथ का शरीररूपी सरोवर है जिसके मध्य में हृदय रूपी कमल है।

(2) हिया थार कुच कंचल लारू। कनक कचोरि उठे जनु चारू।

सुधाकरी अर्थ—हृदय थार में कुच कंचन का लड्डू है। (अथवा) जानों बल करके कनिक (आटे) की कचौरी उठती है अर्थात् फूल रही है। (चक्राकार उठते हुए स्तन कराही में फूलती हुई बदामी रंग की कचौरी से जान पड़ते हैं)।

ठीक अर्थ-मानो सोने के सुंदर कटोरे उठे हुए (औंधे) हैं।

(3) धानुक आप, बेझ जग कीन्हा।

'बेझ' का अर्थ ज्ञात न होने के कारण आपने 'बोझ' पाठ कर दिया और इस प्रकार टीका कर दी—

सुधाकर अर्थ—आप धानुक अर्थात् अहेरी होकर जग (के प्राणी) के बोझ कर लिया अर्थात् जगत् के प्राणियों को भ्रूधनु और कटाक्षबाण से मारकर उन प्राणियों का बोझा अर्थात् ढेर कर दिया ।

ठीक अर्थ—आप धनुर्धर हैं और सारे जगत् को बेध्य सा लक्ष्य किया है।

(4) नैहर चाह न पाउब जहाँ।

सुधाकरी अर्थ—जहाँ हम लोग नैहर (जाने) की इच्छा (तक) न करने पावेंगी ('पाउब' के स्थान पर 'पाउबि' पाठ रखा गगा है, शायद स्त्रीलिंग के विचार से। पर अवधी में उत्तमपुरुष बहुवचन में स्त्री० पु० दोनों में एक ही रूप रहता है)।

ठीक अर्थ—जहाँ नैहर(मायके) की खबर तक हम न पाएँगी।

(5) चलीं पउनि सब गोहने फूल डाल लेइ हाथ।

सुधाकरी अर्थ—सब हवा ऐसी या पवित्र हाथ में फूलों की डालियाँ ले लेकर चलीं।

ठीक अर्थ—सब पौनी (इनाम आदि पाने वाली) प्रजा—नाइन, बारिन आदि—फूलों की डालियाँ लेकर साथ चलीं।

---

1. एक शब्द 'अध्युष्ट' भी मिलता है पर वह केवल प्राकृत 'अज्झुट्ठ' की व्युत्पत्ति के लिये गढ़ा हुआ जान पड़ता है।

इसी प्रकार की भूलों से टीका भरी हुई है। टीका का नाम रखा गया है 'सुधाकर-चंद्रिका'। पर यह चंद्रिका है कि घोर अंधकार? अच्छा हुआ कि एशियाटिक सोसाइटी ने थोड़ा सा निकाल कर ही छोड़ दिया।

सारांश यह कि इस प्राचीन मनोहर ग्रंथ का कोई अच्छा संस्करण अब तक न था और हिंदी प्रेमियों की रुचि अपने साहित्य के सम्यक् अध्ययन की ओर दिन-दिन बढ़ रही थी। आठ नौ वर्ष हुए, काशी नागरी प्रचारिणी सभा ने अपनी 'मनोरंजन पुस्तकमाला' के लिये मुझसे 'पद्मावत' का एक संक्षिप्त संस्करण शब्दार्थ और टिप्पणी सहित तैयार करने के लिये कहा था। मैंने आधे के लगभग ग्रंथ तैयार भी किया था। पर पीछे यह निश्चय हुआ कि जायसी के दोनों ग्रंथ पूरे पूरे निकाले जायँ। अतः 'पद्मावत' की वह अधूरी तैयार की हुई कॉपी बहुत दिनों तक पड़ी रही।

इधर जब विश्वविद्यालयों में हिंदी का प्रवेश हुआ और हिंदू विश्वविद्यालय में हिंदी साहित्य भी परीक्षा के वैकल्पिक विषयों में रखा गया, तब तो जायसी का एक शुद्ध उत्तम संस्करण निकालना अनिवार्य हो गया क्योंकि बी०ए० और एम०ए० दोनों की परीक्षाओं में पद्मावत रखी गई। पढ़ाई प्रारम्भ हो चुकी थी और पुस्तक के बिना हर्ज हो रहा था; इससे यह निश्चय किया गया कि समग्र ग्रंथ एकबारगी निकालने में देर होगी; अतः उसके छह छह फार्म के खंड करके निकाले जायँ जिससे छात्रों का काम भी चलता रहे। कार्तिक संवत् 1980 से इन खंडों का निकलना प्रारंम्भ हो गया। चार खंडों में 'पद्मावत' और 'अखरावट' दोनों पुस्तकें समाप्त हुईं।

'पद्मावत' की चार छपी प्रतियों के अतिरिक्त मेरे पास कैथी लिपि में लिखी एक हस्तलिखित प्रति भी थी जिससे पाठ के निश्चय करने में कुछ सहायता मिली। पाठ के संबंध में यह कह देना आवश्यक है कि वह अवधी व्याकरण और उच्चारण तथा भाषाविकास के अनुसार रखा गया है। एशियाटिक सोसाइटी की प्रति में 'ए' और 'औ' इन अक्षरों का व्यवहार नहीं हुआ; इनके स्थान पर 'अइ' और 'अउ' प्रयुक्त हुए हैं। इस विधान में प्राकृत की पुरानी पद्धति का अनुसरण चाहे हो, पर उच्चारण की उस आगे बढ़ी हुई अवस्था का पता नहीं लगता जिसे हमारी भाषा, जायसी और तुलसी के समय में, प्राप्त कर चुकी थी। उस समय चलती भाषा में 'अइ' और 'अउ' के 'अ' और 'इ' तथा 'अ' और 'उ' के पृथक् -पृथक् स्फुट उच्चारण नहीं रह गए थे, दोनों स्वर मिलकर 'ए' और 'औ' के समान उच्चरित होने लगे थे। प्राकृत के 'दैत्यादिष्वइ' और 'पौरादिष्वउ' सब दिन के लिये स्थायी नहीं हो सकते थे। प्राकृत और अपभ्रंश अवस्था पार करने पर उलटी गंगा बही। प्राकृत के 'अइ' और 'अउ' के स्थान पर 'ए' और 'औ' उच्चारण में आए—जैसे प्राकृत और अपभ्रंश रूप 'चलइ', 'पइट्ठ', 'कइसे,' 'चउक्कोण' इत्यादि हमारी भाषा में आकर 'चलै,' पैठ 'कैसे', 'चौकोन', इस प्रकार बोले जाने लगे। यदि कहिए कि इनका उच्चारण आजकल तो ऐसा होता है पर जायसी बहुत पुराने हैं, संभवतः उस समय इनका उच्चारण प्राकृत के अनुसार ही होता रहा हो, तो इसका उत्तर यह है कि अभी तुलसीदास जी के थोड़े ही दिनों पीछे की लिखी 'मानस' की कुछ पुरानी प्रतियाँ मौजूद हैं जिनमें बराबर 'कैसे', 'जैसे','तैसे', 'कै', 'करै', 'चौथे', 'करौं', 'आवौं', इत्यादि अवध की चलती भाषा के रूप पाए जाते हैं। जायसी और तुलसी ने चलती भाषा में रचना की है, प्राकृत के

समान व्याकरण के अनुसार गढ़ी हुई भाषा में नहीं। यह दूसरी बात है कि प्राचीन रूपों का व्यवहार परंपरा के विचार से उन्होंने बहुत जगह किया है, पर भाषा उनकी प्रचलित भाषा ही है।

डॉक्टर ग्रियर्सन ने 'करइ', 'चलइ', आदि रूपों को ही कविप्रयुक्त सिद्ध करने के लिये 'करई', 'धावई', आदि चरण के अंत में आने वाले रूपों का प्रमाण दिया है। पर 'चलै', 'गनै', आदि रूप भी चरण के अंत में बराबर आए हैं, जैसे—

(क) इहै बहुत जो बोहित पावौं। —*जायसी।*

(ख) रघुबीर बल गर्वित बीभीषनु घाल नहिं ताकहँ गनै। —*तुलसी।*

चरणांत में ही नहीं,वर्णवृत्तों के बीच में भी ये चलते रूप बराबर दिखाए जा सकते हैं जैसे—

एक एक की न सँभार। करै तात भ्रात पुकार। —*तुलसी*

जब एक ही कवि की रचना में नए और पुराने दोनों रूप का प्रयोग मिलता है, तब यह निश्चित है कि नए रूप का प्रचार कवि के समय में हो गया था और पुराने रूप का प्रयोग या तो उसने छंद की आवश्यकतावश किया है अथवा परंपरा पालन के लिये।

हाँ, 'ए' और 'औ' के संबंध में ध्यान रखने की बात यह है कि इनके 'पूरबी' और 'पच्छिमी' दो प्रकार के उच्चारण होते हैं। पूरबी उच्चारण संस्कृत के समान 'अइ' और 'अउ' से मिलता जुलता और पच्छिमी उच्चारण 'भय' और 'अब' से मिलता जुलता होता है। अवधी भाषा में शब्द के 'ए' और 'औ' का अधिकतर पूरबी तथा अंत में पड़ने वाले 'ए' 'औ' का उच्चारण पच्छिमी ढंग पर होता है।

'हि' विभक्ति का प्रयोग प्राचीन पद्धति के अनुसार जायसी में सब कारकों के लिये मिलेगा। पर कर्ता कारक में केवल सकर्मक भूतकालिक क्रिया के सर्वनाम कर्ता के तथा आकारांत संज्ञा कर्ता में मिलता है। इन दोनों स्थलों में मैंने प्राय: वैकल्पिक रूप 'इ' (जो 'हि' का ही विकार है) रखा है, जैसे केइ, जेइ, तेइ, राजै, सूए, गौरे, (किसने, जिसने, उसने, राजा ने,सूए ने, गौरा ने)। इसे 'हि' विभक्ति का ही दूसरा रूप 'ह' है जो सर्वनामों के अंतिम वर्ण के साथ संयुक्त होकर प्राय: सब कारकों में आया है। अत: जहाँ कहीं 'हम्ह', 'तुम्ह', 'तिन्ह', या 'उन्ह' हो वहाँ यह समझना चाहिए कि सर्वनाम कर्ता के अतिरिक्त किसी और कारक में है—जैसे हम्म, हमको, हमसे, हमारा, हममें, हम पर। संबंधवाचक सर्वनाम के लिये 'जो' रखा गया है तथा यदि या जब के अर्थ में अव्यय रूप 'जौ'।

प्रत्येक पृष्ठ में असाधारण या कठिन शब्दों, वाक्यों और कहीं चरणों के अर्थ फुटनोट में बराबर दिये गए हैं जिससे पाठकों को बहुत सुविधा होगी। इसके अतिरिक्त 'मलिक मुहम्मद जायसी' पर एक विस्तृत निबंध भी ग्रंथारंभ के पहले लगा दिया गया है जिसमें कवि की विशेषताओं के अन्वेषण और गुणदोषों के विवेचन का प्रयत्न अपनी अल्प बुद्धि के अनुसार किया है।

अपने वक्तव्य में 'पद्मावत' के संस्करणों को मैंने जो उल्लेख किया है, वह केवल कार्य की कठिनता का अनुमान कराने के लिये। कभी-कभी किसी चौपाई का

पाठ और अर्थ निश्चित करने में कई दिनों का समय लग गया है। झंझट का एक बड़ा कारण यह भी है कि जायसी के ग्रंथ बहुतों ने फारसी लिपि में उतारे। फिर उन्हें सामने रखकर बहुत सी प्रतियाँ हिंदी अक्षरों में तैयार हुई। इससे एक ही शब्द को किसी ने एक रूप में पढ़ा, किसी ने दूसरे रूप में। अतः मुझे बहुत स्थलों पर इस प्रक्रिया से काम लेना पड़ा है कि अमुक शब्द फारसी अक्षरों में लिख जाने पर कितने प्रकार से पढ़ा जा सकता है। काव्य भाषा के प्राचीन स्वरूप पर भी पूरा ध्यान रखना पड़ा। जायसी की रचना में भिन्न-भिन्न तत्वसिद्धान्तों के आभास को समझने के लिये दूर तक दृष्टि दौड़ाने की आवश्यकता थी। इतनी बड़ी-बड़ी कठिनाइयों को बिना धोखा खाये पार करना मेरे ऐसे अल्पज्ञ और आलसी के लिये असंभव ही समझिए। अतः न जाने कितनी भूलें मुझसे इस कार्य में हुई होंगी, जिनके सम्बन्ध में सिवाय इसके कि मैं क्षमा माँगू और उदार पाठक क्षमा करें, और हो ही क्या सकता है?

—रामचंद्र शुक्ल

कृष्ण जन्माष्टमी
संवत् 1981

वक्तव्य

(द्वितीय संस्करण)

प्रथम संस्करण में इधर-उधर जो कुछ अशुद्धियाँ या भूलें रह गई थीं वे इस संस्कारण में,जहाँ तक हो सका है, दूर कर दी गई हैं। इसके अतिरिक्त जायसी के 'मत और सिद्धान्त' तथा 'रहस्यवाद' के अन्तर्गत भी कुछ बातें बढ़ाई गई हैं जिनसे आशा है, सूफी भक्तिमार्ग और भारतीय भक्तिमार्ग का स्वरूपभेद समझने में, कुछ अधिक सहायता पहुँचेंगी। इधर मेरे प्रिय शिष्य पं०चंद्रबली पाण्डेय एम०ए०, जो हिंदी के सूफी कवियों के संबंध में अनुसंधान कर रहे हैं, जायस गए और मलिक मुहम्मद की कुछ बातों का पता लगा लाए। उनकी खोज के अनुसार 'जायसी' का जीवनवृत्त भी नए रूप में दिया गया है जिसके लिये उनके प्रति अपनी कृतज्ञता प्रकट करना मैं आवश्यक समझता हूँ।

इस ग्रंथावली के प्रथम संस्करण में जायसी के दो ग्रंथ—'पद्मावत' और 'अखरावट'—संगृहीत थे। उनका एक ग्रंथ 'आखिरी कलाम' फारसी लिपि में बहुत पुराना छपा हुआ हाल में मिला। यह ग्रंथ भी इस संस्करण में सम्मिलित कर लिया गया है। कोई और दूसरी प्रति न मिलने के कारण इसका ठीक-ठीक पाठ निश्चित करने में बड़ी कठिनता पड़ी है। एक तो इसकी भाषा 'पदमावत' और 'अखरावट' की अपेक्षा अधिक ठेठ ओर बोलचाल की अवधी, दूसरे फारसी अक्षरों में लिखी हुई। बड़े परिश्रम से किसी प्रकार मैंने इसका पाठ ठीक किया है, फिर भी इधर-उधर कुछ भूलें रह जाने की आशंका से मैं मुक्त नहीं हूँ।

जायसी के और दो ग्रंथों की अपेक्षा इसकी रचना बहुत निम्न कोटि की है। इसमें इसलाम की मजहबी किताबों के अनुसार कयामत के दिनों का लंबा चौड़ा वर्णन है। किस प्रकार जल प्रलय होगा, सूर्य बहुत निकट आकर पृथ्वी को तपाएगा। सारे जीव जन्तु और फरिश्ते भी अपना जीवन समाप्त करेंगे, ईश्वर न्याय करने बैठेगा और अपने अपराधों के कारण सारे प्राणी थरथर काँपेंगे। इन्हीं सब बातों का ब्यौरा इस छोटी-सी पुस्तक में है। जायसी ने दिखाया है कि ईसा, मूसा आदि और सब पैगम्बरों को तो आप आपकी पड़ी रहेगी, वे अपने-अपने आसनों पर रक्षित स्थान में चुपचाप बैठे रहेंगे; पर परम दयालु हजरत मुहम्मद साहब अपने अनुयायियों के उद्धार के लिये उस शरीर को जलाने वाली धूप में इधर-उधर व्याकुल घूमते दिखाई देंगे, एक क्षण के लिये कहीं छाया में बैठेंगे। सबसे अधिक ध्यान देने की बात इमाम हसन हुसैन के प्रति जायसी की सहानुभूति है। उन्होंने लिखा है कि जब तक हसन हुसैन को अन्यायपूर्वक मारने वाले और कष्ट देने वाले घोर यंत्रणापूर्ण नरक में डाल न दिए

जाएँगे, तब तक अल्लाह का कोप शांत न होगा। अंत में मुहम्मद साहब और उनके अनुयायी किस प्रकार स्वर्ग की अप्सराओं से विवाह करके नाना प्रकार के सुख भोगेंगे, यही दिखाकर पुस्तक समाप्त की गई है।

—रामचंद्र शुक्ल

चैत्र पूर्णिमा
संवत् 1992

भूमिका | रामकिशोर शर्मा

पूर्वमध्यकालीन प्रेमाख्यान काव्य परम्परा के प्रतिष्ठित रचनाकार मलिक मुहम्मद जायसी के पूर्वज अरब निवासी थें। इनके पिता का नाम मलिक शेख परवेज था। मानिकपुर के अलहदाद इनके नाना थे। एक जनश्रुति के अनुसार जायसी गाजीपुर जिले के एक गरीब मुस्लिम परिवार में पैदा हुए थे। बचपन में ही पिता की मृत्यु हो गयी, कुछ दिनों के बाद माँ का भी देहान्त हो गया। ''आखिरी कलाम'' में जायसी ने जायस नगर में कहीं बाहर से आकर बसने का उल्लेख किया है—

'जायस नगर मोर अस्थानू। नगर का नाव आदि उदयानू॥

तहाँ देवस दस पहुँने आएउं। भा बैराग बहुत सुख पायउं॥

जायस वाले जायसी को वहीं का मूल निवासी मानते हैं। जायसी जायस के कंचाने मुहल्ले में रहते थें। जायसी ने अपने चार मित्रों का उल्लेख किया है जिनके नाम हैं युसुफ मलिक, सालार कादिम, सलोने मियाँ और बड़े शेख।

जायसी की जन्मतिथि के विषय में विद्वानों में मतभेद है। आखिरी कलाम में लिखा है—

भा अवतार मोर नव सदी। तीस बरस ऊपर कविबदी। इस पंक्ति का विद्वानों ने अलग-अलग अर्थ निर्दिष्ट किया है। डा० वासुदेव शरण अग्रवाल जायसी का जन्म 1398 से 1494 के बीच मानते हैं। पं० चन्द्रबली पाण्डेय 1427 ई० मानते हैं और पं० रामचन्द्र शुक्ल ने इनका जन्मकाल 1492 ई०निश्चित किया है। 911 हिजरी में एक बहुत बड़ा भूकम्प आया था। जायसी ने आखिरी कलाम में जिस भूकम्प का वर्णन किया है। उसका वर्णन 'आइने अकबरी' में मिलता है, इससे जायसी के रचनाकाल के निर्धारण में विद्वानों को मदद मिली है। जायसी की एक आँख और एक कान विकृत हो गये थे उन्होंने स्वयं लिखा है—

'एक नयन कवि मुहम्मद गुनी। सोइ विमोहा जेइ कवि सुनी॥
चाँद जइस जग विधि औतारा। दीन्ह कलंक कीन्ह उजियारा॥
जग सूझा एकह नैनाहां। उवा सूक अस नखतन्ह माहां॥
जौ लहि अंबहि डाभ न होई। तौ लहि सुगन्ध बसाइ न सोई॥
कीन्ह समुद्र पानि जौं खारा। तौ अति भएउ असूझ अपारा॥
जौ समेरु तिरसूल बिनासा। भा कंचनगिरि लाग अकासा॥
जौं लहिं घरी कलंक न परा। कांच होइ नहिं कंचन करा॥

एक नैन जस दरपन, औ तेहि निरमल भाउ।
सब रूपवंत पांव गहि, मुख जौवहिं कै चाउ॥

जायसी को अपनी कुरूपता एवं कानेपन की गहरी पीड़ा थी। काने आदमियों को आज भी लोक में अपशकुन माना जाता है। मध्यकालीन परिवेश में तो अंधविश्वासों का बोलबाला ही था। विजयदेव नारायण साही ने जायसी को सूफी संत न मानकर

एक शक्ति सम्पन्न कवि माना है उनका विचार है कि—'अगर जायसी सूफी सन्त होते और उनके बाबा व्यक्तित्व के चारों ओर चमत्कार और जादू टोने का घटाटोप बँधा होता तो इससे वे कब के उबर गये होते। श्रद्धावान लोगों ने एक आंख के साथ भी चमत्कार जोड़ दिया होता, जैसा उस युग में आम बात थी। लेकिन वे बाबा नहीं थे। केवल प्रबल प्रतिभा और मेधा के धनी कवि ही थे। उनकी शक्ति अपने 'निरमल भावों' से भरी हुई कविता में ही थी। उनके लिए उनका कविता को सुनना और समझना जरूरी था जो जायस के दादुरों के बूते के बाहर की चीज थी। कविता सुनकर मर्मज्ञ की आँखों से जो आँसू निकलते थे, वही उनके पास एकमात्र चमत्कार था इसलिए कानेपन की कीर्ति इस पूरे कड़वक में काव्योचित तर्कों से सिद्ध की गयी है, बाबागिरी के तर्कों से नहीं है।'

जायसी अत्यधिक प्रतिभाशाली थे, उनकी श्रेष्ठ रचनाओं से प्रभावित होकर यदि लोक में उनसे सम्बन्धित कुछ अतिरंजित किंवदंतियाँ प्रचलित हो गयीं तो इसमें आश्चर्य नहीं है। मध्यकाल का वातावरण धर्म-प्रवण रहा इसलिए रचनाधर्मी व्यक्ति को सिद्ध पुरुष के रूप में प्रतिष्ठित किया जाना स्वाभाविक है। भारत में काव्य प्रतिभा को भी दैवी-प्रतिभा ही माना जाता है, बड़ा रचनाकार बनना अभ्यास या यत्न से नहीं बल्कि ईश्वरीय प्रेरणा से ही संभव होता है। रामचन्द्र शुक्ल ने लिखा है 'जायसी बड़े भावुक भगवद् भक्त थे और अपने समय में बड़े ही सिद्ध पहुँचे हुए फकीर माने जाते थे, पर कबीरदास के समान अपना एक 'निराला पंथ' निकालने का हौंसला उन्होंने कभी न किया। जिस मिल्लत या समाज में उनका जन्म हुआ था उसके प्रति अपने विशेष कर्तव्यों के पालन के साथ-साथ वे सामान्य मनुष्य धर्म के सच्चे अनुयायी थे।

जायसी के सम्बन्ध में शुक्ल जी के उपर्युक्त कथन में इस बात पर जोर नहीं है कि जायसी घर-गृहस्थी त्यागकर वन के एकांत में बैठकर धुईं रमानेवाले फकीर थे बल्कि अपने सामाजिक एवं मानवीय दायित्व के प्रति सजग और कर्तव्यनिष्ठ थे। युद्ध, हिंसा, धार्मिकविद्वेष, घृणा के युग में उन्होंने प्रेम की भावना को मानवीय एकता के मूल सूत्र के रूप में ग्रहण किया और अपनी रचनाओं के माध्यम से उसी को स्थापित किया।

कहा जाता है कि जायसी योगबल से शरीर परिवर्तनकर लेते थे। एक बार इन्होंने बाघ का रूप धारण किया और जंगल में दहाड़ लगाई, एक शिकारी डरकर उन पर बाण चला दिया, जिससे जायसी का देहान्त हो गया। लगता है कि जायसी का देहान्त किसी दुर्घटना से हुआ। यह घटना 1542 ई० के आसपास मानी जाती है।

सैयद अशरफ को जायसी का गुरु माना जाता है। उन्होंने मुहीउद्दीन की सेवा करके उनसे ज्ञान प्राप्त किया था। पदमावत में उल्लेख है—

सैयद असरफ पीर पियारा। तिन्ह मोहि पंथ दीन्ह उजियारा।
जहाँगीर ओइ चिस्ती, निहकलंक जस चाँद।
ओइ मखदूम जगत के हौ उन्हके घर बाँद।

मोंहदी को भी जायसी अपना गुरु मानते हैं। लगता है कि जायसी मध्यकालीन अन्य संतों की तरह ज्ञान के प्रति अत्यधिक जिज्ञासु थे, वे अपने समय के विविध

धर्मात्माओं के पास जाकर अपनी ज्ञान पिपासा शान्त करना चाहते थे। गुरु मोहदी की कृपा से ही उन्होंने प्रेम काव्य के वर्णन की क्षमता प्राप्त की थी—

गुर मोंहदी खेवक मैं सेवा। चले उताइल जिन्ह कर सेवा॥
उन्ह सौं मैं पाई जब करनी। उधरी जभि प्रेम कवि वरनी॥
ओइ सौ गुरु हौं चेला, निति बिनवौं या चेर।
उन्ह हुति देखई पावौं, दरस गोसाई केर॥

रचनाएँ—रामचन्द्र शुक्ल ने जायसी ग्रन्थावली में तीन रचनाओं का संकलन किया है। 'पदमावत', 'अखरावट', और 'आखिरी कलाम' जायसी द्वारा लिखित अन्य रचनाओं का भी पता चला है जो निम्नलिखित हैं—

1. चित्ररेखा
2. महरी बाइसी
3. कहरानामा
4. मसला
5. कन्हावत

पदमावत—यह प्रबन्धात्मक प्रेमाख्यानक काव्य है, इसमें लोक कथानक तथा कल्पित एवं वास्तविक ऐतिहासिक तथ्यों के आधार पर निर्मित कथावस्तु के माध्यम से मानव की प्रेम संवेदना को अंकित किया गया है। मध्यकालीन धार्मिक वातावरण एवं धार्मिक मानसिकता की सूक्ष्म परख रखनेवाले जायसी लोक कथानक में अवसरानुकूल आध्यात्मिक रंग भी चढ़ाते हैं। पदमावत के पात्र अपने आचरण एवं क्रियाकलापों के द्वारा केवल लोकपक्ष को ही नहीं उद्‌घाटित करते बल्कि आध्यात्मिक पक्ष को भी उजागर करते हैं। युद्ध कलह और सांस्कृतिक टकराहट के युग में हिन्दु मुस्लिम एकता की तलाश प्रेम के माध्यम से करने की कोशिश इस रचना में की गयी है।

अखरावट—यह रचना 911 हिज्री की मानी जाती है। इस रचना में सृष्टि की उत्पत्ति, जगत के स्वरूप आदि पर प्रकाश डाला गया है। यह कृति जायसी के सिद्धात पक्ष को उजागर करती है। आरम्भ में कवि कहता है कि जब आकाश, पृथ्वी, चन्द्रमा और सूर्य नहीं थे ऐसे अन्धकूप में सबसे पहले ज्योति उत्पन्न हुई। साईं का ही नाम हृदय और काया में भर गया है। उसमें कहीं जगह ही नहीं है इसलिए कोई दूसरी वस्तु कैसे समा सकती है। सृष्टि दुधायुक्त है पहले जीव और ब्रह्म में अभेद था लेकिन नारद के बहकावे के कारण जीव और ब्रह्म में भेद उत्पन्न हो गया। जीव स्वर्ग से बहिष्कृत हो गया। इसलिए उसके अन्दर प्रेम की पीड़ा उत्पन्न हो गयी। मन का परिष्कार करके प्रेम साधना या अन्य साधना पद्धतियों से भी ईश्वर को पाया जा सकता है। जायसी की दृष्टि में जीव, ब्रह्म और प्रकृति मूलतः एक हैं। प्रकृति ईश्वर की छाया है शैतान ने अल्लाह, प्रकृति और जीव के बीच भेद पैदा कर दिया है। अद्वैतवाद के आधार पर जायसी अपनी आध्यात्मिक भावना का निरूपण करते हैं।

'अस वह निरमल धरति अकासा। जैसे मिली फूल महं बासा॥
सबै ठाँव औस सब परकारा। ना वह मिला, न रहै निनारा॥

ओहि जोति परछाहीं, नवौं खण्ड उजियार।
सुरुज चाँद कै जोती, उदित अहै संसार॥

जायसी नाथ योगियों और संतों की तरफ पिण्ड को ब्रह्माण्ड का लघु रूप मानते हैं। जायसी सूफियों के अद्वैतवाद तक ही नहीं बल्कि वेदान्त के अद्वैतवाद तक पहुँचते हैं उनमें मत मतान्तरों के सार तत्व को ग्रहण करने की अभिलाषा है, जो दृश्यमान जत परमसत्ता की ही बाह्य अभिव्यक्ति है। शुद्ध सत्ता नाम और गुण से परे है। दृश्यमान जगत को भ्रम नहीं माना जा सकता क्योंकि वह परम सत्ता की ही आत्माभिव्यक्ति है। उसी की सत्ता ही सच है जब उसकी पहचान हो जाती है तो वह अपने से अलग नहीं प्रतीत होता—

सोहं सोहं बसि जो करई। जो बूझै सो धीरज धरई॥

स्वर्गीय अमृतत्व धरती पर छाया हुआ है लेकिन पकड़ में नहीं आ रहा है, जैसे दर्पण में बालक अपने हाथ मुँह को देखता है और उसे दूसरा समझता है—

'दरपा बालक हाथ, मुख देखै, दूसर गनै।
तस भा दुई एक माथ, मुहमद एकै जानिए॥

जैसे अनेक घड़ों में पानी भरकर रख दिया जाय और सबमें सूर्य का प्रकाश देखा जा सकता है उसी तरह से परमात्मा भी सभी देह में प्रतिबिम्बित होता है। जायसी ने सूफ़ी और भारतीय साधना एवं मान्यताओं को ज्यादातर भारतीय पौराणिक प्रतीकों के माध्यम से निरूपित किया है। वे हिन्दू मुस्लिम एकता की ओर संकेत करते हुए कहते हैं—

''तिन्ह संतति उपराजा, भाँतिन्ह भाँति कुलीन॥
हिन्दू तुरुक दुवौ भए, अपने अपने दीन॥
मातु कै स्क्त पिता कै बिन्दु। उपने दुवौ तुरुक और हिन्दू॥

आखिरी कलाम—इस रचना में कयामत अर्थात प्रलय का चित्रण किया गया है। इसका रचनाकाल 936 हिजरी माना जाता है। जायसी सबसे पहले ईश्वर का नाम लेते हैं, जिसने मुख में वाणी का सृजन किया। जायसी ने बड़े विस्तार से ईश्वर की महत्वपूर्ण देन पर प्रकाश डाला है। विधाता ने मनुष्य को बहुत सुख दिये हैं उसके मर्म को समझने की आवश्यकता है। आकाश में सूर्य उसका सेवक है, वह दिन रात दौड़ लगाता रहता है। कवि ने ईश स्तुति के बाद सृष्टि के विस्तार पर प्रकाश डाला है। इसमें बाबर का भी जिक्र किया गया है। इसमें इस्लाम मान्यताओं के अनुसार सृष्टि के स्वरूप पर प्रकाश डाला गया है। इस्लाम में ईश्वर को एक कठोर शासक माना गया है, उसने धरती, पर्वत, सूर्य, चाँद, तारे आदि का निर्माण किया है, जो उसकी आज्ञा का पालन नहीं करता वह उसे नरक मे डाल देता है। जो उसकी बराबरी करना चाहता है वह उसे नष्ट कर देता है। इसमें मोहम्मद साहब की भरपूर प्रशस्ति की गयी है। जायसी कहते हैं —ईश्वर ने सृष्टि का अनुभव और विकास मोहम्मद साहेब की प्रीति के लिए किया है। आखिरी कलाम में दोहा, चौपाई, शैली का प्रयोग है और इसकी काव्य भाषा अवधी है। इसमें स्वर्गीय आनन्द की परिकल्पना का भी मार्मिक चित्रण है। इसमें प्रेन की महत्ता को भी अंकित किया गया है। परम स्थान, मृत्यु, दुख और

रोग आदि से परे है वहाँ आनन्द ही आनन्द है।

चित्ररेखा—यह प्रेमकथा पर आधारित रचना है, कर्त्तार की वन्दना के बाद जायसी अपने चार मित्रों का वर्णन करते हैं। गोमती तट पर स्थिति चन्द्रपुर नामक नगर के राजा चन्द्रभान की प्रधान रानी रूपरेखा के गर्भ से एक लावण्यमयी कन्या का जन्म हुआ जिसका नाम रखा गया चित्ररेखा। चित्ररेखा जब बड़ी हुई तो राजा सिंहनदेव के बेटे के साथ उसका विवाह निश्चित कर दिया गया। कन्नौज के राजा का एक बेटा था जिसका नाम था प्रीतम कुँवर वह अल्पायु था। वह राजपाट छोड़कर काशी में अन्तगति पाने के लिए जा रहा था। कुबडे बेटे के बाप ने प्रियतम कुँवर से निवेदन किया कि वह एक रात के लिए रुक जाये और चित्ररेखा से विवाह कर ले। राजकुमार ने चित्ररेखा से विवाह तो किया लेकिन सुहागरात में उसने उसकी देह को छुआ तक नहीं और काशी के लिए प्रस्थान कर दिया, चित्ररेखा साज शृंगार करके राजकुमार द्वारा लिखे गये आँचल के पट से गाँठ जोड़कर चिता पर बैठ गयी इधर काशी में जब राजकुमार ने चिता बनाई तो उसने सबसे पहले महात्माओं को दान दिया, दान लेने के लिए व्यास जी भी आये। व्यास के आशीर्वाद से राजकुमार चिरजीवी हो गया। इस काव्य में प्रेम की महत्ता को निरुपित किया गया है—

जब लगि विरह न होइ तन, हिये न उपजइ पेम।
तब लगि हाथ न आव तप-करम-धरम-सतनेम॥

कहरानामा—कहरानाम की हस्तलिखित प्रतिलिपि (कामनवेल्थ) रिलेसन्स आफिस लन्दन में सुरक्षित है। एक प्रति रामपुर स्टेट लाइब्रेरी में है। एक प्रति बिहार के मनेर शरीफ खानक़ाह से प्राप्त हुई। आरम्भिक दो प्रतिलिपियाँ फारसी लिपि में हैं तीसरी उर्दू लिपि में। इसकी एक प्रति नागरी लिपि में सीतापुर से प्राप्त हुई। यह रचना लोकगीत कहरवा के तर्ज पर है। यह तीस पदों की एक प्रेमकथा है। कवि ने इसमें योग पर बल दिया है, भोगों से दूर रहने का विचार दिया है और प्रभु से मन रमाने की प्रेरणा दी है। संसार में अच्छे भले लोगों को दुख मिलता है और बुरे लोग सुरक्षित रहते हैं ईश्वर की लीला विचित्र है जिसे वह अपना सेवक मानता है वह उसे घर घर भीख मँगवाता है, कवि पंडित दुख में रहते हैं और वह मूर्ख को राज करवाता है। जहाँ चन्दन होता है वहाँ नाग होता है जहाँ मधु होती है वहाँ मधुमक्खी होती है और जहाँ गुड़ होता है वहाँ चींटे होते हैं—

'जो सेवक आपुन कै जाने, तेहि धरि भीख मंगावै रे।
कबिता, पंडित दुक्ख-दरद महँ, मुरुख के राज करावै रे।।
चन्दन जहाँ नाग है तहवाँ, जहाँ फूल तहँ काँटा रे।
मधु जहवाँ है मारवी तहवां, गुरु जहवाँ तहँ चांटा रे॥

मसला—मसला में मुहावरे और लोकोक्तियाँ का प्रचुर प्रयोग करते हुए अवधी भाषा में कवि ने ईश्वरी प्रेम का चित्रण किया है। मुहावरेदार भाषा का प्रयोग देखिये—

सकहू कहू नेकी ले साथा। षावा भात उड़ावा पाता॥

कन्हावत—यह रचना कृष्ण कथा पर आधारित है, इसमें भी हिन्दू, मुस्लिम, संस्कृतियों के समन्वय का जिक्र किया गया है। इसका रचना काल जायसी ने स्वयं निर्दिष्ट किया है—

सन नौ सै सैतारिस अहई। तहिया सरस वचन कवि कहई॥
कातिक माँह जो परत देवारी। गावाहिं आहर खटकै तारी॥
तौ मैं कहा अमिय खंड गाऊँ। कन्ह कथा करि सबहिं सुनाऊँ॥

इससे स्पष्ट होता है कि इसकी रचना पदमवत से पहले हुई। इसमें हुमायूँ का वर्णन आता है, इसमें भी इसके रचनाकाल की पुष्टि होती है। इसमें कुल बारह खण्ड है, इस रचना की शिल्पगत परिपाटी पदमावत जैसी ही है। कवि ने कथा के महत्व को प्रतिपादित करते हुए लिखा है—

हरि अनन्त हरिक था अनन्ता। गावहिं वेद भागवत-सन्ता॥
बिस्नु पदुम सिउ अगिन पुराना। भारथ सिरि हरिबंस बखाना॥
सुनेऊँ-पढ़ेऊँ भागवत पुराना। पाएउँ पेम पंथ संधाना॥
जोग भोग तप और सिंगारु। धरम करम संत कै बेवहारु॥
ज्ञान-भगति-रस कंवल बिगासा। भौर दूर सो आवहि पासा॥
सुमिरौ वेद जिआस क चरना। जिन हरि चरित सहस्सर बरना॥
कन्हु कै कथा लोक मँह एती। सरगैं नखत तराई जेती॥
अइस प्रेम कहानी, दोसरि जग महँ नाहिं।
तुरुकी अरबी फारसी, सब देखउँ अवगाहि॥

इस रचना का आरम्भ वृन्दावन के वैभव और कंस की शक्ति सम्पन्नता के वर्णन से हुआ है। एक दिन नारद से कंस ने पूछा कि मेरी मृत्यु किस व्यक्ति के हाथ से होगी। नारद ने उसे बता दिया कि देवकी के आठवें बेटे द्वारा तुम्हारी मृत्यु होगी। आगे ज्यादातर कथानक श्रीमद्‌भागवत कथा के आधार पर गृहीत है। कवि ने कुब्जा के साथ कृष्ण के सुख-भोग का वर्णन षटऋतु के आधार पर किया है जो उसकी कल्पना से ही निकला हुआ है। संयोग वर्णन के बाद कवि ने राधा, चन्द्रावली तथा गोपियों के वियोग का वर्णन किया है। वियोग वर्णन में बारह मासा पद्धति को अपनाया गया है। अन्त में काव्य की परिणति शान्त रस में होती है। इसकी भाषा अवधी है। इस रचना की भी मुख्य उद्‌देश्य प्रेम का वर्णन करना है।

प्रेमाख्यान काव्य परम्परा—प्रेमाख्यानक काव्यों की दो परम्पराएँ हैं—पहली सूफी प्रेमाख्यानक काव्य, दूसरा प्रेमाख्यानक काव्य। सूफी प्रेमाख्यानक काव्य के रचयिता प्राय: मुस्लिम कवि हैं। इनकी मान्यतायें सूफी साधकों के बहुत कुछ समान है, ये धार्मिक दृष्टि से उदार है इसलिए इन्हें सूफी कहा गया है, लेकिन इसका यह तात्पर्य नहीं है कि सूफी कवि ऐसे लोग हैं जो घर गृहस्थी त्याग कर एकान्त स्थान पर ...माकर रहते हैं। और अपनी सिद्धियों से जनता को चमत्कृत करते हैं। ये कवि सवधर्म समभाव की चेतना से सम्पृक्त हैं और धर्म के मूल तत्व के रूप में प्रेम की महत्ता को स्वीकार करते हैं। भारतीय परम्परा में इनकी गहरी रुचि है।

हिन्दी में सूफी प्रेमाख्यानक काव्य की परम्परा मुल्ला दाउद कृत चंदायन (सन् 1380 ई०) से आरम्भ होती है। डलमऊ (रायबरेली उ०प्र०) के निवासी दाऊद ने लोक प्रचलित गाथा चनैनी के आधार पर इसकी रचना की है। इसकी संक्षिप्त कथा इस प्रकार है—गोबरगढ़ के राजा सहदेव की कन्या चन्दा का बाल विवाह, पति तथा

सास से असन्तुष्ट रहना, बाजुर नामक भिखरी का उसके रूप पर मुग्ध होना तथा राजापुर के राव रूपचन्द्र से उसका नख-शिख वर्णन चन्दायन की आरम्भिक कथा है। रूपचन्द्र, चन्दा को प्राप्त करने के लिए गोबरगढ़ पर आक्रमण कर देता है। चन्दा के पिता के निवेदन पर लोरिक उसकी रक्षा करता है। विजयी लोरिक और चंदा परस्पर आसक्त हो जाते हैं। चंदा को लेकर लोरिक हरदीपाटन पहुँचता है। चंदा के पूर्व पति बावन तथा अन्य व्यक्तियों द्वारा अनेक बाधाएँ उत्पन्न होती हैं। व्यापारियों के मुख से अपनी पूर्व पत्नी मैना का विरह वर्णन सुनकर वह चंदा के साथ उसके पास पहुँच जाता है। इसकी भाषा अवधी है तथा शैली अत्यन्त सरस है।

मृगावती—कुतुबन कृत 'मृगावती' को पंडित रामचन्द्र शुक्ल ने प्रेमाख्यानक काव्य परम्परा की प्रथम कृति के रूप में मान्यता दी। इसकी रचना 1501 ई० में हुई। मृगावती की कथा का तानाबाना बड़ी ही रोचक तथा अलौलिक घटनाओं से निर्मित किया गया है। चन्द्रगिरि के राजा गनपति का आखेट प्रिय राजकुमार सतरंगी हरिणी के पीछे दौड़ता हुआ एक सरोवर के किनारे पहुँचा वही एक भव्य मन्दिर में वह रहने लगा। एक दिन अप्सराओं के साथ मृगावती वहाँ स्नान करने आयी। वेश तथा रूप परिवर्तन की कला में पारंगत मृगावती को एक सखी के द्वारा बताये गये उपाय से राजकुमार ने प्राप्त कर लिया। मृगावती ने ही उसे पाने के लिए मृग का वेश धारण किया था। दोनों का विवाह हो गया। एक दिन प्रेम की परीक्षा लेने के लिए मृगावती अपने पितृगृह के लिए उड़ गयी। राजकुमार योगी का वेश धारण करके अनेक कठिनाइयों को झेलता हुआ मृगावती को पुन: प्राप्त करने का यत्न करता है। मार्ग में रुकमिनि नामक युवती को राक्षस के चंगुल से मुक्ति करके उससे विवाह करता है। दोनों रानियों के साथ वह घर लौटता है। एक दिन शिकार करते समय उसकी मृत्यु हो जाती है। दोनों रानियाँ सती हो जाती हैं। इसका पर्यावसान शान्त रस में हुआ है। अवधी भाषा में निबद्ध यह काव्य सरस तथा प्रवाह युक्त है।

पदमावत—सूफी प्रेमाख्यानक काव्य परम्परा में जायसी कृत पदमावत अत्यन्त प्रौढ़ रचना है। इसकी रचना सन् 947 हिजरी में हुई थी—

सन् नौ से सैंतालिस अहै। कथा आरम्भ बैन कवि कहै। पदमावत प्रबन्धात्मक कोटि की रचना है। इसमें सिंहलद्वीप के राजा गंधर्वसेन की कन्या पदमावती तथा चित्तौड़ के राजा रत्नसेन के प्रेम एवं विवाह का वर्णन है। पदमावती की कथा में कल्पना का बाहुल्य, ऐतिहासिकता की झलक मात्र है। जायसी ने लोक प्रचलित कथा को ही महाकाव्य का आधार बनाया है। इसकी रचना शैली में भारतीय काव्य की कथानक रुढ़ियों का प्रयोग हुआ है। जायसी ने प्रेम की पीर को लोक में स्थायित्व प्रदान करने के लिए पदमावत की रचना की। प्रेम की पीर का अवसान देह त्याग के महान उत्सर्ग में हुआ। 'पदमावत' की भाषा ठेठ अवधी है।

मधुमालती—मंझनकृत मधुमालती का रचनाकाल 1545 ई० में माना जाता है। मंझन चुनार के निवासी थे। शत्तारी सम्प्रदाय के मुहम्मद गौस इनके गुरु थे। मधुमालती में गढ़ कनय गिरि के राजा सुरभान के पुत्र मनोहर तथा महारस नगर के राजा विक्रय राय की कन्या मधुमालती के प्रणय तथा परिणय की कथा है। यह

प्रेमाख्यानक काव्य प्रचलित काव्य रूढ़ियों के सहारे अवधी भाषा में बड़े सरल ढंग से विकसित होता है।

चित्रावली—सूफी प्रेमाख्यानक काव्य परम्परा में उसमान रचित 'चित्रावली' उल्लेखनीय है। जहाँगीर के समय में सन् 1613 ई० में इसकी रचना हुई।

ज्ञानदीन—यह शेख नबी की रचना है। सुल्तानपुर जनपद के दोस्तपुर कस्बे के निकट अल्देमऊ नामक स्थान पर इसकी रचना हुई थी। रचनाकाल 1619 ई० है। इसमें नीमषार के राय शिरोमणि के पुत्र ज्ञानदीप तथा विद्याधर के राजा सुखदेव की कन्या देवयानी का प्रेम चित्रण है। इसका नामकरण नायक के नाम पर हुआ है। कवि कथानक रुढ़ियों में भी मौलिकता लाने का प्रयत्न करता है।

असूफी—प्रेमाख्यानों की धारा सूफी काव्यों के समानान्तर प्रवाहित मिलती है। इस परम्परा में ढोला-मारु-रा-दूहा प्रथम उल्लेखनीय ग्रन्थ है। इसमें पूगल नगर के राजा पिंगल की कन्या मारवणी तथा नखर नगर के राजा नल के पुत्र ढोला का बाल विवाह, ढोला द्वारा मारवणी का विस्मरण, मालवणी से पुनर्विवाह, युवती मारवणी का विरह, ढाढी द्वारा ढोला के पास मारवणी का संदेश प्रेषण तथा दोनों के पुनर्मिलन की कथा चित्रित है। लोक कथा के आधार पर लिखित यह काव्य प्रेम की उत्कृष्ट व्यंजना प्रस्तुत करता है।

लखनसेन पदमावती कथा—राजस्थानी भाषा में निबद्ध कवि दामो द्वारा 1516 वि०सं० में रचित यह काव्य हिन्दी का प्रथम असूफी काव्य माना जाता है। इसमें वस्तु वर्णन अधिक है भावानात्मकता कम है। इसमें यत्र-तत्र संस्कृत उक्तियाँ भी मिलती हैं।

सत्यवती कथा—ईश्वरदास कृत सत्यवती कथा में सत्यवती अपने सत् की शक्ति से अभिशप्त प्रेमी को स्वस्थ कर लेती है। वक्ता-श्रोता की पौराणिक शैली में लिखे इस काव्य को कुछ विद्वान प्रेमाख्यानों की कोटि में नहीं मानते।

छिताई वार्ता—इसकी रचना 1526 ई० में नारायण दास द्वारा ब्रजभाषा में की गयी। इसकी घटना में कल्पना तथा इतिहास की सुन्दर समायोजन हुई है।

मैंनासत—सधना द्वारा रचित इस काव्य का रचना काल सं० 1624 तथा सं० 1557 माना जाता है। इसमें सती साध्वी मैना के प्रेम की एक निष्ठता को उभारा गया है।

नलदमयन्ती कथा—संवत् 1632 के आसपास उज्जैन में निवास कर के नरपति व्यास ने इसकी रचना की। इसकी कथा महाभारत के अनुसार है किन्तु व्यास ने कुछ परिवर्तन भी किये हैं।

माधवानल काम कन्दला— इस प्रख्यात कथानक के आधार पर गणपति माधव शर्मा, कुशल लाभ, पुरुषोत्तम वत्स, आलम आदि कवियों ने काव्यात्मक रचनाएँ की। आलम की रचना प्रौढ़ मानी जाती है।

जटमल नाहर कृत प्रेमविलास (संवत 1613) नन्ददास कृत रूप मंजरी, महाराज पृथ्वीराज कृत बेलि क्रिसन रुकमिणी री, पुहुकर कृत रस रतन, आदि रस परम्परा के अन्य उल्लेखनीय काव्य है।

प्रेमाख्यान कावय में 'पदमावत' को सबसे अधिक ख्याति मिली है। रामचन्द्र शुक्ल ने इसे रामचरित मानस के समकक्ष स्वीकार किया है।

पदमावत का कथानक स्रोत और उसका रचनात्मक विन्यास—पदमावत का कथानक लोक कथाओं और मध्ययुगीन ऐतिहासिक चेतना की समन्वित परिणति है। जायसी ने इसकी मुख्य कथा को लोक-परम्परा से ग्रहण किया है लेकिन साथ ही अपने समय से पूर्व घटित ऐतिहासिक तथ्यों को कल्पना के रंग में रंजित करके उसमें संयोजित कर दिया। पदमावत का पूर्वाध लोककथाओं निजंधरी कथाओं और पारम्परिक कथानक रुढ़ियों से युक्त है। पदमावती की कथा के अनेक प्राचीन स्रोत उपलब्ध है बल्कि पुराण में उल्लेख है कि पदमावती सिंहल देश के राजा वृहदरथ की पुत्री है। कथासरित सागर में भी पदमावती की कथा का वर्णन है। पृथ्वीराज रासो के पदमावती समय में पदमावती का उल्लेखन मिलता है। जायसी का कहना है कि पदमावती की कथा उनके समय में जिस रूप में प्रचलित थी उसे उन्होंने भाषा अर्थात अवधी में लिखकर कहा है—

''आदि अन्तजस गाथा अहै। लिखि भाषा चौपाई कहै॥

पदमावत का सिंहलदीप ऐतिहासिक स्थान न होकर साहित्यिक एवं धार्मिक परम्परा से विकसित एक विचित्र स्थान है। श्री हर्ष की रत्नावली में, कौतुहल की लीलावती कथा में सिंहलदेश की राजकन्या का जिक्र आता है। धीरे-धीरे यह प्रसिद्धि हो गयी कि सिंहलदेश की कन्यायें सुन्दर लक्षणों से युक्त पद्मनी जाति की होती हैं। योगि सम्प्रदायाविष्कृत नामक ग्रंथ में सिंहल को त्रिया देश या स्त्री देश कहा गया है। नाथपन्थी कहानियों में स्त्री देश और सिंहलदीप का अन्तर स्पष्ट नहीं हो पाता। सिंहलद्वीप उड़ीसा के आसपास कही स्थित माना जा सकता है। नाथपन्थी योगियों के लिए कामरूप या सिंहलदीप में जाकर वहाँ की सुन्दरियों से बच कर आ जाना योग की परीक्षा है। पदमावत का रत्नसेन योगी बनकर ही सिंहलदीप जाता है, उसके वहाँ जाने का उद्देश्य नारी से बचना नहीं बल्कि नारी को प्राप्त करना है। जायसी ने पदमावती के रूप में ईश्वरीय आलोक की परिकल्पना करके मध्यकालीन धार्मिक मान्यताओं तथा सामंती जीवन मूल्यों को चुनौती दी है। जायसी से पूर्व अपभ्रंश के करकंडु चरिउ और जिनदत्र चरिउ आदि ग्रन्थों में सिंहलद्वीप का उल्लेख है। हीरामन तोते की परिकल्पना का आधार भी पूर्ववर्ती ग्रंथों में मौजूद है। प्राचीन कथाओं में सुख सारिका और हंस तीन पक्षियों के विशेष उल्लेख मिलते हैं। बाणभट्ट की कादम्बरी तोते के मुख से ही कहलायी गयी है। पृथ्वीराज रासों की कथा भी शुक-शुकी संवाद के रूप में प्रस्तुत की गयी है।

निष्कर्ष रूप में कहा जा सकता है कि जायसी ने हीरामन की कथा अवध जनपद में प्रख्यात हीरामन की कथा से और भारतीय लोक साहित्य में प्रचलित कथानक रुढ़ि से ग्रहण किया है। पदमावत के उत्तरार्ध में कुछ ऐतिहासिक नाम और घटनायें आती है। उत्तरार्ध में वर्णित ऐतिहासिक चरित्रों उनके बीच घटित युद्धों आदि से सम्बन्धित कुछ तथ्य तो उपलब्ध होते हैं लेकिन उन तथ्यों को जायसी ने उलट-फेर करके ग्रहण किया है। पदमावत में जो ऐतिहासिक घटनायें घटित होती है वे एकदम उसी रूप में घटित हुई हैं निश्चित रूप से नहीं कहा जा सकता। इतना अवश्य है कि वे जायसी के

समय की सम्भाव्य घटनाएँ हैं अर्थात् वैसे घटित हो सकता था। पदमावत के ऐतिहासिक वृत्त का मुख्य स्रोत जायसी के समय में हो रहे संघर्षों और युद्धों में है। उस समय के राजाओं और बादशाहों के आचरण एवं उनकी नीतियों में है। दिल्ली के बादशाहों द्वारा छोटे राजाओं की सुन्दर स्त्रियों तथा बेटियों को अपने हरम के लिए माँग लेना एक आम बात थी। वीरगति को प्राप्त राजाओं की पत्नियों का जौहर कर लेना भी आम घटनाएं थीं। जायसी ने इन सबको जीवन्त स्वरूप प्रदान किया, जायसी ने पदमावत में अपनी रचनात्मक प्रतिभा से ऐतिहासिक तथ्यों का एक ऐसा काल्पनिक ताना-बाना बुना कि परवर्ती इतिहाकारों ने उसे ऐतिहासिक तथ्य मान लिया। आदिकालीन रासोकारों ने भी इतिहास के विरुद्ध समानान्तर रूप से अपने कथानायकों के शौर्य का ऐसा जीवन्त चित्रण किया कि लोक में उनके द्वारा वर्णित वीरों को यथावत स्वीकृति मिल गयी। परमाल रासों के आल्हा, ऊदल ऐसे वीर है जो साधारण सामंत होते हुए भी जगनिक की कृपा से महान वीर हो गये। इसी तरह जायसी के पदमावत में जो ऐतिहासिक तथ्य वर्णित हैं उन्हें इतिहास की घटनायें मान लिया गया है। तारीख फिरस्ता, आइने अकबरी आदि कृतियों में जायसी द्वारा रचित पद्मनी कथा का जिक्र मिलता है। इन ग्रंथों पर जायसी के पदमावत का ही प्रभाव है।

पदमावत का महाकाव्यत्व

पदमावत प्रंबधात्मक कोटि का महाकाव्य है। इसमें प्रेम-साधना तथा उसकी प्राप्ति हेतु किए गये साहसिक कार्यों का वर्णन है। इसकी कथा लोक विख्यात राजन वर्ग से सम्बन्धित है। कथा का आदि मध्य और अंत बिलकुल स्पष्ट है। इसमें प्रेम का जितना महत्व है उतना ही युद्ध का भी। आचार्य विश्वनाथ द्वारा निर्दिष्ट महाकाव्य के लक्षण जैसे कथा का सर्गबद्ध होना, नायक का देवता या क्षत्रिय वंशी धीरोदात्त गुणों से युक्त होना, श्रृंगार , वीर तथा शांत में से किसी एक रस का प्रधान होना, नाटक की पंच संधियों से युक्त होना, धर्म, अर्थ, काम मोक्ष में से एक की प्राप्ति होना आदि इसमें उपलब्ध होते हैं। पदमावत को डा० शंभू नाथ सिंह ने रोमांचक शैली का महाकाव्य माना है। रामचंद्र शुक्ल इसे रामचरित मानस के समकक्ष महत्व प्रदान करते हैं।

पदमावत में चित्तौड़गढ़ के राजा रत्नसेन और सिंहलद्वीप की राजकुमारी की प्रेमकथा है। सम्पूर्ण कथा का विभाजन 58 खंडों में है। कथा का प्रवाह अविरल है तथा कवि ने मार्मिक स्थानों का मनोरम चित्रण किया है। आधिकारिक (मुख्य कथा) तथा प्रासंगिक कथाओं में सम्यक अन्विति है। प्रत्येक घटना कार्य की निष्पत्ति में सहयोग देती है।

रत्नसेन इसका नायक है। उसमें बुद्धि, साहस तथा अद्भुत संकल्प है। वह प्रेम मार्ग का पथिक है। उसमें शूर वीर योद्धा के सभी गुण हैं। लेकिन पदमावत में उसके वीरत्व को बहुत विस्तार से चित्रित नहीं किया गया है। रत्नसेन योगी वेश में पदमावती को प्राप्त करने के लिए घर द्वार छोड़कर निकल जाता है। रत्नसेन अपने कार्य की सिद्धि के लिए शूली पर चढ़ने के लिए सहर्ष तैयार हो जाता है। पदमावती उसके लिए सामान्य नारी नहीं है बल्कि ईश्वरीय आलोक है इसलिए उसके लिए सांसारिक दृष्टि से विभाजित उचित अनुचित आचरण का भेद भी उसके लिए नगण्य है। उसके अन्दर

क्षत्रियोचित स्वाभिमान है। जब अलाउद्दीन पदमावती के लिए दूत भेजता है तो वह किस तरह क्रोध से गरज उठता है।

सुनि अस लिखा उठा जरि राजा। जानहु देव तरपि घन गाजा।
महूँ समृद्धि अह अगुमन संचि राखा गढ़ साजु॥
काल्हि होइ जेहि बना, सो चढ़ि आवौ आजु॥

पदमावती प्रस्तुत महाकाव्य की नायिका ही नहीं बल्कि केन्द्रीय चरित्र है। वह साधिका और साध्य दोनों है। वह आदर्श प्रेमिका तथा पति के प्रति समर्पित नारी है । कवि ने उसके अलौकिक सौन्दर्य का वर्णन किया है। वह पांडित्य का कद्र करती है और क्षणिक रोष के कारण किसी गुणी व्यक्ति को दंडित नहीं करना चाहती। राघव चेतन को जब राजा ने देश निकाला दे दिया तब उसने उसे अपना कंगन देकर खुश करना चाहा! पदमावती में नारी जाति सम्बन्धित कुछ मनोवैज्ञानिक दोष भी है। उसमें सौतिया डाह का चित्रण मध्यकालीन संदर्भ में किया गया है। राजा को छुड़ाने के लिए उसने गोरा बादल को प्रेरित किया और अंत में पति के साथ अपने प्राणों का उत्सर्ग कर दिया।

नागमती उपनायिका है। वह रूपगर्विता नारी है। वह अपने पति के वियोग में रोती विलखती है। उसे पाने के लिए महल के बाहर भी निकलने का साहस करती है।

गोरा-बादल दो वीर क्षत्रिय हैं। अलाउद्दीन प्रतिनायक है। वह रूप लोभी है। हिंसक वृत्ति और छल कपट आदि दुर्गुणों के कारण उसे न तो लोक के मर्म का आनन्द मिलता है और न परलोक का। राघव चेतन ही खल चरित्र है वह भूतप्रेत यक्षिणी का पुजारी है, प्रेम के मार्ग में बाधक है। जायसी ने जिन चरित्रों को निर्मित किया है प्रेम गाथा के घात-प्रतिघात को प्रभावशाली ढंग से जीवन्त करते हैं।

पदमावत में प्रमुख रूप से प्रेम भाव की अभिव्यक्ति है, शास्त्रीय दृष्टि से इसे शृंगार रस के अन्तर्गत रखा जा सकता है। जायसी ने शृंगार का प्रभावशली चित्रण तो किया है लेकिन वह काव्यशास्त्र के विभिन्न उपादानों के चक्कर में नहीं पड़ता है। कवि नायिका पदमावती के सौन्दर्य का प्रभावोत्पादक चित्रण करके उसे उत्कृष्ट आलम्बन के रूप में प्रस्तुत करता है। कवि को जहाँ भी अवसर मिलता है वह स्त्रियों के सौन्दर्य वर्णन में प्रवृत्त हो जाता है। सौन्दर्य वर्णन में अतिरंजना भी दृष्टिगोचर होती है। संयोग वर्णन प्रकृति की उद्दीपक भूमिका के साथ हुआ है। षटऋतु वर्णन के अन्तर्गत पदमावती और रत्नसेन के संयोग का चित्रण मध्यकालीन सामंती जीवन के अनुरूप किया गया है। संयोग के साथ ही कतिपय स्थलों पर वियोग का भी मार्मिक चित्रण किया गया है। वियोग वर्णन की उत्कृष्टता की दृष्टि से नागमती का विरह वर्णन हिन्दी साहित्य में अद्वितीय माना जाता है। संयोग और विरह वर्णनों में कहीं-कहीं उदात्त प्रेमानुभूति की व्यंजना की गयी है। वियोग शृंगार में मान, प्रवास के साथ ही विरह की अनेक दशाओं-अभिलाष, चिन्ता, स्मृति, उद्वेग, गुण कथन, प्रलाप, उन्माद, व्याधि, जड़ता, मरण आदि की अभिव्यंजना हुई है। जायसी के वियोग वर्णन पर लोक गीतों का प्रभूत प्रभाव है। साहित्य में बारहमासा लोकगीतों से ही ग्रहण किया गया है। षटऋतु वर्णन तथा बारहमासा में प्रकृति के सौन्दर्य तथा परिवर्तनों के

अनुक्रम में नायिका के भाव परिवर्तनों को अंकित किया गया है।

पदमावत में बादशाह चढ़ाई खण्ड, राजा बादशाह युद्ध खंड तथा गोरा-बादल युद्ध खंड में वीर रस का परिपाक हुआ है। करुण, वात्सल्य, वीर, शान्त और वीभत्स आदि रस गौण रूप में ही पदमावत में व्यंजित हुए हैं।

पदमावत का आध्यात्मिक पक्ष

पदमावत की रचना भक्तिकाल में हुई है। भक्ति आन्दोलन ऐसा धार्मिक आन्दोलन था जिसमें लौकिक जीवन में ही पारलौकिक सौन्दर्य की अनुभूति की गयी है। भक्तिकाव्य में शास्त्र और लोक की दूरियों को पाटा गया तथा धार्मिक साधना के वाह्य आडम्बरों और भेदों के बीच से भक्ति के आधारभूत तत्व प्रेम की तलाश की गयी। भक्तिकाव्य में चित्रित प्रेम प्राणी-मात्र के निस्वार्थ प्रेम से शुरू होकर अलौकिक सत्ता के प्रेम तक व्याप्त हुआ है। कबीरदास अपने आराध्य की लाली को सम्पूर्ण सृष्टि में दृष्टिगत करते हैं और तुलसीदास कहते हैं कि—

जड़ जंगम जग जीव जत सकल राममय जानि
बंदहु सबके पद कमल सदा जोरि जुग पानि।

इसी तरह जायसी भी रत्नसेन पदमावती और नागमती के प्रेम के त्रिकोण में ईश्वरीय प्रेम का साक्षात्कार करते हैं। वे प्रेम कथा के लौकिक स्वरूप के प्रति पूर्ण निष्ठावान रहते हुए यथावसर उसके अलौकिक स्वरूप की अभिव्यंजना करते हैं। जायसी एक प्रबुद्ध रचनाकार की तरह अपने समय की दार्शनिक और धार्मिक समस्याओं पर मात्र रचनात्मक बहस प्रस्तुत नहीं करते बल्कि धार्मिक और साम्प्रदायिक विरोधों को समाप्त करके समन्वय और सामंजस्य का उचित मार्ग भी सुझाते हैं। आज के आलोचक भक्त कवियों की आध्यात्मिक चेतना को अधिक महत्व न देकर उसके सामाजिक संदर्भ को ही अधिक उपादेय मानते हैं लेकिन भक्त कवियों ने जिन प्रश्नों से जूझने का प्रयास मध्यकाल में किया था वे प्रश्न आज भारतीय स्तर पर ही नहीं बल्कि विश्व स्तर पर प्रासंगिक है। आज भी विभिन्न स्वार्थों की टकराहट की अपेक्षा विश्वासों और आस्थाओं की टकराहट विश्व मानव के लिए अधिक संवेदनशील है। युद्ध के लिए लोगों को संघटित करना अपेक्षाकृत कठिन है लेकिन धर्म युद्ध के लिए बहुत बड़ी संख्या में बलिदान के लिए लोगों को संगठित किया जा सकता है। जायसी पदमावत में केवल प्रेम का ही चित्रण नहीं करते बल्कि युद्ध और धर्म युद्ध को भी अपने तरीके से चित्रित करते हैं। युद्ध की परिणति किस तरह से मानवीय सौन्दर्य का विकाश करती है, वे उसकी ओर भी संकेत करते हैं। मध्यकाल में नारियों के लिए युद्ध करने की प्रवृत्ति आसानी से देखी जा सकती है जायसी पदमवती को एक ऐसी नारी के रूप में प्रस्तुत करते हैं जो रत्नसेन के लिए ईश्वरीय ज्योति है और अलाउद्दीन के लिए सिर्फ भोग की सुन्दर वस्तु। एक उसे सब कुछ त्याग कर यहाँ तक कि प्राणों को त्याग कर पाना चाहता है और दूसरा उसे सर्वविनाश करके पाना चाहता है। जायसी ने अपनी कथा की परिणति का सूत्र इस वाक्य में प्रस्तुत किया है—

परगट गुपुत सो सरब वियापी धरमी चीन्ह चीन्ह नहिं पापी। वह परमात्मा प्रकट और गुप्त दोनों है। वह सर्वव्याप्त है। धर्मी उसे पहचान लेता है और पापी नहीं।

पदमावती को रत्नसेन पहचानता है पर अलाउद्दीन नहीं। इस्लाम धर्म के प्रति पूर्ण निष्ठावान जायसी का यह संकेत कितना क्रान्तिकारी है। वे अपनी रचना के माध्यम से उन बादशाहों को भी आगाह करते हैं जो तलवार के बल पर विधर्मियों का कत्ल करके इस्लाम का प्रचार-प्रसार कर रहे थे।

जायसी सूफी तथा भारतीय दार्शनिक एवं धार्मिक साधनाओं का समन्वित स्वरूप अंकित करते हुए हिन्दुओं और मुसलमानों के विरोध को खत्म करना चाहते थे। उनकी लौकिक कथा में अलौकिकता के स्पष्ट संकेत मिलते हैं लेकिन इसका यह तात्पर्य नहीं है कि लौकिक कथा गौण है। प्रीति का सार्थकता नयन के जल के भीगने से होती है और त्याग से ही उसकी शाश्वत ख्याति होती है।

जायसी अपनी प्रेम कहानी में आध्यात्मिक भावों की आभिव्यंजना के लिए पात्रों को प्रतीक रूप में प्रस्तुत करते हैं। उनके द्वारा वर्णित सिंहलद्वीप भी एक कल्पना लोक है जहाँ की प्रकृति और जीवन जायसी के आदर्शों के अनुकूल है। पदमावती विश्व ज्योति का प्रतीक है, इस रूप में वह सूर्य थी जो रत्नसेन के हृदय में भर जाती है। लेकिन पंचभौतिकरूप में वह चन्द्र है जिससे मिलने के लिए रत्नसेन व्याकुल हो जाता है। सिद्धों की योग साधना की दृष्टि से पदमावती प्रजा है, वह आनंद देने वाली मुद्रा है तथा रत्नसेन (पुरुष) उपाय है। दोनों का मिलन प्रज्ञा और उपाय (स्त्री और पुरुष) का युगनद्ध होना है। जब तक पदमावती में विशुद्ध प्रेम का आलोक रहता है तब तक वह ईश्वरी प्रतीक बनी रहती है जैसे ही सांसारिक राग-द्वेष से ग्रस्त होती है वैसे ही वह सामान्य नारी जैसी दृष्टिगत होने लगती है। रत्नसेन साधक मन का प्रतीक है। नागमती भी साधिका है। जैसे रत्नसेन के लिए पदमावती ईश्वर है उसी तरह नागमती के लिए रत्नसेन ईश्वर है, उसके अन्दर पति के लिए जो विरह जागृत होता है वह परमात्मा से वियुक्त आत्मा का ही विरह प्रतीत होता है। इसलिए जायसी सती नागमती की सराहना करते हैं। हीरामन तोता गुरु की तरह ईश्वरीय आलोक से परिचय कराता है और प्रेम के मार्ग का प्रदर्शन करता है।

जायसी ने सिंहलगढ़ को देह का रूपक दिया है। नौ द्वार शरीर के ही द्वार हैं और दशम द्वार ब्रह्मरंध्र है। जायसी कहते हैं कि—

गढ़ तस बाँक जैसि तोरि काया। परखि देखि है ओहि की छाया
नवौ खंड पौरी औ तहँ बज्र केवांर
चारि बसेरे सौ चढ़ै सात सौ उतरै पार।

चार बसेरे हैं—शरीअत्, तरीकत्, हकीकत, मारिफत। प्रथम में धर्म ग्रंथों तथा विधि निषेध का सम्यक् पालन दूसरे में बाह्य क्रियाकलाप से अलग शुद्ध हृदय से ईश्वर का चिन्तन, तीसरे में सत्य का बोध, चौथे में साधक साध्य में लीन होकर प्रेममय हो जाता है। जायसी योगियों की उलट साधना अर्थात् अधोमुखी मन को ऊर्ध्वमुखी करने की साधना का भी वर्णन करते हैं—

उलटि दीठि माया सों रुठी। पलटि न फिरी जानि कै झूठी॥
दसवं दुआर तास का लेखा। उलटि दिस्टि लाव सो देखा॥

मस्तिष्क में जो सहस्त्रार चक्र है वही शिव का निवास है, वह सुख का स्थान है। जायसी इसे कविलास (कैलाश) कहते हैं। यही पर कुंडलिनी शक्ति और शिव का

मिलन होता है। पदमावती और रत्नसेन का मिलन कुछ इसी तरह का मिलना है। जायसी ने शुष्क रहस्यवाद को अपनी काव्य प्रतिभा से अत्यन्त सरस बनाकर अपनी प्रेमकाव्य में मिला दिया है। एक तरह से उन्होंने यह दिखा दिया कि प्रेम साधना योग साधना का ही प्रतिरूप है।

पदमावत का काव्य-शिल्प

पदमावत प्रेमाख्यायनक महाकाव्य है। इसमें पात्रों प्रसंगों एवं स्थानों में किंचित प्रतीकात्मकता है। लेकिन यह आद्यान्त न प्रतीक काव्य है न अन्योक्ति काव्य। पदमावत को प्रतीक सिद्ध करने वाला छन्द इस प्रकार है—

तन चितउर मन राजा कीन्हा। हिय सिंहल बुधि पदिमिनि चीन्हा॥
गुरु सुवा जेइ पंथ देखावा। बिन गुरु जगत को निरगुन पावा।
नागमती यह दुनिया धंधा। बांधा सोइ न एहि चित बंधा॥
राघव दूत सोइ सैतानू। माया अलाउद्दीन सुलतानू।
प्रेम कथा एहि भाँति विचारहुं। बूझि लेहु जो बूझै पारहु॥
तुरकी, अरबी, हिन्दुई, भाषा जेती आहिं।
जेहि मंह मारग प्रेमकर, सबै सराहैं ताहि॥

इस छन्द को बहुत से विद्वानों ने प्रक्षिप्त माना है। उपर्युक्त प्रतीकों के आधार पर पदमावत की आद्यन्त दोहरी अर्थ व्यंजना नहीं होती है। आचार्य रामचन्द्र शुक्ल ने इसे समासोक्ति काव्य माना है। लेकिन यह समासोक्ति भी सर्वत्र लागू नहीं होती है। आचार्य रामचन्द्र शुक्ल इसे मसनवी शैली में लिखा गया काव्य मानते हैं उनके परवर्ती विद्वानों ने भी शुक्ल जी के मत को स्वीकार करते हुए मसनवी के कतिपय लक्षण भी निरूपित कर दिये। मसनवी के निम्नलिखित आठ लक्षण बताये गये हैं। पं० रामपूजन तिवारी के अनुसार मसनवी के लक्षण इस प्रकार हैं—

1. मसनवी में छंद स्वतः पूर्ण होता है। वाक्य रचना के दृष्टि कोण से उसमें पूर्ण वाक्य आता है।

2. उसकी दोनों अर्द्धालियाँ समान अन्त्यानुप्रास गुण युक्त होती हैं।

3. यह काव्य-शैली प्रकथन प्रधान होती है। इसका विषय कथा-प्रधान होता है और उस कथा में विविध विषयों के साँगोपांग वर्णन मिलते हैं।

4. कथा के आरम्भ में ईश्वर, पैगम्बर मुहम्मद, मुहम्मद के मित्र, कवि के गुरु और सामयिक राजा की प्रशंसा रहती है।

5. इसके पश्चात कवि अपनी रचना के लक्ष्य का स्पष्टीकरण करता है।

6. साधारणतः छन्दों का परिवर्तन नहीं होता।

7. पाँच या सात 'छन्दों' के अनन्तर एक 'बैत' रहता है।

8. उसमें सामी संस्कृति (सेमेटिक कल्चर) का प्राधान्य भी कभी कभी प्रदर्शित किया जाता है।

प्रो० विजयदेव नारायण साही ने 'जायसी' नामक अपने आलोचनात्मक ग्रंथ में लिखा है कि 'पदमावत की बनावट के सिलसिले में एक निरर्थक चर्चा इस प्रकार की

भी चली कि पदमावत मसनवी शैली का प्रबन्ध काव्य है। इस चर्चा से कोई आलोचनात्मक दृष्टि मिलने की आशा करना भ्रम है पहले तो फारसी या उर्दू में मसनवी नाम की कोई प्रबन्ध काव्य की शैली नहीं है। मसनवी का अर्थ कुल इतना ही है कि कविता में दो दो मिसरोंवाले परस्पर तुकों से जुड़े हुए छन्द हैं। 'शाहनाम' है, 'यूसुफ-जुलेखा' भी मसनवी है और उर्दू की ' गुलजार नसीम' भी मसनवी है। जोश मलीहाबादी या अली सरदार जाफरी की भी बहुत सी कविताएँ मसनवी हैं। 'रामचरित मानस' भी मसनवी है' पदमावत अपभ्रंश के कथा तथा चरित काव्यों की शिल्प विधि का सहज विकास है। इसमें अपभ्रंश की कडवक शैली का प्रयोग किया गया है।

जायसी ने पदमावत में ठेठ अवधी भाषा का काव्यात्मक प्रयोग किया है। उन्होंने अनुप्रास, श्लेष, यमक, उपमा, रूपक, उत्प्रेक्षा, अतिशयोक्ति आदि अलंकारों का विधान करते हुए भाषा की अभिव्यक्ति क्षमता को समृद्ध किया है। जायसी को हेतूत्प्रेक्षा अलंकार बहुत प्रिय है क्योंकि इसमें कल्पनाशीलता की पूरी छूट रहती है। बिम्ब विधान की उत्कृष्टता को प्रमाणित करने वाली निम्नलिखित पंक्तियां देखिए—

सरवर हिय घटत नित जाई। टूक टूक होई होई बिहराई॥
बिहरत हिया करहु पिय टेका। दिस्टि दवँगरा मेरवहु एका॥

दवँगरा ठेठ अवधी का शब्द है। यह प्रथम वर्षा का वाचक है। यह शब्द अनेक व्यापक फैलाव में दृष्टि के साथ स्निग्धता को भी अनिवार्यतः जोड़ देता है।

मलिक मुहम्मद जायसी

सौ वर्ष पूर्व कबीरदास हिंदू और मुसलमान दोनों के कट्टरपन को फटकार चुके थे। पंडितों और मुल्लाओं की तो नहीं कह सकते पर साधारण जनता 'राम और रहीम' की एकता मान चुकी थी। साधुओं और फकीरों को दोनों दीन के लोग आदर और मान की दृष्टि से देखते थे। साधु या फकीर भी सर्वप्रिय वे ही हो सकते थे जो भेदभाव से परे दिखाई पड़ते थे। बहुत दिनों तक एक साथ रहते-रहते हिंदू और मुसलमान एक-दूसरे के सामने अपना अपना हृदय खोलने लग गए थे, जिससे मनुष्यता के सामान्य भावों के प्रवाह में मग्न होने और मग्न करने का समय आ गया था। जनता की प्रवृत्ति भेद से अभेद की ओर हो चली थी। मुसलमान हिंदुओं की राम कहानी सुनने को तैयार हो गए थे और हिंदू मुसलमान का दास्तानहमजा। नल और दमयंती की कथा मुसलमान जानने लगे थे और लैला मजनूँ की हिंदू। ईश्वर तक पहुँचने वाला मार्ग ढूँढ़ने की सलाह भी दोनों कभी-कभी साथ बैठकर करने लगे थे। इधर भक्तिमार्ग के आचार्य और महात्मा भगवतप्रेम को सर्वोपरि ठहरा चुके थे और उधर सूफी महात्मा मुसलमानों को 'इश्क हकीकी' का सबक पढ़ाते आ रहे थे।

चैतन्य महाप्रभु, बल्लभाचार्य और रामानंद के प्रभाव से प्रेमप्रधान वैष्णव धर्म का जो प्रवाह बंग देश से गुजरात तक रहा, उसका सबसे अधिक विरोध शाक्त मत और वाममार्ग के साथ दिखाई पड़ा। शाक्तमतविहित पशुहिंसा, मंत्र, तंत्र तथा यक्षिणी आदि की पूजा वेद-विरुद्ध अनाचार के रूप में समझी जाने लगी। हिंदुओं और मुसलमानों दोनों के बीच 'साधुता' का सामान्य आदर्श प्रतिष्ठित हो गया था। बहुत से मुसलमान फकीर भी अहिंसा का सिद्धांत स्वीकार करके मांसभक्षण को बुरा कहने लगे।

ऐसे समय में कुछ भावुक मुसलमान 'प्रेम की पीर' की कहानियाँ लेकर साहित्यक्षेत्र में उतरे। ये कहानियाँ हिंदुओं के ही घर की थीं। इनकी मधुरता और कोमलता का अनुभव करके इन कवियों ने दिखला दिया कि एक ही गुप्त तार मनुष्य मात्र के हृदयों से होता हुआ गया है जिसे छूते ही मनुष्य सारे बाहरी या रूपरंग के भेदों की ओर से ध्यान हटा एकत्व का अनुभव करने लगता है।

अमीर खुसरों ने मुसलमानी राजत्वकाल के आरंम्भ में ही हिंदू जनता के प्रेम और विनोद में योग देकर भावों के परस्पर आदान प्रदान का सूत्रपात किया था, पर अलाउद्दीन के कट्टरपन और अत्याचार के कारण जो दोनों जातियाँ एक-दूसरे से खिंची सी रही, उनका हृदय मिल न सका। कबीर की अटपटी वाणी से भी दोनों के दिल साफ न हुए। मनुष्य-मनुष्य के बीच रागात्मक संबंध है,यह उसके द्वारा व्यक्त न हुआ। अपने नित्य के व्यवहार में जिस हृदयसाम्य का अनुभव मनुष्य कभी-कभी किया करता है उसकी अभिव्यंजना उससे न हुई। जिस प्रकार दूसरी जाति व मतवाले के हृदय हैं उसी प्रकार हमारे भी हैं, जिस प्रकार दूसरे के हृदय में प्रेम की तरंगें उठती

हैं, उसी प्रकार हमारे हृदय में भी, प्रिय का वियोग जैसे दूसरे को व्याकुल करता है वैसें ही हमें भी, माता का जो हृदय दूसरे के यहाँ है वही हमारे यहाँ भी, जिन बातों से दूसरों को सुख-दु:ख होता है उन्हीं बातों से हमें भी, इस तथ्य का प्रत्यक्षीकरण कुतबन, जायसी आदि प्रेम कहानी के कवियों द्वारा हुआ। अपनी कहानियों द्वारा इन्होंने प्रेम का शुद्ध मार्ग दिखाते हुए उन सामान्य जीवनदशाओं को सामने रखा जिनका मनुष्य मात्र के हृदय पर एक प्रभाव दिखाई पड़ता है। हिंदू हृदय और मुसलमान हृदय आमने सामने करके अजनबीपन मिटाने वालों में इन्हीं का नाम लेना पड़ेगा। इन्होंने मुसलमान होकर हिंदुओं की कहानियाँ हिंदुओं की ही बोली में पूरी सहृदयता से कहकर उनके जीवन को मर्मस्पर्शिनी अवस्थाओं के साथ अपने उदार हृदय का पूर्ण सामंजस्य दिखा दिया। कबीर ने केवल भिन्न प्रतीत होती हुई परोक्ष सत्ता की एकता का आभास दिया था। प्रत्यक्ष जीवन की एकता का दृश्य सामने रखने की आवश्यकता बनी थी। वह जायसी द्वारा पूरी हुई।

प्रेमगाथा की परंपरा

इस नवीन शैली की प्रेमगाथा का आविर्भाव इस बात के प्रमाणों में से है कि इतिहास में किसी राजा के कार्य सदा लोक प्रवृत्ति के प्रतिबिंब नहीं हुआ करते । इसी को ध्यान में रखकर कुछ नवीन पद्धति के इतिहासकार प्रकरणों का विभाग राजाओं के राजत्वकाल के अनुसार न कर लोक की प्रवृत्ति के अनुसार करना चाहते हैं। एक ओर तो कट्टर और अन्यायी सिकंदर लोदी मथुरा के मंदिरों को गिराकर मसजिदें खड़ी कर रहा था और हिंदुओं पर अनेक प्रकार के अत्याचार कर रहा था, दूसरी ओर पूरब में बंगाल के शासक हुसैनशाह के अनुरोध से, जिसने 'सत्यपीर' की कथा चलाई थी, कुतबन मियाँ एक ऐसी कहानी लेकर जनता के समाने आए जिसके द्वारा उन्होंने मुसलमान होते हुए भी अपने मनुष्य होने का परिचय दिया। इसी मनुष्यत्व को ऊपर करने से हिंदूपन, मुसलमानपन, ईसाईपन आदि के उस स्वरूप का प्रतिरोध होता है जो विरोध की ओर ले जाता है। हिंदुओं और मुसलमानों को एक साथ रहते अब इतने दिन हो गए थे कि दोनों का ध्यान मनुष्यता के सामान्य स्वरूप की ओर स्वभावत: बन जाय।

कुतबन चिश्ती वंश के शेख बुरहान के शिष्य थे। उन्होंने 'मृगावती' नाम का एक काव्य सन् 909 हिजरी में लिखा। इसमें चंद्रनगर के राजा गणपतिदेव के राजकुमार और कंचननगर के राजा रूपमुरार की कन्या मृगावती के प्रेम की कथा है।

जायसी ने प्रेमियों का दृष्टांत देते हुए अपने पूर्व की लिखी कुछ प्रेमकहानियों का उल्लेख किया है:—

विक्रम धँसा प्रेम के बारा। सपनावति कहँ गएउ पतारा॥
मधूपाछ मुगुधावति लागी। गगनपूर होइगा बैरागी॥
राजकुँवर कंचनपुर गयऊ। मिरगावति कहँ जोगी भयऊ॥
साधु कुवँर खंडावत जोगू। मधुमालति कर कीन्ह वियोगू॥
प्रेमावति कहँ सुरसरि साधा। ऊषा लगि अनिरूध बर बाधा॥

विक्रमादित्य और ऊषा अनिरूद्ध की प्रसिद्ध कथाओं को छोड़ देने से चार प्रेम कहानियाँ जायसी के पूर्व लिखी हुई पाई जाती हैं। इनमें से 'मृगावती' की एक खंडित प्रति का पता तो नागरी प्रचारिणी सभा को लग चुका है। 'मधुमालती' की भी फारसी अक्षरों में लिखी हुई एक प्रति मैने किसी सज्जन के पास देखी थी पर किसके पास, यह स्मरण नहीं। चतुर्भुजदास कृत 'मधुमालती कथा' नागरी प्रचारिणी सभा को मिली है जिसका निर्माणकाल ज्ञात नहीं और जो अत्यन्त भ्रष्ट गद्य में है। 'मुग्धावती' और 'प्रेमावती' का पता अभी तक नहीं लगा है। जायसी के पीछे भी 'प्रेमगाथा' की यह परंपरा कुछ दिनों तक चलती रही। गाजीपुर निवासी शेख हुसैन के पुत्र उसमान (मान) ने संवत् 1670 के लगभग चित्रावली लिखी जिसमें नेपाल के राजा धरनीधर के पुत्र सुजान ओर रूपनगर के राजा चित्रसेन की कन्या चित्रावली की प्रेमकहानी है। भाषा इसकी अवधी होने पर कुछ भोजपुरी लिए है। यह नागरी प्रचारिणी सभा द्वारा प्रकाशित हो चुकी है। दूसरी पुस्तक नूरमुहम्मद की 'इंद्रावत' है जो संवत् 1796 में लिखी गई थी। इसे भी उक्त सभा प्रकाशित कर चुकी है।

इन प्रेमगाथा काव्यों में पहली बात ध्यान देने की यह है कि इनकी रचना बिलकुल भारतीय चरितकाव्यों की सर्गबद्ध शैली पर न होकर फारसी की मसनवियों के ढंग पर हुई है, जिसमें कथा सर्गों या अध्यायों में विस्तार के हिसाब से विभक्त नहीं होती, बराबर चली चलती है, केवल स्थान-स्थान पर घटनाओं या प्रसंगों का उल्लेख शीर्षक के रूप में रहता है। मसनवी के लिये साहित्यिक नियम तो केवल इतना ही समझा जाता है कि सारा काव्य एक ही मसनवी छंद में हो पर परंपरा के अनुसार उसमें कथारंभ के पहले ईश्वर स्तुति, पैगंबर की वंदना और उस समय के राजा (शाहे वक्त) की प्रशंसा होनी चाहिए। ये बातें पद्मावत इंद्रावत, मृगावती इत्यादि सब में पाई जाती हैं।

दूसरी बात ध्यान देने की यह है कि ये सब प्रेम कहानियाँ पूरबी हिंदी अर्थात् अवधी भाषा में एक नियमक्रम के साथ केवल चौपाई, दोहे में लिखी गई हैं। जायसी ने सात चौपाइयों (अर्धालियों) के बाद एक-एक दोहे का क्रम रखा है। जायसी के पीछे गोस्वामी तुलसीदास जी ने अपने 'रामचरितमानस' के लिये यही दोहे चौपाई का क्रम ग्रहण किया। चौपाई और बरवै मानों अवधी भाषा के अपने छंद हैं, इनमें अवधी भाषा जिस सौष्ठव के साथ ढली है उस सौष्ठव के साथ ब्रजभाषा नहीं। उदाहरण के लिये लाल कवि के 'छत्रप्रकाश' पद्माकर के 'रामरसायन' और ब्रजवासीदास के 'ब्रजविलास' को लीजिए। 'बरवै', तो ब्रजभाषा में कहा ही नहीं जा सकता। किसी पुराने कवि ने ब्रजभाषा में बरवै लिखने का प्रयास भी नहीं किया।

तीसरी बात ध्यान देने की यह है कि इस शैली की प्रेम कहानियाँ मुसलमानों के ही द्वारा लिखी गईं। इन भावुक और उदार मुसलमानों ने इनके द्वारा मानों हिंदू जीवन के साथ अपनी सहानुभूति प्रकट की। यदि मुसलमान हिंदी और हिंदू साहित्य से दूर न भागते, इनके अध्ययन का क्रम जारी रखते, तो उनमें हिंदुओं के प्रति सद्भाव की वह कमी न रह जाती जो कभी-कभी दिखाई पड़ती है। हिंदुओं ने फारसी और उर्दू के अभ्यास द्वारा मुसलमानों की जीवनकथाओं के प्रति अपने हृदय का सामंजस्य पूर्ण रूप से स्थापित किया, पर खेद है कि मुसलमानों ने इसका सिलसिला बंद कर दिया।

किसी जाति की जीवनकथाओं को बार-बार सामने लाना उस जाति के प्रति और सहानुभूति प्राप्त करने का स्वाभाविक साधन है। 'पद्मावत' की हस्तलिखित प्रतियाँ अधिकतर मुसलमानों के ही घर में पाई गई हैं। इतना मैं अनुभव से कहता हूँ कि जिन मुसलमानों के यहाँ यह पोथी देखी गई, उन सबको मैंने विरोध से दूर और अत्यन्त उदार पाया।

जायसी का जीवनवृत

जायसी की एक छोटी से पुस्तक 'आखिरी कलाम' के नाम से फारसी अक्षरों में छपी है। यह सन् 936 हिजरी में (सन् 1528 ई० के लगभग) बाबर के समय में लिखी गई थी। इसमें बाबर बादशाह की प्रशंसा है। इस पुस्तक में मलिक मुहम्मद जायसी ने अपने जन्म के संबंध में लिखा है—

भा अवतार मोर नव सदी। तीस बरस ऊपर कवि बदी।

इन पंक्तियों का ठीक तात्पर्य नहीं खुलता। 'नव सदी' ही पाठ माने तो जन्म काल 900 हिजरी (सन् 1492 के लगभग) ठहरता है। दूसरी पंक्ति का अर्थ यही निकलेगा कि जन्म के 30 वर्ष पीछे जायसी अच्छी कविता करने लगे। जायसी का सबसे प्रसिद्ध ग्रंथ है पद्मावत जिसका निर्माणकाल कवि ने इस प्रकार दिया है—

सन नव सै सत्ताइस अहा। कथा अरंभ बैन कवि कहा।

इसका अर्थ होता है पद्मावत की कथा के प्रारंम्भिक वचन (अरंभ बैन कवि ने सन् 927 हिजरी) सन् 1520 ई० के लगभग में कहे थे। पर ग्रंथारंभ में कवि ने मसनवी की रूढ़ि के अनुसार 'शाहे वक्त' शेरशाह की प्रशंसा की है जिसके शासनकाल का आरंभ 947 हिजरी अर्थात् सन् 1540 ई० से हुआ था। इस दशा में यही संभव जान पड़ता है कि कवि ने कुछ थोड़े से पद्य तो 1520 ई० में ही बनाए थे, पर ग्रंथ को 19 या 20 वर्ष पीछे शेरशाह के समय में पूरा किया । इसी से कवि ने भूतकालिक क्रिया 'अहा' (=था) और कहा का प्रयोग किया है[1]।

जान पड़ता है कि 'पद्मावत' की कथा को लेकर थोड़े से पद्य जायसी ने रचे थे। उसके पीछे वे जायस छोड़कर बहुत दिनों तक इधर उधर रहे। अंत में जब से जायस में आकर रहने लगे तब उन्होंने इस ग्रंथ को उठाया और पूरा किया। इस बात का संकेत इन पंक्तियों में पाया जाता है—

जायस नगर धरम अस्थानू। तहाँ आइ कवि कीन्ह बखानू॥

'तहाँ आइ' से पं० सुधाकर और डॉक्टर ग्रियर्सन ने यह अनुमान किया था कि मलिक मुहम्मद किसी और जगह से आकर जायस में बसे थे। पर यह ठीक नहीं।

---

1. पहले संस्करण में दिए हुए सन् को शेरशाह के समय में लाने के लिये, 'नव से सैंतालिस' पाठ माना गया था। फारसी लिपि में सत्ताइस और सैंतालिस में भ्रम हो सकता है। पर 'पद्मावत' का एक पुराना बंगला अनुवाद है, उसमें भी ' नव सै सत्ताइस' ही पाठ माना गया है—

शेख मुहम्मद जति जखन रचिल ग्रंथ संख्या सप्तविंश नवशत।

यहअनुवाद,अराकान राज्य के वजीर मगन ठाकुर ने सन् 1650ई० के आसपास आलो उचाला नामक एक कवि से कराया था।

जायसवाले ऐसा नहीं कहते। उनके कथानुसार मलिक मुहम्मद जायस ही के रहने वाले थे। उनके घर का स्थान अब तक लोग वहाँ के कंचाने मुहल्ले में बताते हैं। 'पद्मावत' में कवि ने अपने चार दोस्तों के नाम लिए हैं—यूसुफ मलिक, सालार कादिम, सलोने मियाँ और बड़े शेख। ये चारों जायस ही के थे। सलोने मियाँ के संबंध में अब तक जायस में यह जनश्रुति चली आती है कि वे बड़े बलवान थे और एक बार हाथी से लड़ गए थे। इन चारों में से दो एक के खानदान अब तक हैं। जायसी का वंश नहीं चला, पर उनके भाई के खानदान में एक साहब मौजूद हैं जिनके पास वंशवृक्ष भी है। वंशवृक्ष कुछ गड़बड़ सा है।

जायसी कुरूप और काने थे। कुछ लोगों के अनुसार वे जन्म से ही ऐसे थे पर अधिकतर लोगों का कहना है कि शीतला या अर्धांग रोग से उनका शरीर विकृत हो गया था। अपने काने होने का उल्लेख कवि ने आप ही इस प्रकार किया है—'एक नयन कवि मुहम्मद गुनी'। उनकी दाहिनी आँख फूटी थी या बाईं, इसका उत्तर शायद इस दोहे से मिले—

मुहम्मद बाईं दिसि तजा, एक सरवन एक आँखि।

इससे अनुमान होता है कि बाएँ कान से भी उन्हें कम सुनाई पड़ता था। जायस में प्रसिद्ध है कि वे एक बार शेरशाह के दरबार में गए। शेरशाह उनके भद्दे चेहरे को देख हँस पड़ा। उन्होंने अत्यन्त शांत भाव से पूछा—'मोहिका हससि, कि कोहरहि' अर्थात् तू मुझ पर हँसा या उस कुम्हार (गढ़ने वाले ईश्वर) पर? इस पर शेरशाह ने लज्जित होकर क्षमा माँगी। कुछ लोग कहते हैं कि शेरशाह के दरबार में नहीं गए थे, शेरशाह ही उनका नाम सुनकर उनके पास आया था।

मलिक मुहम्मद एक गृहस्थ किसान के रूप में ही जायस में रहते थे। वे आरंभ से बड़े ईश्वरभक्त और साधु प्रकृति के थे। उनका नियम था कि जब वे अपने खेतों में होते तब अपना खाना वही मँगा लिया करते थे। खाना वे अकेले कभी न खाते; जो आसपास दिखाई पड़ता उसके साथ बैठकर खाते थे। एक दिन उन्हें इधर-उधर कोई न दिखाई पड़ा। बहुत देर तक आसरा देखते-देखते अंत में एक कोढ़ी दिखाई पड़ा। जायसी ने बड़े आग्रह से उसे अपने साथ खाने को बिठाया और एक ही बरतन में उसके साथ भोजन करने लगे। उसके शरीर में कोढ़ चू रहा था। कुछ थोड़ा सा मवाद भोजन में चू पड़ा। जायसी ने उस अंश को खाने के लिये उठाया पर उस कोढ़ी ने हाथ थाम लिया और कहा, 'इसे मैं खाऊँगा, आप साफ हिस्सा खाइए' पर जायसी झट से उसे खा गए। इसके पीछे वह कोढ़ी अदृश्य हो गया। इस घटना के उपरांत जायसी के मनोवृत्ति ईश्वर की ओर और भी अधिक हो गई। उक्त घटना की ओर संकेत लोग अखरावट के इस दोहे में बताते हैं—

बुंदहिं समुद्र समान, यह अचरज कासौं कहौं।
जो हेरा सो हेरान, मुहमद आपुहिं आपु महँ॥

कहते हं कि जायसी के पुत्र थे, पर वे मकान के नीचे दबकर, या ऐसी ही किसी और दुर्घटना से भर गए। तब से जायसी संसार से और भी अधिक विरक्त हो गए और कुछ दिनों में घरबार छोड़कर इधर-उधर फकीर होकर घूमने लगे। वे अपने समय के एक सिद्ध फकीर माने जाते थे और चारों ओर उनका बड़ा मान था। अमेठी के राजा

राम सिंह उन पर बड़ी श्रद्धा रखते थे। जीवन के अंतिम दिनों में जायसी अमेठी से कुछ दूर एक घने जंगल में रहा करते थे। कहते हैं कि उनकी मृत्यु विचित्र ढंग से हुई। जब उनका अंतिम समय निकट आया तब उन्होंने अमेठी के राजा से कह दिया कि मैं किसी शिकारी की गोली खाकर मरूँगा। इस पर अमेठी के राजा ने आस पास जंगलों में शिकार की मनाही कर दी। जिस जंगल में जायसी रहते थे उसमें एक दिन एक शिकारी को एक बड़ा भारी बाघ दिखाई पड़ा। उसने डरकर उस पर गोली छोड़ दी। पास जाकर देखा तो बाघ के स्थान पर जायसी मरे पड़े थे। कहते हैं कि जायसी कभी-कभी योगबल से इस प्रकार के रूप धारण कर लिया करते थे।

काजी नसरूद्दीन हुसैन जायसी ने, जिन्हें अवध के नवाब शुजाउद्दौला से सनद मिली थी, अपनी याददाश्त से मलिक मुहम्मद जायसी का मृत्युकाल रज्जब 949 हिजरी (सन् 1542 ई०) दिया है। यह काल कहाँ तक ठीक है, नहीं कहा जा सकता। इसे ठीक मानने पर जायसी दीर्घायु नहीं ठहरते। उनका परलोकवास 49 वर्ष से भी कम अवस्था में सिद्ध होता है पर जायसी ने 'पद्मावत' के उपसंहार में वृद्धावस्था का जो वर्णन किया है वह स्वतः अनुभूत-सा जान पड़ता है।

जायसी की कब्र अमेठी के राजा के वर्तमान कोट से पौन मील के लगभग है। यह वर्तमान कोट जायसी के मरने के बहुत पीछे बना है। अमेठी के राजाओं का पुराना कोट जायसी की कब्र से डेढ़ कोस की दूरी पर था। अतः यह प्रवाद कि अमेठी के राजा को जायसी की दुआ से पुत्र हुआ और उन्होंने अपने कोट के पास उनकी कब्र बनाई, निराधार है।

मलिक मुहम्मद, निजामुद्दीन औलिया की शिष्य परंपरा में थे। इस परंपरा की दो शाखाएँ हुई—एक मानिकपुर, कालपी आदि की, दूसरी जायस की। पहली शाखा के पीरों की परंपरा जायसी ने बहुत दूर तक दी है। पर जायस वाली शाखा की पूरी परंपरा उन्होंने नहीं दी है; अपने पीर या दीक्षागुरु सैयद अशरफ जहाँगीर तथा उनके पुत्र पौत्रों का ही उल्लेख किया है। सूफी लोग निजामुद्दीन औलिया की मानिकपुर कालपीवाली शिष्यपरंपरा इस प्रकार बतलाते है—

निजामुद्दीन औलिया (मृत्यु सन् 1325 ई०)
|
सिराजुद्दीन
|
शेख अलाउल हक
|
(जायस)

शेख कुतुब आलम (पंडोई के, सन् 1415) — ×
|
शेख हशमुद्दीन (मानिकपुर) — ×
|
सैयद राजे हामिदशाह — ×
|

शेख दानियाल
|
सैयद मुहम्मद
|
शेख अलहदाद
|
शेख बुरहान (कालपी)
|
लेख मोहिदी (मुहीउद्दीन)

×
|
सैयद अशरफ जहाँगी
|
शेख हाजी
|
शेख मुहम्मद या मुबारक — शेख कमाल

'पद्मावत' और 'अखरावट' दोनों में जायसी ने मानिकपुर कालपीवाली गुरु परंपरा का उल्लेख विस्तार से किया है, इससे डॉक्टर ग्रियर्सन ने शेख मोहिदी को ही उनका दीक्षा गुरु माना है। गुरु वंदना से इस बात का ठीक-ठीक निश्चय नहीं होता है कि वे मानिकपुर के मुहीउद्दीन के मुरीद थे अथवा जायस के सैयद अशरफ के। पद्मावत में दोनों पीरों का उल्लेख इस प्रकार है—

सैयद असरफ़ पीर पियारा। जेइ मोहि पंथ दीन्ह उजियारा॥
गुरु मोहिदी खेवक मैं सेवा। चलै उताइल जेहि कर खेवा॥

अखरावट में इन दोनों की चर्चा इस प्रकार है—

कही सरीअत चिस्ती पीरू। उधरी असरफ औ जहँगीरू।
पा पाए एउँ गुरु मोहिदी मीठा। मिला पंथ सो दरसन दीठा।

'आखिरी कलाम' में केवल सैयद अशरफ जहाँगीर का ही उल्लेख है। 'पीर' शब्द का प्रयोग भी जायसी ने सैयद अशरफ के पहले किया है और अपने को उनके घर का बंदा कहा है। इससे हमारा अनुमान है कि उनके दीक्षागुरु तो थे सैयद अशरफ पर पीछे से उन्होंने मुहीउद्दीन की भी सेवा करके उनसे बहुत कुछ ज्ञानोपदेश और शिक्षा प्राप्त की। जायसवाले तो सैयद अशरफ के पोते मुबारकशाह बोदले को उनका पीर बताते हैं, पर यह ठीक नहीं जँचता।

सूफी मुसलमान फकीरों के सिवा कई संप्रदायों (जैसे, गोरखपंथी, रसायनी, वेदांती) के हिंदू साधुओं से भी उनका बहुत सत्संग रहा, जिनसे उन्होंने बहुत सी बातों की जानकारी प्राप्त की। हठयोग, वेदांत, रसायन आदि की बहुत सी बातों का संनिवेश उनकी रचना में मिलता है। हठयोग में मानी हुई इला, पिंगला और सुषुम्ना नाड़ियों की ही चर्चा उन्होंने नहीं की बल्कि सुषुम्ना नाड़ी में मस्तिष्क, नाभिचक्र (कुंडलिनी), हत्कमल और दशमद्वार (ब्रह्मरंध) का भी बार बार उल्लेख किया है। योगी ब्रह्म की अनुभूति के लिये कुंडलिनी को जगाकर ब्रह्मद्वार तक पहुँचाने का यत्न करता है। उसकी इस साधना में अनेक अंतराय (विघ्न) होते हैं। जायसी ने योग के इस निरूपण में अपने इसलाम की कथा का भी विचित्र मिश्रण किया है। अंतराय के स्थान पर उन्होंने शैतान को रखा है और उसे 'नारद' नाम दिया है। यही नारद दशमद्वार का पहरेदार है और काम, क्रोध आदि इसके सिपाही हैं। यही साधकों को बहकाया करता

है (दे० अखरावट)। कवि ने नारद को झगड़ा लगाने वाला सुनकर ही शायद शैतान बनाया है। इसी प्रकार 'पद्मावत' में रसायनियों की बहुत्त सी बातें आई हैं। 'जोड़ा करना' आदि उनके कुछ पारिभाषिक शब्द भी पाए जाते हैं। गोरखपंथियों की तो जायसी ने बहुत-सी बातें रखी हैं। सिंहलद्वीप में पद्मिनी स्त्रियों का होना और योगियों का सिद्ध होने के लिये वहाँ जाना उन्हीं की कथाओं के अनुसार है। इन सब बातों से पता चलता है कि जायसी साधारण मुसलमान फकीरों के समान नहीं थे। वे सच्चे जिज्ञासु थे और हर एक मत के साधु महात्माओं से मिलते जुलते रहते थे और उनकी बातें सुना करते थे। सूफी तो वे थे ही।

इस उदार सारग्राहिणी प्रवृत्ति के साथ ही साथ उन्हें अपने इस्लाम धर्म और पैंगम्बर पर भी पूरी आस्था थी, यद्यपि कबीरदास के समान उन्होंने भी उदारतापूर्वक ईश्वर तक पहुँचने के अनेक मार्गों का होना तत्वत: स्वीकार किया है—

विधिना के मारग हैं तेरे। सरग नखत, तन रोवाँ जेते।

पर इन असंख्य मार्गों के होते हुए भी मुहम्मद साहब के मार्ग पर अपनी श्रद्धा प्रकट की है—

तिन्ह महँ पंथ कहौं भल गाई। जेहि दूनौं जग छाज बड़ाई॥
सो बड़ पंथ मुहम्मद केरा। है निरमल कैलास बसेरा॥

जायसी बड़े भावुक भगवद्भक्त थे और अपने समय में बड़े ही सिद्ध पहुँचे हुए फकीर माने जाते थे, पर कबीरदास के समान अपना एक 'निराला पंथ' निकालने का हौसला उन्होंने कभी न किया। जिस मिल्लत या समाज में उनका जन्म हुआ उसके प्रति अपने विशेष कर्तव्यों के पालन के साथ-साथ वे सामान्य मनुष्यधर्म के सच्चे अनुयायी थे। सच्चे भक्त का प्रधान गुण दैन्य उनमें पूरा-पूरा था। कबीरदास के समान उन्होंने अपने को सबसे अधिक पहुँचा हुआ कहीं नहीं कहा है। कबीर ने तो यहाँ तक कह डाला कि इस चादर को सुर, नर, मुनि सबने ओढ़कर मैली किया, पर मैंने 'ज्यों की त्यों धर दीनी चदरिया'। इस प्रकार के गर्वोक्तियों से जायसी बहुत दूर थे। उनके भगवत्प्रेमपूर्ण मानस में अहंकार के लिए कहीं जगह न थी। उनका औदार्य वह प्रच्छन्न औद्धत्य न था जो किसी धर्म के चिढ़ाने के काम में आ सके। उनकी वह उदारता ऐसी थी जिससे कट्टरपन को भी चोट नहीं पहुँच सकती थी। प्रत्येक प्रकार का महत्त्व स्वीकार करने की क्षमता उनमें थी। वीरता, ऐश्वर्य रूप, गुण, शील सबके उत्कर्ष पर मुग्ध होने वाला हृदय उन्हें प्राप्त था, तभी 'पद्मावत' ऐसा चरितकाव्य लिखने की उत्कंठा उन्हें हुई। अपने को सर्वज्ञ मानकर पंडितों और विद्वानों की निंदा और उपहास करने की प्रवृत्ति उनमें न थी। वे जो कुछ थोड़ा बहुत जानते थे, उसे पंडितों का प्रसाद मानते थे—

हौं पंडितन्ह केर पछलगा। किछु कहि चला तबल देइ डगा॥

यद्यपि कबीरदास की ओर उनकी प्रवृत्ति में बहुत भेद था—कबीर विधि विरोधी थे और विधि पर आस्था रखने वाले, कबीर लोकव्यवस्था का तिरस्कार करने वाले थे और वे सम्मान करने वाले—कबीर को वे बड़ा साधक मानते थे, जैसा कि इन चौपाइयों से प्रकट होता है—

ना—नारद तब रोई पुकारा। एक जोलाहे सौं मैं हारा॥
प्रेम तंतु निति ताना तनई। जप नप साधि सैकरा भरई॥

जायसी को सिद्ध योगी मानकर बहुत से लोग उनके शिष्य हुए। कहते हैं कि पद्मावत के कई अंशों को वे गाते फिरते थे और चेले लोग भी साथ-साथ गाते चलते थे। परंपरा से प्रसिद्ध है कि एक चेला अमेठी (अवध) में जाकर उनका नागमती का बारहमासा गा गाकर घर-घर भीख माँगा करता था। एक दिन अमेठी के राजा ने उस बारहमासे को सुना। उन्हें वह बहुत अच्छा लगा, विशेषत: उसका यह अंश—

कँबल जो बिगसा मानसर, बिनु जल गयउ सुखाइ।
सूखि बेलि पुनि पलुहै, जो पिय सींचै आइ॥

राजा इस पर मुग्ध हो गए। उन्होंने फकीर से पूछा, 'शाह जी! यह दोहा किसका बनाया है? उस फकीर से मलिक मुहम्मद का नाम सुनकर राजा ने बड़े सम्मान और विनय के साथ उन्हें अपने यहाँ बुलाया था।

'पद्मावत' को पढ़ने से यह प्रकट हो जायेगा कि जायसी का हृदय कैसा कोमल और 'प्रेम की पीर' से भरा हुआ था। क्या लोकपक्ष में और क्या भगवतपक्ष में, दोनों ओर उसकी गूढ़ता और गंभीरत्ता विलक्षण दिखाई देती है। जायसी की 'पद्मावत' बहुत प्रसिद्ध हुई। मुसलमानों के भक्त घरानों में इसका बहुत आदर है। यद्यपि उसको समझने वाले अब बहुत कम हैं पर उसे गूढ़ पोथी मानकर यत्न से रखते हैं। जायसी की एक छोटी सी पुस्तक 'अखरावट' है जो मिरजापुर में एक मुसलमान के घर मिली थी। इसमें वर्णमाला के एक-एक अक्षर को लेकर सिद्धांत संबंधी कुछ बातें कही गई हैं। तीसरी पुस्तक 'आखरी कलाम' के नाम से फारसी अक्षरों में छपी है। यह भी दोहे चौपाइयों में है और बहुत छोटी है। इसमें मरणोंपरांत जीव की दशा और कयामत के अंतिम न्याय आदि का वर्णन है। बस ये ही तीन पुस्तकें जायसी की मिली हैं। इनमें से जायसी की कीर्ति का आधार 'पद्मावत' ही है। यह प्रबंध काव्य हिंदी में अपने ढंग का निराला है। यह इतना लोकप्रिय हुआ है कि इसका अनुवाद बंगभाषा में सन् 1650 ई० के आसपास अराकान में हुआ। जायस वाले इन तीन पुस्तकों के अतिरिक्त जायसी की दो और पुस्तकें बतलाते हैं—'पोस्तीनामा' तथा 'नैनावत' की प्रेमकहानी। 'पोस्तीनामा' के संबंध में उनका कहना है कि मुबारकशाह बोदले को लक्ष्य करके लिखी गई थी, जो चंडू पिया करते थे।

पद्मावत की कथा

कवि सिंहलद्वीप, उसके राजा गंधर्वसेन, राजसभा, नगर, बगीचे इत्यादि का वर्णन करके पद्मावती के जन्म का उल्लेख करता है। राजभवन में हीरामन नाम का एक अद्‌भुत सुआ था जिसे पद्मावती बहुत चाहती थी और सदा उसी के पास रहकर अनेक प्रकार की बातें कहा करती थी। पद्मावती क्रमश: सयानी हुई और उसके रूप की ज्योति भूमंडल में सबसे ऊपर हुई। जब उसका कहीं विवाह न हुआ तब वह रात दिन हीरामन से इसी बात की चर्चा किया करती थी। सूए ने एक दिन कहा कि यदि कहो तो देश देशांतर में फिरकर मैं तुम्हारे योग्य वर ढूँढूं। राजा को जब इस बातचीत का पता लगा तब उसने क्रुद्ध होकर सूए को मार डालने की आज्ञा दी। पद्मावती ने विनती

कर किसी प्रकार सूए के प्राण बचाए। सूए ने पद्मावती से विदा माँगी, पर पद्मावती ने प्रेम के मारे सूए को रोक लिया। सूआ उस समय तो रुक गया, पर उसके मन में खटका बना रहा।

एक दिन पद्मावती सखियों को लिए हुए मानसरोवर में स्नान और जलक्रीड़ा करने गई। सूए ने सोचा कि अब यहाँ से चटपट चल देना चाहिए। वह वन की ओर उड़ा, जहाँ पक्षियों ने उसका सत्कार किया। दस दिन पीछे एक बहेलिया हरी पत्तियों की टट्टी लिए उस वन में चला आ रहा था। और पक्षी तो उस चलते पेड़ को देखकर उड़ गए पर हीरामन चारे के लोभ में वहीं रहा। अंत में बहेलिया ने उसे पकड़ लिया और बाजार में उसे बेचने के लिये ले गया। चित्तौड़ के एक व्यापारी के साथ एक दीन ब्राह्मण भी कहीं से रुपए लेकर लोभ की आशा से सिंघल की हाट में आया था। उसने सूए को पंडित देख मोल ले लिया और लेकर चित्तौड़ आया। चित्तौड़ में उस समय राजा चित्रसेन मर चुका था और उसका बेटा रत्नसेन गद्दी पर बैठा था। प्रशंसा सुनकर रत्नसेन ने लाख रुपये देकर हीरामन सूए को मोल ले लिया।

एक दिन रत्नसेन कहीं शिकार को गया था। उसकी रानी नागमती सूए के पास आई और—बोली 'मेरे समान सुंदरी और भी कोई संसार में है?' इस पर सूआ हँसा और उसने सिंघल की पद्मिनी स्त्रियों का वर्णन करके कहा कि उनमें और तुममें दिन और अँधेरी रात का अंतर है। रानी ने सोचा कि यदि यहं तोता रहेगा तो किसी दिन राजा से भी ऐसा ही कहेगा और वह मुझसे प्रेम करना छोड़कर पद्मावती के लिये जोगी होकर निकल पड़ेगा। उसने अपनी धाय से उसे ले जाकर मार डालने को कहा। धाय ने परिणाम सोचकर उसे मारा नहीं, छिपा रखा। जब राजा ने लौटकर सूए को न देखा तब उसने बड़ा कोप किया। अंत में हीरामन उसके सामने लाया गया और उसने सब वृतान्त कह सुनाया। राजा को पद्मावती का रूपवर्णन सुनने की बड़ी उत्कंठा हुई और हीरामन ने उसके रूप का लंबा चौड़ा वर्णन किया। उस वर्णन को सुन राजा बेसुध हो गया। उसके हृदय में ऐसा प्रबल अभिलाषा जगी कि वह रास्ता बताने के लिये हीरामन को साथ ले जोगी होकर घर से निकल पड़ा।

उसके साथ सोलह हजार कुँवर भी जोगी होकर चले। मध्य प्रदेश के नाना दुर्गम स्थानों के बीच होते हुए सब लोग कलिंग देश पहुँचे। वहाँ के राजा गजपति से जहाज लेकर रत्नसेन ने और सब जोगियों के सहित सिंघलद्वीप की ओर प्रस्थान किया। क्षार समुद्र, क्षीर समुद्र, दधि समुद्र, उदधि समुद्र, सुरा समुद्र और किलकिला समुद्र को पार करके वे सातवें मानसरोवर समुद्र में पहुँचे जो सिंघलद्वीप के चारों ओर है। सिंघलद्वीप में उतरकर जोगी रत्नसेन तो अपने सब जोगियों के साथ महादेव के मंदिर में बैठकर तप और पद्मावती का ध्यान करने लगा और हीरामन पद्मावती से भेंट करने गया। जाते समय वह रत्नसेन से कहता गया कि बसंत पंचमी के दिन पद्मावती इसी महादेव के मंडप में बसंत पूजा करने आएगी; उस समय तुम्हें दर्शन होगा और तुम्हारी आशा पूर्ण होगी।

बहुत दिन पर हीरामन को देख पद्मावती बहुत रोई। हीरामन ने अपने निकल भागने और बेचे जाने का वृतान्त कह सुनाया। इसके उपरान्त उसने रत्नसेन के रूप, कुल, ऐश्वर्य, तेज आदि की बड़ी प्रशंसा करके कहा कि वह सब प्रकार से तुम्हारे

योग्य वर है और तुम्हारे प्रेम में जोगी होकर यहाँ तक आ पहुँचा है। पद्मावती ने उसकी प्रेमव्यथा सुनकर जयमाल देने की प्रतिज्ञा की और कहा कि बसंत पंचमी के दिन पूजा के बहाने मैं उसे देखने जाऊँगी। सूआ यह समाचार लेकर राजा के पास मंडप में लौट आया।

बसंत पंचमी के दिन पद्मावती सखियों के सहित मंडप में गई और उधर भी पहुँची जिधर रत्नसेन और उसके साथी जोगी थे। पर ज्योंही रत्नसेन की आँखे उस पर पड़ी, वह मूर्छित होकर गिर पड़ा। पद्मावती ने रत्नसेन को सब प्रकार से वैसा ही पाया जैसा सूए ने कहा था; वह मूर्छित जोगी के पास पहुँची और उसे होश में लाने के लिये उस पर चंदन छिड़का। जब वह न जागा तब चंदन से उसके हृदय पर यह बात लिखकर वह चली गई कि 'जोगी, तूने भिक्षा प्राप्त करने योग नहीं सीखा, जब फलप्राप्ति का समय आया तब तू सो गया।'

राजा को जब होश आया तब वह बहुत पछताने लगा और जल मरने को तैयार हुआ। सब देवताओं को भय हुआ कि यदि कहीं यह जला तो इसकी घोर विरहाग्नि से सारे लोग भस्म हो जायेंगे। उन्होंने जाकर महादेव पार्वती के यहाँ पुकार की। महादेव कोढ़ी के वेश में बैल पर चढ़े राजा के पास आए और जलने का कारण पूछने लगे। इधर पार्वती जी भी महादेव के साथ आई थीं, यह इच्छा हुई कि राजा के प्रेम की परीक्षा लें। ये अत्यन्त सुंदरी अप्सरा का रूप धरकर आई और बोली—मुझे इंद्र ने भेजा है। पद्मावती को जाने दे, तुझे अप्सरा प्राप्त हुई।' रत्नसेन ने कहा—'मुझे पद्मावती को छोड़ और किसी से कुछ प्रयोजन नहीं।' पार्वती ने महादेव से कहा कि रत्नसेन का प्रेम सच्चा है। रत्नसेन ने देखा कि इस कोढ़ी की छाया नहीं पड़ती है, इसके शरीर पर मक्खियाँ नहीं बैठती है और इसकी पलके नहीं गिरती है अतः यह निश्चय ही कोई सिद्ध पुरुष है। फिर महादेव को पहचानकर वह उनके पैरों पर गिर पड़ा। महादेव उसे सिद्धि गुटिका दी और सिंघलगढ़ में घुसने का मार्ग बताया। सिद्धि गुटिका पाकर रत्नसेन सब जोगियों को लिए सिंघलगढ़ पर चढ़ने लगा।

राजा गंधर्वसेन के यहाँ जब यह खबर पहुँची तब उसने दूत भेजे। दूतों से जोगी रत्नसेन ने पद्मिनी के पाने का अभिप्राय कहा। दूत क्रुद्ध होकर लौट गए। इस बीच हीरामन रत्नसेन का प्रेम संदेश लेकर पद्मावती के पास गया और पद्मावती का प्रेम भरा संदेशा पाकर उसने रत्नसेन से कहा। इस संदेश से रत्नसेन के शरीर में और भी बल आ गया। गढ़ के भीतर जो अगाध कुंड था वह रात को उसमें धंसा और भीतरी द्वार को, जिसमें वज्र के किवाड़ लगे थे, उसने जा खोला। पर इस बीच सबेरा हो गया और वह अपने साथी जोगियों के सहित घेर लिया गया। राजा गंधर्वसेन के यहाँ विचार हुआ कि जोगियों को पकड़कर सूली दे दी जाय। दल बल के सहित सब सरदारों ने जोगियों पर चढ़ाई की। रत्नसेन के साथी युद्ध के लिए उत्सुक हुए पर रत्नसेन ने उन्हें यह उपदेश देकर शांत किया कि प्रेममार्ग में क्रोध करना उचित नहीं। अंत में सब जोगियों सहित रत्नसेन पकड़ा गया। इधर यह सब समाचार सुन पद्मावती की बुरी दशा हो रही थी। हीरामन सूए ने जाकर उसे धीरज बँधाया कि रत्नसेन पूर्ण सिद्ध हो गया है,वह मर नहीं सकता।

जब रत्नसेन को बाँधकर सूली देने के लिए लाए तब जिसने जिसने उसे देखा

सबने कहा कि यह कोई राजपुत्र जान पड़ता है। इधर सूली की तैयारी हो रही थी, उधर रत्नसेन पद्मावती का नाम रट रहा था। महादेव ने जब जोगी पर ऐसा संकट देखा तब वे और पार्वती भाँट भाँटिनी का रूप धरकर वहाँ पहुँचे। इस बीच हीरामन सुआ भी रत्नसेन के पास पद्मावती का यह संदेश लेकर आया कि 'मैं भी हथेली पर प्राण लिए बैठी हूँ, मेरा जीना मरना तुम्हारे साथ है।' भाँट (जो वास्तव में महादेव थे) ने राजा गंधर्वसेन को बहुत समझाया कि यह जोगी नहीं राजा है और तुम्हारी कन्या के योग्य वर है, पर राजा इस पर और भी क्रुद्ध हुआ। इस बीच जोगियों का दल चारों ओर से लड़ाई के लिये चढ़ा। महादेव के साथ हनुमान आदि सब देवता जोगियों की सहायता के लिये आ खड़े हुए। गंधर्वसेन की सेना के हाथियों का समूह जब आगे बढ़ा तब हनुमान जी ने अपनी लंबी पूँछ में सबको लपेटकर आकाश में फेंक दिया। राजा गंधर्वसेन को फिर महादेव का घंटा और विष्णु का शंख जोगियों की ओर सुनाई पड़ा और साक्षात् शिव युद्ध-स्थल में दिखाई पड़े। यह देखते ही गंधर्वसेन महादेव के चरणों पर जा गिरा और बोला—'कन्या आपकी है, जिसे चाहिए उसे दीजिए'। इसके उपरांत हीरामन सूए ने आकर राजा रत्नसेन के चित्तौड़ से आने का सब वृतान्त कह सुनाया और गंधर्वसेन ने बड़ी धूमधाम से रत्नसेन के साथ पद्मावती का विवाह कर दिया। रत्नसेन के साथी जो सोलह हजार कुँवर थे उन सबका विवाह भी पद्मिनी स्त्रियों के साथ हो गया और सब लोग बड़े आनंद के साथ कुछ दिनों तक सिंहल में रहे।

इधर चित्तौड़ में वियोगिनी नागमती को राजा की बाट जोहते एक वर्ष हो गया। उसके विलाप से पशु पक्षी विकल हो गए। अंत में आधी रात को एक पक्षी ने नागमती के दुख का कारण पूछा। नागमती ने उसे रत्नसेन के पास पहुँचाने के लिये अपना संदेसा कहा। वह पक्षी नागमती का संदेशा लेकर सिंहलद्वीप गया और समुद्र के किनारे एक पेड़ पर बैठा। संयोग से रत्नसेन शिकार खेलते खेलते उसी पेड़ के नीचे जा खड़ा हुआ। पक्षी ने पेड़ पर नागमती की दु:खकथा और चित्तौड़ की हीन दशा का वर्णन किया। रत्नसेन का जी सिंहल से उचटा और उसने स्वदेश की ओर प्रस्थान किया। चलते समय उसे सिंहल के राजा के यहाँ से विदाई में बहुत सा सामान और धन मिला। इतनी अधिक संपत्ति देख राजा के मन में गर्व और लोभ हुआ। वह सोचने लगा कि इतना अधिक धन लेकर यदि मैं स्वदेश पहुँचा तो फिर मेरे समान संसार में कौन है। इस प्रकार लोभ ने राजा को आ घेरा।

समुद्रतट पर जब रत्नसेन आया तब समुद्र याचक का रूप धरकर राजा से दान माँगने आया, पर राजा ने लोभवश उसका तिरस्कार कर दिया। राजा आधे समुद्र में भी नहीं पहुँचा था कि बड़े जोर का तूफान आया। जिससे जहाज दक्खिन लंका की ओर बह गए। वहाँ विभीषण का एक राक्षस माँझी मछली मार रहा था। वह अच्छा आहार देख राजा से आकर बोला कि चलो हम तुम्हें रास्ते पर लगा दें। राजा उसकी बातों में आ गया। वह राक्षस सब जहाजों को एक भयंकर समुद्र में ले गया जहाँ से निकलना कठिन था। जहाज चक्कर खाने लगे और हाथी, घोड़े, मनुष्य आदि डूबने लगे। वह राक्षस आनंद से नाचने लगा। इस बीच समुद्र का राजपक्षी वहाँ आ पहुँचा जिसके डैनों का ऐसा घोर शब्द हुआ मानो पहाड़ के शिखर टूट रहे हों। वह पक्षी उस दुष्ट राक्षस

को चंगुल में दबाकर उड़ गया। जहाज के एक तख्ते पर एक ओर राजा बहा और दूसरे तख्त पर दूसरी ओर रानी।

पद्मावती बहते-बहते वहाँ जा लगी जहाँ समुद्र की कन्या लक्ष्मी अपनी सहेलियों के साथ खेल रही थी। लक्ष्मी मूर्छित पद्मावती को अपने घर ले गई। पद्मावती को जब चेत हुआ तब वह रत्नसेन के लिये विलाप करने लगी। लक्ष्मी ने उसे धीरज बंधाया और अपने पिता समुद्र से राजा की खोज कराने का वचन दिया। इधर राजा बहते-बहते एक ऐसे निर्जन स्थान में पहुँचा जहाँ मूँगों के टीलों के सिवा और कुछ न था। राजा पद्मिनी के लिये बहुत विलाप करने लगा और कटार लेकर अपने गले में मारना ही चाहता था कि ब्राह्मण का रूप धरकर समुद्र उसके सामने आ खड़ा हुआ और उसे मरने से रोका। अंत में समुद्र ने राजा से कहा कि तुम मेरी लाठी पकड़कर आँख मूँद लो; मैं तुम्हें जहाँ पद्मावती है उसी तट पर पहुँचा दूँगा।

जब राजा उस तट पर पहुँच गया तब लक्ष्मी उसकी परीक्षा लेने के लिये पद्मावती का रूप धारण कर रास्ते में जा बैठी। रत्नसेन उन्हें पद्मावती समझ उनकी ओर लपका। पास जाने पर वे कहने लगी—'मैं पद्मावती हूँ।' पर रत्नसेन ने देखा कि यह पद्मावती नहीं है, तब चट मुँह फेर लिया। अंत में लक्ष्मी रत्नसेन को पद्मावती के पास ले गई। रत्नसेन और पद्मावती कई दिनों तक समुद्र और लक्ष्मी के मेहमान रहे। पद्मावती की प्रार्थना पर लक्ष्मी ने उन सब साथियों को भी ला खड़ा किया जो इधर उधर बह गए थे। जो मर गए थे वे भी अमृत से जिला दिए गए। इस प्रकार बड़े आनन्द से दोनों वहाँ से विदा हुए। विदा होते समय समुद्र ने बहुत से अमूल्य रत्न दिए। सबसे बढ़कर पाँच पदार्थ दिए—अमृत, हंस, राजपक्षी, शार्दूल और पारस पत्थर। इन सब अनमोल पदार्थों को लिए अंत में रत्नसेन और पद्मावती चित्तौड़ पहुँच गए। नागमती और पद्मावती दोनों रानियों के साथ रत्नसेन सुखपूर्वक रहने लगे। नागमती से नागसेन और पद्मावती से कमलसेन ये दो पुत्र राजा को हुए।

चित्तौड़ की राजसभा में राघव चेतन नाम का एक पंडित था जिसे यक्षिणी सिद्ध थी। एक दिन राजा ने पंडितों से पूछा 'दूज कब है?' राघव के मुँह से निकला 'आज'। और सब पंडितों ने एक स्वर से कहा कि 'आज नहीं हो सकती, कल होगी।' राघव ने कहा कि 'यदि आज दूज न हो तो मैं पंडित नहीं।' पंडितों ने कहा कि 'राघव वागमर्गी है; यक्षिणी की पूजा करता है, जो चाहे सो कर दिखावे, पर आज दूज नहीं हो सकती।' राघव ने यक्षिणी के प्रभाव से उसी दिन संध्या के समय द्वितीया का चंद्रमा दिखा दिया।[1] पर जब दूसरे दिन चंद्रमा दिख गया तब वह द्वितीया का ही चंद्रमा था। इस पर पंडितों ने राजा रत्नसेन से कहा'—देखिए, यदि कल द्वितीया रही होती, तो आज चंद्रमा की कला कुछ अधिक होती; झूठ और सच की परख कर लीजिए।' राघव का भेद खुल गया और वह वेद विरुद्ध आचार करने वाला प्रमाणित हुआ। राजा रत्नसेन ने उसे देश निकाला का दंड दिया।

---

1. लोना चमारिन के संबंध में भी प्रसिद्ध है कि उसकी बात इसी प्रकार से सत्य करने के लिये देवी ने प्रतिपदा के दिन आकाश में जाकर अपने हाथ का कंगन दिखाया था जिसने देखने वालों को द्वितीय के चंद्रमा का भ्रम हुआ था।

पद्मावती ने जब यह सुना तब उसने ऐसे गुणी पंडित का असंतुष्ट होकर जाना राज्य के लिये अच्छा नहीं समझा। उसने भारी दान देकर राघव को प्रसन्न करना चाहा। सूर्यग्रहण का दान देने के लिये उसने उसे बुलाया। जब राघव महल के नीचे आया तब पद्मावती ने अपने हाथ का अमूल्य कंगन—जिसका जोड़ा और कहीं दुष्प्राप्य था—झरोखे पर से फेंका। झरोखे पर पद्मावती की झलक देख राघव बेसुध होकर गिर पड़ा। जब उसे चेत हुआ तब उसने सोचा कि अब वह कंगन लेकर बादशाह के पास दिल्ली चलूँ और पद्मिनी के रूप का उसके सामने वर्णन करूँ। वह लंपट है, तुरंत चित्तौड़ पर चढ़ाई करेगा और इसके जोड़ का दूसरा कंगन भी मुझे इनाम देगा। यदि ऐसा हुआ तो राजा से मैं बदला भी ले लूँगा और सुख से जीवन भी बिताऊँगा।

यह सोचकर राघव दिल्ली पहुँचा और वहाँ बादशाह अलाउद्दीन को कंगन दिखाकर उसने पद्मिनी के रूप का वर्णन किया। अलाउद्दीन ने बड़े आदर से उसे अपने यहाँ रखा और सरजा नामक एक दूत के हाथ एक पत्र रत्नसेन के पास भेजा कि पद्मिनी को तुरन्त भेज दो, बदले में और जितना राज्य चाहो ले लो। पत्र पाते ही राजा रत्नसेन क्रोध से लाल हो गया और बिगड़कर दूत को वापस कर दिया। अलाउद्दीन ने चित्तौड़ गढ़ पर चढ़ाई कर दी। आठ वर्ष तक मुसलमान चित्तौड़ को घेरे रहे ओर घोर युद्ध होता रहा, पर गढ़ न टूट सका। इसी बीच दिल्ली से एक पत्र अलाउद्दीन को मिला जिसमें हरेव लोगों के फिर से चढ़ आने का समाचार लिखा था। बादशाह ने जब यह देखा कि गढ़ नहीं टूटता है तब उसने कपट की एक चाल सोची। उसने रत्नसेन के पास संधि का एक प्रस्ताव भेजा और यह कहलाया कि मुझे पद्मिनी नहीं चाहिए; समुद्र से जो पाँच अमूल्य वस्तुएँ तुम्हें मिली हैं उन्हें देकर मेल कर लो।

राजा ने स्वीकार कर लिया और बादशाह को चित्तौड़गढ़ के भीतर ले जाकर बड़ी धूमधाम से उसकी दावत की। गोरा बादल नामक विश्वासपात्र सरदारों ने राजा को बहुत समझाया कि मुसलमानों का विश्वास करना ठीक नहीं, पर राजा ने ध्यान न दिया। वे दोनों वीर नीतिज्ञ सरदार रूठकर अपने घर चले गए। कई दिनों तक बादशाह की मेहमानदारी होती रही। एक दिन वह टहलते टहलते पद्मिनी के महल की ओर भी जा निकला, जहाँ एक से एक रूपवती स्त्रियाँ स्वागत के लिये खड़ी थीं। बादशाह ने राघव से,जो बराबर उसके साथ-साथ था, पूछा कि 'इनमें पद्मिनी कौन है?' राधव ने कहा 'पद्मिनी इनमें कहाँ? ये तो उसकी दासियाँ है।' बादशाह पद्मिनी के महत के सामने ही एक स्थान पर बैठकर राजा के साथ शतरंज खेलने लगा। जहाँ वह बैठा था वहाँ उसने एक दर्पण भी रख दिया था कि पद्मिनी यदि झरोखे पर आयेंगी तो उसका प्रतिबिंब दर्पण में देखूँगा। पद्मिनी कुतूहलवश झरोखे के पास आई और बादशाह ने उसका प्रतिबिंब दर्पण में देखा। देखते ही वह बेहोश होकर गिर पड़ा।

अंत में बादशाह ने राजा से बिदा माँगी। राजा उसे पहुँचाने के लिये साथ-साथ चला। एक एक फाटक पर बादशाह राजा को कुछ न कुछ देता चला। अंतिम फाटक पार होते ही राघव के इशारे से बादशाह ने रत्नसेन को पकड़ लिया और बाँधकर दिल्ली ले गया। वहाँ राजा को तंग कोठरी में बंद करके वह अनेक प्रकार के भयंकर कष्ट देने लगा। इधर चित्तौड़ में हाहाकार मच गया। दोनों रानियाँ रो रोकर प्राण देने

लगी। इस अवसर पर राजा रत्नसेन के शत्रु कुंभलनेर के राजा देवपाल को दुष्टता सुझी। उसने कुमुदनी नाम की दूती को पद्मावती के पास भेजा। पहले तो पद्मिनी अपने मायके की स्त्री सुनकर बड़े प्रेम से मिली और उससे अपना दुःख कहने लगी, पर जब धीरे-धीरे उसका भेद खुला तब उसने उचित दंड देकर उसे निकलवा दिया। इसके पीछे अलाउद्दीन ने भी जोगिन के वेश में एक दूती इस आशा से भेजी कि वह रत्नसेन से भेंट कराने के बहाने पद्मिनी को जोगिन बनाकर अपने साथ दिल्ली लाएगी। पर उसकी दाल भी न गली।

अंत में पद्मिनी गोरा और बादल के घर गई और उन दोनों क्षत्रिय वीरों के सामने अपना दुख रोकर उसने उनसे राजा को छुड़ाने की प्रार्थना की। दोनों ने राजा को छुड़ाने की दृढ़ प्रतिज्ञा की और रानी को बहुत धीरज बँधाया। दोनों ने सोचा कि जिस प्रकार मुसलमानों ने धोखा दिया उसी प्रकार उनके साथ भी चाल चलनी चाहिए। उन्होंने सोलह सौ ढकी पालकियों के भीतर सशस्त्र राजपूत सरदारों को बिठाया और जो सबसे उत्तम और बहुमूल्य पालकी थी उसके भीतर औजार के साथ एक लोहार को बिठाया। इस प्रकार वे यह प्रसिद्ध करके चले कि सोलह सो दासियों के सहित पद्मिनी दिल्ली जा रही है।

गोरा के पुत्र बादल की अवस्था बहुत थोड़ी थी। जिस दिन दिल्ली जाना था उसी दिन गौना आया था। उसकी नवागता वधू ने उसे युद्ध में जाने से बहुत रोका पर उस वीर कुमार ने एक न सुनी। अंत में सोलह सौ सवारियों के सहित वे दिल्ली के किले में पहुँचे। वहाँ कर्मचारियों को घूस देकर अपने अनुकूल किया जिससे किसी ने पालकियों की तलाशी न ली। बादशाह के यहाँ खबर गई कि पद्मिनी आई है और कहती है कि राजा से मिल लूँ और उन्हें चित्तौड़ के खजाने की कुंजी सुपुर्द कर दूँ तब महल में जाऊँ। बादशाह ने आज्ञा दे दी। वह सजी हुई पालकी वहाँ पहुँचाई गई जहाँ राजा रत्नसेन कैद था। पालकी में से निकलकर लोहार ने चट राजा की बेड़ी काट दी और वह शस्त्र लेकर एक घोड़े पर सवार हो गया जो पहले से तैयार था। देखते देखते और हथियारबंद सरदार भी पालकियों में से निकल पड़े। इस प्रकार गोरा और बादल राजा को छुड़ा कर चित्तौड़ चले।

बादशाह ने जब सुना तब अपनी सेना सहित पीछा किया। गोरा बादल ने जब शाही फौज पीछे देखी तब एक हजार सैनिकों को लेकर गोरा तो शाही फौज को रोकने के लिये डट गया और बादल राजा रत्नसेन को लेकर चित्तौड़ को ओर बढ़ा। वृद्ध वीर गोरा बड़ी वीरता से लड़कर और हजारों को मारकर अंत में सरजा के हाथ मे मारा गया। इस बीच में राजा रत्नसेन चित्तौड़ पहुँच गया। पहुँचते ही उसी दिन रात को पद्मिनी के मुँह से रत्नसेन ने जब देवपाल की दुष्टता का हाल सुना तब उसने उसे बाँध लाने की प्रतिज्ञा की। सवेरा होते ही रत्नसेन ने कुंभलनेर पर चढ़ाई कर दी। रत्नसेन और देवपाल के बीच द्वंद्व युद्ध हुआ। देवपाल की साँग रत्नसेन की नाभि में घुसकर उस पार निकल गई। देवपाल साँग मारकर लौटना ही चाहता था कि रत्नसेन ने उसे पकड़ा और उसका सिर काटकर उसके हाथ पैर बाँधे। इस प्रकार अपनी प्रतिज्ञा पूरी कर और चित्तौड़गढ़ की रक्षा का भार बादल को सौंप रत्नसेन ने शरीर छोड़ा।

राजा के शव को लेकर पद्मावती और नागमती दोनों रानियाँ सती हो गईं। इतने में

शाही सेना चित्तौड़गढ़ आ पहुँची। बादशाह ने पद्मिनी के सती होने का समाचार सुना। बादल ने प्राण रहते गढ़ की रक्षा की पर अंत में वह फाटक की लड़ाई में मारा गया और चित्तौड़गढ़ पर मुसलमानों का अधिकार हो गया ।

ऐतिहासिक आधार

पद्मावत की संपूर्ण आख्यायिका को हम दो भागों में विभक्त कर सकते हैं। रत्नसेन की सिंहलद्वीप यात्रा से लेकर चित्तौड़ लौटने तक हम कथा का पूर्वार्ध मान सकते हैं और राघव के निकाले जाने से लेकर पद्मिनी के सती होने तक उत्तरार्द्ध। ध्यान देने की बात यह है कि पूर्वार्ध तो बिलकुल कल्पित कहानी है और उत्तरार्द्ध ऐतिहासिक आधार पर है। ऐतिहासिक अंश के स्पष्टीकरण के लिये टाड द्वारा राजस्थान में दिया हुआ चित्तौड़गढ़ पर अलाउद्दीन की चढ़ाई का वृतांत हम नीचे देते हैं—

'विक्रम संवत् 1331 में लखनवी चित्तौड़ के सिंहासन पर बैठा। वह छोटा था इससे पहले चाचा भीमसी (भीमसिंह) ही राज्य करता था। भीमसी का विवाह सिंहल के चौहान राजा हम्मीर शंक की कन्या पद्मिनी से हुआ था जो रूप गुणों में जगत् में अद्वितीय थी। उसके रूप की ख्याति सुनकर दिल्ली के बादशाह अलाउद्दीन ने चित्तौड़ पर चढ़ाई की। घोर युद्ध के उपरांत अलाउद्दीन ने संधि का प्रस्ताव भेजा कि मुझे एक बार पद्मिनी का दर्शन ही हो जाय तो मैं दिल्ली लौट जाऊँ। इस पर यह बात ठहरी कि अलाउद्दीन दर्पण में पद्मिनी की छाया मात्र देख सकता है। इस प्रकार युद्ध बंद हुआ और अलाउद्दीन बहुत थोड़े से सिपाहियों के साथ चित्तौड़गढ़ के भीतर लाया गया। वहाँ से जब वह दर्पण में छाया देखकर लौटने लगा तब राजा उस पर पूरा विश्वास करके गढ़ के बाहर तक उसको पहुँचाने आया। बाहर अलाउद्दीन के सैनिक पहले से घात में लगे हुए थे। ज्यों ही राजा बाहर आया, वह पकड़ लिया गया और मुसलमानों के शिविर में, जो चित्तौड़ से थोड़ी दूर पर था, कैद कर लिया गया। राजा को कैद करके यह घोषणा की गई कि जब तक पद्मिनी न भेज दी जायेगी, राजा नहीं छूट सकता।

'चित्तौड़ में हाहाकार मच गया। पद्मिनी ने जब यहसुना तब उसने अपने मायके के गोरा और बादल नाम के दो सरदारों से मंत्रणा की। गोरा पद्मिनी का चाचा लगता था और बादल गोरा का भतीजा था। उन दोनों ने राजा के उद्धार की एक युक्ति सोची। अलाउद्दीन के पास कहलाया गया कि पद्मिनी जायेंगी, पर रानी की मर्यादा के साथ। अलाउद्दीन अपनी सब सेना वहाँ से हटा दे और परदे का पूरा इंतजाम कर दे। पद्मिनी के साथ बहुत सी दासियाँ रहेंगी और दासियों के सिवा बहुत सी सखियाँ भी होंगी जो उसे केवल पहुँचाने और विदा करने जायेंगी। अंत में सौ पालकियाँ अलाउद्दीन के खेमे की ओर चलीं। हर एक पालकी में एक एक शास्त्र वीर राजपूत बैठा था। एक एक पालकी उठाने वाले जो छह छह कहार थे वे भी कहार बने हुए सशस्त्र सैनिक थे। जब वे शाही खेमे के पास पहुँचे तब चारों ओर कनातें घेर दी गईं। पालकियाँ उतारी गईं।

पद्मिनी को अपने पति से अंतिम भेंट के लिये आधे घंटे का समय दिया गया। राजपूत चटपट राजा को पालकी में बिठाकर चित्तौड़गढ़ की ओर चल पड़े। शेष

पालकियाँ मानो पद्मिनी के साथ दिल्ली जाने के लिये रह गईं। अलाउद्दीन की भीतरी इच्छा भीमसी को चित्तौड़गढ़ जाने देने की न थी। देर देखकर वह घबराया। इतने में पालकियों से वीर राजपूत निकल पड़े। अलाउद्दीन पहले से सतर्क था। उसने पीछा करने का हुक्म दिया। पालकियों से निकले हुए राजपूत बड़ी वीरता से उन पीछा करने वालों को कुछ देर तक रोके रहे पर अंत में एक एक करके वे सब मारे गए।

'इधर भीमसी के लिये बहुत तेज घोड़ा तैयार खड़ा था। वह उस पर सवार होकर गोरा, बादल आदि कुछ चुने साथियों के साथ चित्तौड़गढ़ के भीतर पहुँच गया। पीछा करने वाली मुसलमान सेना फाटक तक साथ लग आई। फाटक पर घोर युद्ध हुआ। गोरा बादल के नेतृत्व में राजपूत वीर खूब लड़े। अलाउद्दीन अपना सा मुँह लेकर दिल्ली लौट गया; पर इस युद्ध में चित्तौड़ के चुने चुने वीर काम आए। गोरा भी इसी युद्ध में मारा गया। बादल, जो चारणों के अनुसार केवल बारह वर्ष का था, बड़ी वीरता के साथ लड़कर जीता और बच आया। उसके मुँह से अपने पति की वीरता का वृतान्त सुनकर गोरा की स्त्री सती हो गई।

'अलाउद्दीन ने संवत 1346 (सन् 1290 ई०) पर फरिश्ता के अनुसार सन् 1303 ई० जो कि ठीक माना जाता है) में फिर चित्तौड़गढ़ पर चढ़ाई की। इसी दूसरी चढ़ाई में राणा अपने ग्यारह पुत्रों सहित मारे गये। जब राणा के ग्यारह पुत्र मारे जा चुके हैं ओर स्वयं राणा के युद्धक्षेत्र में जाने की बारी आई तब पद्मिनी ने जौहर किया। कई सहस्र राजपूत ललनाओं के साथ पद्मिनी ने चित्तौड़गढ़ के उस गुप्त भूधरे में प्रवेश किया जहाँ उन सती स्त्रियों को अपनी गोद में लेने के लिये आग दहक रही थी। इधर यह कांड समाप्त हुआ उधर वीर भीमसी ने रणक्षेत्र में शरीरत्याग किया।'

टाड ने जो वृत्तान्त दिया वह राजपूताने में रक्षित चारणों के इतिहासों के आधार पर है। दो चार ब्यौरों को छोड़कर ठीक यही वृतान्त 'आइने अकबरी' में दिया हुआ है। 'आइने अकबरी' में भीमसी के स्थान पर रतनसी (रत्नसिंह या रत्नसेन) नाम है। रतनसी के मारे जाने का ब्यौरा भी दूसरे ढंग पर है। 'आइने अकबरी' में लिखा है कि अलाउद्दीन दूसरी चढ़ाई में भी हारकर लौटा चित्तौड़ से सात कोस पहुँचा कि रुक गया और मंत्री का नया प्रस्ताव भेजकर रतनसी को मिलने के लिये बुलाया। अलाउद्दीन की बार बार की चढ़ाइयों से रतनसी ऊब गया था इससे उसने मिलना स्वीकार किया। एक विश्वासघाती को साथ लेकर वह अलाउद्दीन से मिलने गया और धोखे से मार डाला गया। उसका संबंधी अरसी चटपट चित्तौड़ के सिंहासन पर बिठाया गया। अलाउद्दीन चित्तौड़ की ओर फिर लौटा और उस पर अधिकार किया। अरसी मारा गया और पद्मिनी सब स्त्रियों के सहित सती हो गई।

इन दोनों ऐतिहासिक वृत्तों के साथ जायसी द्वारा वर्णित कथा का मिलान करने से कई बातों का पता चलता है। पहली बात तो यह है कि जायसी ने जो 'रत्नसेन' नाम दिया है यह उनका कल्पित नहीं है, क्योंकि प्रायः उनके समसामयिक या थोड़े ही पीछे के ग्रंथ 'आइने अकबरी' में भी यही नाम आया था। यह नाम अवश्य इतिहासज्ञों में प्रसिद्ध था। जायसी को इतिहास की जानकारी थी, यह 'जायसी का जानकारी' के प्रकरण में हम दिखायेंगे। दूसरी बात यह है कि जायसी ने रत्नसेन का मुसलमानों के हाथ से मारा जाना न लिखकर जो देवपाल के साथ द्वंद्वयुद्ध में कुंभलनेरगढ़ के नीचे

मारा जाना लिखा है उसका आधार शायद विश्वासघाती के साथ बादशाह से मिलने जाने वाला वह प्रवाह हो जिसका उल्लेख आइने अकबरीकार ने किया है।

अपनी कथा को काव्योपयोगी स्वरूप देने के लिये ऐतिहासिक घटनाओं के ब्यौरों में कुछ फेरफार करने का अधिकार कवि को बराबर रहता है। जायसी ने भी इस अधिकार का उपयोग कई स्थानों पर किया है। सबसे पहले तो हमें राघव चेतन की कल्पना मिलती है। इसके उपरान्त अलाउद्दीन के चित्तौड़गढ़ घेरने पर संधि की जो शर्त (समुद्र से पाई हुई पाँच वस्तुओं को देने की) अलाउद्दीन की ओर से पेश की गई वह भी कल्पित है। इतिहास में दर्पण के बीच पद्मिनी की छाया देखने की शर्त प्रसिद्ध है। पर दर्पण के प्रतिबिंब देखने की बात जायसी ने आकस्मिक घटना के रूप में वर्णन किया गया है। इतना परिवर्तन कर देने से नायक रत्नसेन के गौरव की पूर्ण रूप से रक्षा हुई है। पद्मिनी की छाया भी दूसरे को दिखाने पर सम्मत होना रत्नसेन ऐसे पुरुषार्थी के लिये कवि ने अच्छा नहीं समझा। तीसरा परिवर्तन कवि ने यह किया है कि अलाउद्दीन के शिविर में बंदी होने के स्थान पर रत्नसेन का दिल्ली में बंदी होना लिखा है। रत्नसेन को दिल्ली में ले जाने से कवि को दूती और जोगिन के वृतांत, रानियों के बिरह और विलाप तथा गोरा बादल के प्रयत्न विस्तार कर पूरा अवकाश मिला है। इस अवकाश के भीतर जायसी ने पद्मिनी के सतीत्व की मनोहर व्यंजना के अनंतर बालक बादल का वह क्षात्र तेज तथा कर्तव्य की कठोरता का वह दिव्य और मर्मस्पर्शी दृश्य दिखाया है जो पाठक के हृदय को द्रवीभूत कर देता है। देवपाल और अलाउद्दीन का दूती भेजना तथा बादल और उसकी स्त्री का संवाद, ये दोनों प्रसंग इसी निमित्त कल्पित किए गए हैं। देवपाल कल्पित पात्र है, पीछा करते हुए अलाउद्दीन के चित्तौड़ पहुँचने के पहले ही रत्नसेन का देवपाल के हाथ से मारा जाना और अलाउद्दीन के हाथ से न पराजित होना दिखकर कवि ने अपने चरितनायक की आन रखी है।

पद्मिनी क्या सचमुच सिंहल की थी? पद्मिनी सिंघलद्वीप की हो नहीं सकती। यदि 'सिंघल' नाम ठीक मानें तो वह राजपूताने या गुजरात का कोई स्थान होगा। न तो सिंहलद्वीप में चौहान आदि राजपूतों की बस्ती का कोई पता है, न इधर हजार वर्ष से कूपमंडूक बने हुए हिंदुओं के सिंहलद्वीप में जाकर विवाह संबंध करने का। दुनिया जानती है कि सिंहलद्वीप के लोग (तमिल और सिंहली दोनों) कैसे काले कलूटे होते हैं। यहाँ पर पद्मिनी स्त्रियों का पाया जाना गोरखपंथी साधुओं की कल्पना है।

नाथपंथ की परंपरा वास्तव में महायान शाखा के योगमार्गी बौद्धों की थी जिसे गोरखनाथ ने शैव रूप दिया। बौद्ध धर्म जब भारतवर्ष से उठ गया तब उसके शास्त्रों के अध्ययन अध्यापन का प्रचार यहाँ न रह गया। सिंहलद्वीप में ही बौद्ध शास्त्रों के अच्छे-अच्छे पंडित रह गए। इसी से भारतवर्ष के अवशिष्ट योगमार्गी बौद्धों में सिंहल द्वीप एक सिद्धपीठ समझा जाता रहा। इसी धारणा के अनुसार गोरखनाथ के अनुयायी भी सिंहलद्वीप को एक सिद्धपीठ मानते हैं। उनका कहना है कि योगियों को पूर्ण सिद्धि प्राप्त करने के लिये सिंहलद्वीप जाना पड़ता है। जहाँ साक्षात् शिव परीक्षा के पीछे सिद्धि प्रदान करते हैं। पर वहाँ जाने वाले योगियों के शम-दम की पूरी परीक्षा होती है। वहाँ सुवर्ण और रत्नों की अतुल राशि सामने आती है तथा पद्मिनी स्त्रियाँ

अनेक प्रकार से लुभाती हैं। बहुत से योगी उन पद्मिनियों के हाव-भाव में फँस योगभ्रष्ट हो जाते हैं। कहते हैं, गोरखनाथ (वि० संवत् 1407) के गुरु मत्स्येंद्रनाथ (मछंदरनाथ) जब सिंहल में सिद्धि की पूर्णता के लिये गए तब पद्मिनियों के जाल में इसी प्रकार फँस गए। पद्मिनियों ने उन्हें एक कुएँ में डाल रखा था। अपने गुरु की खोज में गोरखनाथ भी सिंहल गए और उसी कुएँ के पास से होकर निकले। उन्होंने अपने गुरु की आवाज पहचानी और कुएँ के किनारे खड़े होकर बोले 'जाग मछंदर गोरख आया।' इसी प्रकार की और कहानियाँ प्रसिद्ध हैं।

अब 'पद्मावत' की पूर्वार्ध कथा के संबंध में एक और प्रश्न यह होता है कि यह जायसी द्वारा कल्पित है अथवा जायसी के पहले से कहानी के रूप में जनसाधारण के बीच प्रचलित चली आती है। उत्तर भारत में, विशेषत: 'पद्मिनी रानी और हीरामन सुए' की कहानी अब तक प्राय: उसी रूप में कही जाती है जिस रूप में जायसी ने उसका वर्णन किया है। जायसी इतिहासविज्ञ थे इससे उन्होंने रत्नसेन, अलाउद्दीन आदि नाम दिए हैं, पर कहानी कहने वाले नाम नहीं लेते हैं; केवल यही कहते हैं कि 'एक राजा था', 'दिल्ली का एक बादशाह था', इत्यादि। यह कहानी बीच-बीच में गा-गाकर कही जाती है। जैसे, राजा की पहली रानी जब दर्पण में अपना मुँह देखती है तब सूए से पूछती है—

देस देस तुम फिरौ हो सुअटा! मोरे रूप और कहु कोई?

सूआ उत्तर देता है—

काह बखानी सिंहल कै रानी। तोरे रूप भरैं सब पानी।

इसी प्रकार 'बाला लखनदेव' आदि की और रसात्मक कहानियाँ अवध में प्रचलित हैं जो बीच-बीच में गा-गाकर कहीं जाती हैं।

इस संबंध में हमारा अनुमान है कि जायसी ने प्रचलित कहानी को ही लेकर सूक्ष्म ब्यौरों की मनोहर कल्पना करके, इसे काव्य का सुंदर स्वरूप दिया है। इस मनोहर कहानी को कई लोगों ने काव्य के रूप में बाँधा। हुसैन गजनवी ने 'किस्सए पद्मावत' नाम का एक फारसी काव्य लिखा। सन् 1652 ई० में राय गोविंद मुंशी ने पद्मावती की कहानी फारसी गद्य में 'तुकफतुल कुलूब' के नाम से लिखी। उसके पीछे मीर जियाउद्दीन 'इब्रत' और गुलामअली 'इशरत' ने मिलकर सन् 1769 ई० में उर्दू शेरों में इस कहानी को लिखा। यह कहा जा चुका है कि मलिक मुहम्मद जायसी ने अपनी पद्मावत सन् 1520 ई० में लिखी थी।

'पद्मावत' की प्रेमपद्धति

'पद्मावत' की जो आख्यायिका ऊपर दी जा चुकी है उससे स्पष्ट है कि वह एक प्रेम कहानी है। अब संक्षेप में यह देखना चाहिए कि कवियों ने दांपत्य प्रेम का आविर्भाव वर्णन करने की जो प्रणालियाँ प्रचलित हैं उनमें से 'पद्मावत' में वर्णित प्रेम किसके अंतर्गत आता है।

(1) सबसे पहले उस प्रेम को लीजिए जो आदिकाव्य रामायण में दिखाया गया है। इसका विकास विवाह संबंध हो जाने के पीछे और पूर्ण उत्कर्ष जीवन की विकट स्थितियों में दिखाई पड़ता है। राम के वन जाने की तैयारी के साथ ही सीता के प्रेम

का स्फुरण होता है; सीताहरण होने पर राम के प्रेम की कांति सहसा फूटती हुई दिखाई पड़ती है। वन के जीवन में इस पारस्परिक प्रेम की आनंदविधायिनी शक्ति लक्षित है और लंका की चढ़ाई में इसका तेज, साहस और पौरुष। यह प्रेम अत्यंत स्वाभाविक, शुद्ध और निर्मल है। यह विलासिता या कामुकता के रूप में हमारे सामने नहीं आता बल्कि मनुष्य जीवन के बीच एक मानसिक शक्ति के रूप में दिखाई पड़ता है। उभय पक्ष में सम होने पर भी नायक पक्ष में यह कर्त्तव्यबुद्धि द्वारा कुछ संयत सा दिखाई पड़ता है।

(2) दूसरे प्रकार का प्रेम विवाह के पूर्व का होता है, विवाह जिसका फलस्वरूप होता है। इसमें नायक नायिका संसार क्षेत्र में घूमते फिरते हुए कहीं—जैसे उपवन, नदीतट, बीथी इत्यादि में एक दूसरे को देख मोहित होते हैं और दोनों में प्रीति हो जाती है। अधिकतर नायक की ओर से नायिका की प्राप्ति का प्रयत्न होता है। इसी प्रयत्नकाल में संयोग और विप्रलंभ दोनों के अवसरों का संनिवेश रहता है और विवाह हो जाने पर प्राय: कथा की समाप्ति हो जाती है। इसमें कहीं बाहर घूमते फिरते साक्षात्कार होता है, इससे मनुष्य के आदिम प्राकृतिक जीवन की स्वाभाविकता बनी रहती है। अभिज्ञान शाकुंतल, विक्रमोर्वशीयम् आदि की कथा इसी प्रकार की है। गोस्वामी तुलसीदास जी ने सीता और राम के प्रेम का आरंभ विवाह से पूर्व दिखाने के लिये ही उनका जनक की वाटिका में परस्पर साक्षात्कार कराया है। पर साक्षात्कार और विवाह के बीच थोड़े से अवकाश में परशुराम वाले झमेले को छोड़ प्रयत्न का कोई विस्तार दिखाई नहीं पड़ता। अत: रामकथा को इस दूसरे प्रकार की प्रेमकथा का स्वरूप न प्राप्त हो सका।

(3) तीसरे प्रकार के प्रेम का उदय प्राय: राजाओं के अंत:पुर, उद्यान आदि के भीतर भोगविलास या रंग रहस्य के रूप में दिखाया जाता है, जिसमें सपत्नियों के द्वेष, विदूषक आदि के हास-परिहास और राजाओं की स्त्रैणता आदि का दृश्य होता है। उत्तरकाल के संस्कृत नाटकों में इसी प्रकार के पौरुषहीन, नि:सार और विलासमय प्रेम का प्राय: वर्णन हुआ है, जैसे रत्नावली, प्रियदर्शिका, कर्पूरमंजरी इत्यादि में। इसमें नायक को कहीं वन, पर्वत आदि के बीच नहीं जाना पड़ता है; वह घर के भीतर ही लुकता छिपता, चौकड़ी भरता दिखाया गया है।

(4) चौथे प्रकार का वह प्रेम है जो गुणश्रवण, चित्रदर्शन, स्वप्नदर्शन आदि से बैठे बिठाए उत्पन्न होता है और नायक या नायिका को संयोग के लिये प्रयत्नवान करता है। उषा और अनिरूद्ध का प्रेम इसी प्रकार का समझिए जिसमें प्रयत्न स्त्री जाति की ओर से होने के कारण कुछ अधिक विस्तार या उत्कर्ष नहीं प्राप्त कर सका है। पर स्त्रियों का प्रयत्न भी यह विस्तार या उत्कर्ष प्राप्त कर सकता है इसकी सूचना भारतेंदु ने 'पगन में छाले परे, नाँघिवे को नाले परे, तऊ लाल लाले परे रावरे दरस के' के द्वारा दिया है।

इस चार प्रकार के प्रेमों का वर्णन नए और पुराने भारतीय साहित्य में है। ध्यान देने की बात यह है कि विरह की व्याकुलता और असह्य वेदना स्त्रियों के मत्थे अधिक मढ़ी गई है। प्रेम के वेग की मात्रा स्त्रियों में अधिक दिखाई गई है। नायक के दिन-दिन क्षीण होने, विरहताप में भस्म होने, सूखकर ठठरी होने के वर्णन में कवियों

का जी उतना नहीं लगा है। बात यह कि स्त्रियों की श्रृंगारचेष्टा वर्णन करने में पुरुषों को जो आनंद आता है,वह पुरुषों की दशा का वर्णन करने में नहीं। इसी से स्त्रियों का विरहवर्णन हिंद्री काव्य का एक प्रधान अंग ही बन गया। ऋतुवर्णन तो केवल इसी की बदौलत रह गया।

कहने की आवश्यकता नहीं है कि जायसी ने 'पद्मावत' में जिस प्रेम का वर्णन किया है वह चौथे ढंग का है। पर इसमें वे कुछ विशेषता भी लाए हैं। जायसी के शृंगार में मानसिक पक्ष प्रधान है, शारीरिक गौण है। चुंबन, आलिंगन आदि का वर्णन कवि ने बहुत कम किया है, केवल मन के उल्लास और वेदना का कथन अधिक किया है। प्रयत्न नायक की ओर से है और उसकी कठिनता द्वारा कवि ने नायक के प्रेम को नापा है। नायक का यह आदर्श लैला मजनूँ, शीरीं फरहाद आदि उन अरबी फारसी कहानियों के आदर्श से मिलता जुलता है जिनमें हड्डी की ठठरी भर लिए हुए टाँकियों से पहाड़ खोद डालने वाले आशिक पाये जाते हैं। फारस के प्रेम में नायक के प्रेम का वेग अधिक तीव्र दिखाई पड़ता है और भारत के प्रेम की तीव्रता समान करके दोनों आदर्शों का एक में मेल कर दिया है। राजा रत्नसेन सुए के मुँह से पद्मावती का रूपंवर्णन सुन योगी होकर घर से निकल जाता है और मार्ग के अनेक दुखों को झेलता हुआ सात समुद्र पार करके सिंहलद्वीप पहुँचता है। उधर पद्मावती भी राजा के प्रेम की सुन विरहाग्नि में जलती हुई साक्षात्कार के लिये विह्वल होती है और जब रत्नसेन को सूली की आज्ञा होती है तब उसके लिये मरने को तैयार होती है।

एक प्रकार का और मेल भी कवि ने किया है। फारसी की मसनवियों का प्रेम ऐकांतिक, लोकबाह्य और आदर्शात्मक (आयडियलिस्टिक) होता है। वह संसार की वास्तविक परिस्थिति के बीच नहीं दिखाया जाता, संसार की और सब बातों से अलग एक स्वतंत्र सत्ता के रूप में दिखाया जाता है। उससे जो घटनाएँ आती हैं वे केवल प्रेममार्ग की होती हैं, संसार के और व्यवहारों से उत्पन्न नहीं। साहस, दृढ़ता और वीरता भी यदि कहीं दिखाई पड़ती है, तो प्रेमोन्माद के रूप में, लोककर्तव्य के रूप में नहीं। भारतीय प्रेमपद्धति आदि में तो लोकसंबद्ध और व्यवहारात्मक थी ही, पीछे भी अधिकतर वैसी ही रही। आदिकवि के काव्य में प्रेम लोकव्यवहार से कहीं अलग नहीं दिखाया गया है, जीवन के और विभागों के सौंदर्य के बीच उसके सौंदर्य की प्रभा फूटती दिखाई पड़ती है। राम के समुद्र में पुल बाँधने और रावण जैसे प्रचंड शत्रु के मार गिराने को हम केवल एक प्रेमी के प्रयत्न के रूप में नहीं देखते, वीर धर्मानुसार पृथ्वी का भार उतारने के प्रयत्न के रूप में देखते हैं। पीछे कृष्णचरित, कादंबरी, नैषधीय चरित, माधवानल कामकंदल आदि ऐकांतिक प्रेम कहानियों का भी भारतीय साहित्य में प्रचुर प्रचार हुआ। ये कहानियाँ अब फारस की प्रेमपद्धति के अधिक मेल में थी। नल दमयंती की प्रेम कहानी का अनुवाद बहुत पहले फारसी क्या अरबी तक में हुआ। इन कहानियों का उल्लेख 'पद्मावत' में स्थान स्थान पर हुआ है।

जायसी ने यद्यपि इश्क के दास्तानवाली मसनवियों के प्रेम के स्वरूप को प्रधान रखा है पर बीच-बीच में भारत के लोक-व्यवहार-संलग्न स्वरूप का भी मेल किया है। इश्क की मसनवियों के समान 'पद्मावत' लोकपक्ष शून्य नहीं है। राजाजोगी होकर घर से निकलता है, इतना कहकर कवि यह भी कहता है कि चलते समय उसकी माता

और रानी दोनों उसे रो-रोकर रोकती हैं। जैसे कवि ने राजा से संयोग होने पर पद्मावती के रसरंग का वर्णन किया वैसे ही सिंहलद्वीप से विदा होते समय परिजनों और सखियों से अलग होने का स्वाभाविक दु:ख भी। कवि ने जगह-जगह पद्मावती को जैसे चंद्र, कमल इत्यादि के रूप में देखा है, वैसे ही उसे प्रथम समागम से डरते, सत्पत्नी से झगड़ते और प्रिय के हित के अनुकूल लोकव्यवहार करते भी देखा है। राघव चेतन के निकाले जाने पर राजा और राज्य के अनिष्ट की आशंका से पद्मावती उस ब्राह्मण को अपना खास कंगन दान देकर संतुष्ट करना चाहती है। प्रेम को लोकपक्ष कैसा सुंदर है! लोकव्यवहार के बीच में भी अपनी आभा का प्रसार करने वाली प्रेमज्योति का महत्त्व कुछ कम नहीं।

जायसी एकांतिक प्रेम की गूढ़ता और गंभीरता के बीच में जीवन के और अंगों के साथ उस प्रेम के संपर्क का स्वरूप कुछ दिखाते गए हैं, इससे उनकी प्रेमगाथा, पारिवारिक और सामाजिक जीवन से विच्छिन्न होने से बच गई है। उसमें भावात्मक और व्यवहारात्मक दोनों शैलियों का मेल है। पर है वह प्रेमगाथा ही, पूर्ण जीवनगाथा नहीं। ग्रंथ का पूर्वार्ध—आधे से अधिक भाग—तो प्रेममार्ग के विवरण से ही भरा है। उत्तरार्ध में जीवन के और अंगों का संनिवेश मिलता है पर वे पूर्णतया परिस्फुट नहीं है। दांपत्य प्रेम के अतिरिक्त मनुष्य की और वृत्तियाँ, जिनका कुछ विस्तार के साथ समावेश है, वे यात्रा, युद्ध,सपत्नीकलह, मातृस्नेह, स्वामिभक्ति, वीरता, छल और सतीत्व हैं। पर इनके होते हुए भी 'पद्मावत' को हम शृंगार-रस-प्रधान काव्य ही कह सकते हैं। 'रामचरित' के समान मनुष्य जीवन की भिन्न-भिन्न बहुत सी परिस्थितियों और संबंधों का इसमें समन्वय नहीं है।

तोते के मुँह से पद्मावती का रूप वर्णन सुनने से राजा रत्नसेन को जो पूर्वराग हुआ, अब उस पर थोड़ा विचार कीजिए। देखने में तो वह उसी प्रकार का जान पड़ता है जिस प्रकार का हंस के मुख से दमयंती का रूपवर्णन सुनकर नल को या नल का रूप वर्णन सुनकर दमयंती को हुआ था। पर ध्यान देकर विचार करने से दोनों में एक ऐसा अंतर दिखाई पड़ेगा कि जिसके कारण एक की तीव्रता जितनी अयुक्त दिखाई देगी उतनी दूसरे को नहीं। पूर्वराग में ही विप्रलंभ शृंगार की बहुत सी दशाओं की योजना श्रीहर्ष ने भी की है और जायसी ने भी। पूर्वराग पूर्ण रति नहीं है, अत: उसमें केवल 'अभिलाष' स्वाभाविक जान पड़ता है; शरीर का सूखकर काँटा होना, मूर्छा, उन्माद नहीं। तोते के मुँह से पहले ही पद्मावती का वर्णन सुनते ही रत्नसेन का मूर्छित हो जाना और पूर्ण वियोगी बन जाना अस्वाभाविक-सा लगता है। पर हंस के मुँह से रूप, गुण आदि की प्रशंसा सुनने पर जो विरह की दारुण दशा दिखाई गई है वह इसलिये नही अधिक खटकती कि नल और दमयंती दोनों बहुत दिनों से एक दूसरे के रूप गुण की प्रशंसा सुनते आ रहे थे जिससे उनका पूर्वराग 'मंजिष्ठा राग' की अवस्था को पहुँच गया था।

जब तक पूर्वराग आगे चलकर पूर्ण रति या प्रेम के रूप में परिणत नहीं होता तब तक उसे हम चित्त की कोई उदात्त या गंभीर वृत्ति नहीं कह सकते। हमारी समझ में तो दूसरे के द्वारा, चाहे वह चिड़िया हो या आदमी, किसी पुरुष या स्त्री के रूप, गुण आदि को सुनकर चट उसकी प्राप्ति की इच्छा उत्पन्न करने वाला भाव लोभ मात्र

कहला सकता है, परिपुष्ट प्रेम नहीं। लोभ और प्रेम के लक्ष्य में सामान्य और विशेष का ही अंतर समझा जाता है। कहीं कोई अच्छी चीज सुनकर दौड़ पड़ना, यह लोभ है। विशेष वस्तु—चाहे दूसरे के निकट वह अच्छी हो या बुरी—देख उसमें इस प्रकार रम जाना कि उससे कितनी ही बढ़कर अच्छी वस्तुओं के सामने आने पर भी उनकी ओर ध्यान न जाय, प्रेम है। व्यवहार में भी प्राय: देखा जाता है कि वस्तुविशेष के ही प्रति जो लोभ होता है वह लोभ नहीं कहलाता। जैसे, यदि कोई मनुष्य पकवान या मिठाई का नाम सुनते ही चंचल हो जाय तो लोग कहेंगे कि वह बड़ा लालची है, पर यदि कोई केवल गुलाबजामुन का नाम आने पर चाह प्रकट करे तो लोग यही कहेंगे कि इन्हें गुलाबजामुन बहुत अच्छी लगती है। तत्काल सुने हुए रूपवर्णन से उत्पन्न 'पूर्वराग' और 'प्रेम' में भी इसी प्रकार का अंतर समझिए। पूर्वराग रूपगुणप्रधान होने के कारण सामान्योन्मुख होता है प्रेम व्यक्ति प्रधान होने के कारण विशेषोन्मुख होता है। एक ने आकर कहा, अमुक बहुत सुंदर है; फिर कोई दूसरा आकर कहता है कि अमुक नहीं अमुक बहुत सुंदर है। इस अवस्था में बुद्धि का व्यभिचार बना रहेगा। प्रेम में पूर्ण व्यभिचारशंति प्राप्त हो जाती है।

कोई वस्तु बहुत बढ़िया है, जैसे यह सुनकर हमें उसका लाभ हो जाता है, वैसे ही कोई व्यक्ति बहुत सुन्दर है, इतना सुनते ही उसकी जो चाह उत्पन्न हो जाती है वह साधारण लोभ से भिन्न नहीं कही जा सकती। प्रेम भी लोभ ही है पर विशेषोन्मुख। वह मन और मन के बीच का लोभ है, हृदय और हृदय के बीच का संवंध है। उसके एकं पक्ष में भी हृदय है और दूसरे पक्ष में। अत: सच्चा सजीव प्रेम पात्र के हृदय का स्पर्श करने का प्रयत्न पहले करता है, शरीर पर अधिकार करने का प्रयत्न पीछे करता है, सुंदर स्त्री कोई बहुमूल्य पत्थर नहीं है कि अच्छा सुना और लेने के लिए दौड़ पड़े। इस प्रकार का दौड़ना रूपलोभ ही कहा जायेगा, प्रेम नहीं।

बिना परिचय के प्रेम नहीं हो सकता। यह परिचय पूर्णतया तो साक्षात्कार से होता है; पर बहुत दिनों तक किसी के रूप, गुण, कर्म आदि का ब्यौरा सुनते सुनते भी उसका ध्यान मन में जगह कर लेता है। किसी के रूप, गुण की प्रशंसा सुनते ही एकबारगी प्रेम उत्पन्न हो जाना स्वाभाविक नहीं जान पड़ता। प्रेम दूसरे की आँखों नहीं देखता, अपनी आँखों देखता है। अत: राजा रत्नसेन तोते के मुँह से पद्मावती का अलौकिक रूपवर्णन सुन जिस भाव को प्रेरणा से निकल पड़ता है वह पहले रूपलोभ ही ही कहा जा सकता है। इस दृष्टि से देखने पर कवि जो उसके प्रयत्न को तप का स्वरूप देता हुआ आत्मत्याग और विरह-विकलता का विस्तृत वर्णन करता है वह एक नकल सा मालूम होता है। प्रेमलक्षण उसी समय दिखाई पड़ता है जब वह शिवमंदिर में पद्मावती की झलक देख बेसुध हो जाता है। इस प्रेम की पूर्णता उस समय स्फुट होती है जब पार्वती अप्सरा का रूप धारण करके उसके सामने आती है और वह उनके रूप की ओर ध्यान न देकर कहता है कि—

भलेहि रंग अछरी तोर राता। मोहिं दुसरे सौ भाव न बाता॥

उक्त कथन से रूपलोभ की व्यंजना नहीं होती, प्रेम की व्यंजना होती है। प्रेम दूसरा रूप चाहता नहीं, चाहे वह प्रेमपात्र के रूप में कितना ही बढ़कर हो। लैला कुछ बहुत खूबसूरत न थी, पर मजनूँ उसी पर मरता था। यही विशिष्टता और एकनिष्ठता

प्रेम है। पर इस विशिष्टता के लिये निर्दिष्ट भावना चाहिए जो एक तोते के वर्णन मात्र से नहीं प्राप्त हो सकती। भावना को निर्दिष्ट करने के लिये ही मनस्तत्व से अभिज्ञ कवि पूर्वराग के बीच चित्रदर्शन की योजना करते हैं। पर यह रूपभावना पूर्ण रूप से निर्दिष्ट साक्षात्कार द्वारा ही होती है। शिवमंदिर में पद्मावती की एक झलक जब राजा ने देखी तभी उसकी भावना निर्दिष्ट हुई। मंदिर में उस साक्षात्कार के पूर्व राजा की भावना निर्दिष्ट नहीं कही जा सकती। मान लीजिए कि सिंहल के तट पर उतरते ही वही अप्सरा कहती है कि 'मैं ही पद्मावती हूँ' और तोता भी सकारता, तो रत्नसेन उसे स्वीकार ही कर लेता। ऐसी अवस्था में उसके प्रेम का लक्ष्य निर्दिष्ट कैसे कहा जा सकता है? अतः रूपवर्णन सुनते ही रत्नसेन के प्रेम का जो प्रबल और अदम्य स्वरूप दिखाया गया है वह प्राकृतिक व्यवहार की दृष्टि से उपयुक्त नहीं दिखाई पड़ता।

राजा रत्नसेन तोते के मुँह से पद्मावती का रूपवर्णन सुन उसके लिये जोगी होकर निकल पड़ा और अलाउद्दीन ने राघव चेतन के मुँह से वैसा ही वर्णन सुन उसके लिये चित्तौर पर चढ़ाई कर दी। क्यों एक प्रेमी के रूप में दिखाई पड़ता है और दूसरा रूपलोभी लंपट के रूप में ? अलाउद्दीन के विपक्ष में दो बातें ठहरती हैं—(1) पद्मावती का दूसरे की विवाहिता स्त्री होना और (2) अलाउद्दीन का उग्र प्रयत्न करना। दोनों प्रकार के अनौचित्य अलाउद्दीन की चाह को प्रेम का स्वरूप प्राप्त नहीं होने देते। यदि इस अनौचित्य का विचार छोड़ दें तो रूपवर्णन सुनते ही तत्काल दोनों के हृदय में जो चाह उत्पन्न हुई वह एकदूसरे से भिन्न नहीं जान पड़ती।

रत्नसेन के पूर्वराग के वर्णन में जो यह अस्वाभाविकता आई है इसका कारण है लौकिक प्रेम और ईश्वरप्रेम दोनों को एक स्थान पर व्यंजित करने का प्रयत्न। शिष्य जिस प्रकार गुरु से परोक्ष ईश्वर के स्वरूप का कुछ आभास पाकर प्रेममग्न होता है, उसी प्रकार रत्नसेन तोते के मुँह से पद्मिनी का रूपवर्णन सुन बेसुध हो जाता है। ऐसी ही अलौकिकता पद्मिनी के पक्ष में भी कवि ने दिखाई है।

राजा रत्नसेन के सिंहल पहुँचते ही कवि ने पद्मावती की बेचैनी का वर्णन किया है। पद्मावती को अभी तक रत्नसेन के आने की कुछ भी खबर नहीं है। अतः यह व्याकुलता केवल काम की कही जा सकती है, वियोग की नहीं। ब्राह्य या अभ्यांतर संयोग के पीछे ही वियोगदशा संभव है। यद्यपि आचार्यो ने वियोग दशा का कामदशा ही कहा है पर दोनों में अंतर है। समागम के सामान्य अभाव का दुःख कामवेदना है और विशेष व्यक्ति के समागम के अभाव का दुःख वियोग है। जायसी के वर्णन में दोनों का मिश्रण है। रत्नसेन का नाम तक सुनने के पहले वियोग की व्याकुलता कैसे हुई, इसका समाधान कवि के पास यदि कुछ है तो रत्नसेन के योग का अलक्ष्य प्रभाव—

पद्मावति तेहि जोग सँजोगा। परी प्रेम बस गहे वियोगा।।

साधानात्मक रहस्यवाद में योग जिस प्रकार अज्ञात ईश्वर के प्रति होता है उसी प्रकार सूफियों का प्रेमयोग भी अज्ञात के प्रति होता है। पर इस प्रकार के परोक्षवाद या योग के चमत्कार पर ध्यान जाने पर भी वह वर्णन के अनौचित्य की ओर बिना गए नहीं रह सकता। जब कोई व्यक्ति निर्दिष्ट ही नहीं तब कहाँ का प्रेम और कहाँ का वियोग? उस कामदशा में पद्मावती को धाय समझा ही रही है कि हीरामन सूआ आकर

रत्नसेन के रूप गुण का वर्णन करता है और पद्मावती उसकी प्रेमव्यथा और तप को सुनकर दयार्द्र और पूर्वरागयुक्त होती है। पूर्वराग का आरंभ पद्मावती में यही से समझना चाहिए। अत: इसके पहिले योग की दुहाई देकर भी वियोग का नाम लेना ठीक नहीं जँचता।

विवाह हो जाने के पीछे पद्मावती का प्रेम दो अवसरों पर अपना बल दिखाता है। एक तो उस समय जब रत्नसेन के दिल्ली में बंदी होने का समाचार मिलता है और फिर उस समय जब राजा युद्ध में मारा जाता है ये दोनों अवसर विपत्ति के हैं। साधारण दृष्टि से एक में आशा के लिये स्थान है, दूसरे में नहीं। पर सच्चे पहुँचे हुए प्रेमी के समान प्रथम स्थिति में तो पद्मावती संसार की ओर दृष्टि रखती हुई विह्वल और क्षुब्ध दिखाई पड़ती है; और दूसरी स्थिति दूसरे लोक की ओर दृष्टि फेरे हुए पूर्ण आनंदमयी और प्रशांत। राजा के बंदी होने का समाचार पाने पर रानी के विरहविह्वल हृदय में उद्योग और साहस का उदय होता है। वह गोरा और बादल के पास आप दौड़कर जाती हैं और रो रोकर अपने पति के उद्धार की प्रार्थना करती है। राजा रत्नसेन के मरने पर रोना धोना नहीं सुनाई देता। नागमती और पद्मावती दोनों शृंगार करके प्रिय से उस लोक में मिलने के लिए तैयार होती हैं। यह दृश्य हिंदू स्त्री के जीवन दीप की अत्यंत उज्जवल और दिव्य प्रभा है जो निर्वाण के पूर्व दिखाई पड़ती है।

राजा के बंदी होने पर जिस प्रकार कवि ने पद्मावती के प्रेमप्रसूत साहस का दृश्य दिखाया है, उसी प्रकार सतीत्व की दृढ़ता का भी। पर यह कहना पड़ता है कि कवि ने जो कसौटी तैयार की है वह इतने बड़े प्रेम के उपयुक्त नहीं हुई है। कुंभलनेर का राजा देवपाल रूप, गुण, ऐश्वर्य, पराक्रम, प्रतिष्ठा किसी में भी रत्नसेन की बराबरी का न था। अत: उसका दूती भेजकर पद्मावती को बहकाने का प्रयत्न गड़ा हुआ खंभा ढकेलने का बाल-प्रयत्न सा लगता है। इस घटना के संनिवेश से पद्मावती के सतीत्व की उज्जवल कांति में और अधिक ओप चढ़ती नहीं दिखाई देती। यदि वह दूती दिल्ली के बादशाह की होती और वह दिल्लीश्वर की सारी शक्ति और विभूति का लोभ दिखाती तो अलबत यह घटना किसी हद तक इतने बड़े प्रेम की परीक्षा का पद प्राप्त कर सकती थी, क्योंकि देवलदेवी और कमलादेवी के विपरीत आचरण का दृष्टांत इतिहासविज्ञ जानते ही हैं।

पद्मावती के नवप्रस्फुटित प्रेम के साथ साथ नागमती का गार्हस्थ्य परिपुष्ट प्रेम भी अत्यंत मनोहर हैं। पद्मावती प्रेमिका के रूप में अधिक लक्षित होती है, पर नागमती पतिप्राण हिंदू पत्नी के मधुर रूप में ही हमारे सामने आती है। उसे पहले पहल हम रूपगर्विता और प्रेमगर्विता के रूप में देखते हैं। ये दोनों प्रकार के गर्व दांपत्य सुख के द्योतक है। राजा के निकल जाने के पीछे फिर हम उसे प्रोषितपतिका के उस निर्मल स्वरूप में देखते हैं जिसका भारतीय काव्य और संगीत में प्रधान अधिकार रहा है, और है। यह देखकर अत्यंत दु:ख होता है कि प्रेम का यह पुनीत भारतीय स्वरूप विदेशीय प्रभाव से—विशेषत: उर्दू शायरी के चलते गीतों से—हटता सा जा रहा है। यार, महबूब, सितम, तेग, खंजर, जख्म, आबले, खून और मवाद का प्रचार बढ़ रहा है। जायसी के भावुक हृदय ने स्वकीया के पुनीत प्रेम के सौंदर्य को पहचाना। नागमती का वियोग हिंदी साहित्य में विप्रलंभ शृंगार का अत्यन्त उत्कृष्ट निरूपण है।

पुरुषों के बहुविवाह की प्रथा से उत्पन्न प्रेममार्ग की व्यावहारिक जटिलता को जिस दार्शनिक ढंग से कवि ने सुलझाया है वह ध्यान देने योग्य है। नागमती और पद्मावती को झगड़ते सुनकर दक्षिण नायक राजा रत्नसेन दोनों को समझाता है—

एक बार जेइ प्रिय मन बूझा। सो दुसरे सौं काहे क जूझा?
ऐसे ज्ञान मन जान न कोई। कबहूँ राति, कबहूँ दिन होई॥
धूप छाँह दूनी एक रंगा। दूनो मिल रहहिं एक संगा॥
जूझब छांड़हू, बूझहु दोऊ। सेव करहु, सेवाफल होऊ॥

कवि के अनुसार जिस प्रकार करोड़ों मनुष्यों का उपास्य एक ईश्वर होता है उसी प्रकार कई स्त्रियों का उपास्य एक पुरुष हो सकता है। पुरुष की यह विशेषता उसकी सबलता और उच्च स्थिति की भावना के कारण है जो बहुत प्राचीनकाल से बद्धमूल है। इस भावना के अनुसार पुरुष स्त्री के प्रेम का ही अधिकारी नहीं है, पूज्य भाव का भी अधिकारी है। ऊगर की चौपाइयों में पति पत्नी के पारंस्परिक प्रेम संबंध की बात बचाकर सेव्य-सेवक-भाव पर जोर दिया गया है। इसी प्रकार की युक्तियों से पुरानी रीतियों का समर्थन प्राय: किया जाता है। हिंदुओं और मुसलमानों दोनों में कई स्त्रियों से विवाह करने की रीति बराबर से है। अत: एक प्रेमगाथा के भीतर भी जायसी ने उसका संनिवेश करके बड़े कौशल से उसके द्वारा मत संबंधी विवादशांति का उपदेश निकाला है।

वियोग पक्ष

जायसी का विरहवर्णन कहीं कहीं अत्यंत अत्युक्तिपूर्ण होने पर भी मजाक की हद तक नहीं पहुँचने पाया है, उसमें गांभीर्य बना हुआ है। इनकी अत्युक्तियाँ बात की करामात नहीं जान पड़तीं, हृदय की अत्यंत तीव्र वेदना के शब्द संकेत प्रतीत होती है। उनके अंतर्गत जिन पदार्थों का उल्लेख होता है। वे हृदयस्थ ताप की अनुभूति का आभास देने वाले होते हैं; बाहर-बाहर से ताप की मात्रा नापने वाले मानदंड मात्र नहीं। जाड़े के दिनों में पड़ोसियों तक पहुँच उन्हें बेचैन करने वाले, शरीर पर रखे हुए कमल के पत्तों को भूनकर पापड़ बना डालने वाले, बोतल का गुलाबजल सुखा डालने वाले ताप से कम ताप जायसी का नहीं है पर उन्होंने उसके वेदनात्मक और दृश्य अंश पर जितनी दृष्टि रखी उतनी उसकी बाहरी नापजोख पर नहीं जो प्राय: ऊहात्मक हुआ करती है। नाप जोखवाली ऊहात्मक पद्धति का जायसी ने कुछ ही स्थानों पर प्रयोग किया है। जैसे, राजा की प्रेमपत्रिका के इस वर्णन में—

आखर जरहिं,न काहू छूआ। तब दुख देखि चला लेइ सूआ॥

अथवा नागमती के विरहताप की इस व्यंजना में—

जेहि पंखी के नियर होइ, कहै बिरह कै बात।
सोई पंखी जाइ जरि, तरिवर होहिं निपात॥

इस ऊहात्मक पद्धति का दो चार जगह व्यवहार चाहे जायसी ने किया हो अधिकतर विरहताप के वेदनात्मक स्वरूप की अत्यंत विशद व्यंजना ही जायसी की विशेषता है। इन्होंने अत्युक्ति की है और खूब की है वह अधिकांश संवदेना के स्वरूप

में है, परिमाण निर्देश के रूप में नहीं है। संवदेना का यह स्वरूप उत्प्रेक्षा अलंकार द्वारा व्यक्त किया गया है। अत्युक्ति या अतिशयोक्ति और उत्प्रेक्षा में सिद्ध और साध्य का भेद होता है। उत्प्रेक्षा में अध्यवसाय साक्ष्य (संभावना या संवेदना के रूप में) होता है और अत्युक्ति या अतिशयोक्ति में सिद्ध। 'धूप ऐसी है कि रखते-रखते पानी खौल जाता है', यह वाक्य मात्रा का आधिक्य मात्र सूचित करता है। मात्रा के आधिक्य का निरूपण ऊहा द्वारा कुछ चक्कर के साथ भी हो सकता है, जैसा कि बिहारी ने प्रायः किया है। पर यह पद्धति काव्य के लिये सर्वत्र उपयुक्त नहीं। लाक्षणिक प्रयोगों को लेकर कुछ कवियों ने ऊहा का जो विस्तार किया है वह अस्वाभाविक, नीरस और भद्दा हो गया है। वह 'कुल का दीपक है'। इस बात को लेकर कोई कहे कि 'उसके घर तेल के खर्च की बिल्कुल बचत होती है' तो इस उक्ति में कवित्व की कुछ सरसता न पाई जायगी। बिहारी का 'पत्रा ही तिथि पाइए' बाला दोहा इसी प्रकार का है। अस्तु, 'धूप ऐसी है रखते रखते पानी खौल जाता है' यह कथन ऊहा द्वारा मात्रानिरूपण के रूप में हुआ। यही बात यदि इस प्रकार कही जाय कि 'धूप क्या है, मानों चारों ओर आग बरस रही है'। तो यह संवेदना के रूप में कहा जाना होगा। पहले कथन में ताप की मात्रा का आधिक्य व्यंग्य है, दूसरे में उस ताप से उत्पन्न हृदय की वेदना। एक में वस्तु व्यंग्य है, दूसरे में संवेदना। पहला वाक्य बाह्य वृत्त का व्यंजक है और दूसरा आभ्यांतर अनुभूति का। मतलब यह है कि जायसी ने यह कम कहा है कि विरहताप इतनी मात्रा का है, यह अधिक कहा है कि ताप हृदय में ऐसा जान पड़ता है; जैसे—

(क) जानहुँ अगिनि के उठहिं पहारा। औ सब लागहि अंग अँगारा॥

(ख) जरत बजागिनी करु, पिउ छाहाँ। आइ बुझाउ अँगारन्ह मांहा॥
लागिउँ जरै, जरै जस भारु। फिरि फिरि भूँजेसि तजिऊँ न बारु॥

'फिरि फिरि भूँजेसि तजिउँ न बारु।' भाड़ की तपती बालू के बीच पड़ा हुआ अनाज का दाना जैसे बार-बार भूने जाने पर उछल-उछल पड़ता है पर उस बालू से बाहर नहीं जाता उसी प्रकार इस प्रेमजन्य संताप के अतिरेक से मेरा जी हटकर भी उस संताप के सहने की बुरी लत के कारण उसी की ओर प्रवृत्त रहता है। मतलब यह है कि वियुक्त प्रिय का ध्यान आते ही चित्त ताप से विह्वल हो जाता है फिर भी वह बार बार उसी का ध्यान करता रहता है। प्रेम दशा चाहे घोर यंत्रणामय हो जाय पर हृदय उस दशा से अलग होना नहीं चाहता। यहाँ इसी विलक्षण स्थिति का चित्रण है। यहाँ हम कवि को वेदना के स्वरूपविश्लेषण में प्रवृत्त पाते हैं, ताप की मात्रा नापने में नहीं। मात्रा की नाप तो बाहर बाहर से भी हो सकती है,पर प्रेमवेदना के आभ्यांतर स्वरूप की पहचान प्रेम-वेदनापूर्ण हृदय में ही हो सकती है। जायसी का ऐसा ही हृदय था। विरहताप का वर्णन कवि ने अधिकतर सादृश्य-संबंध-मूलक गौणी लक्षणा द्वारा किया है। आधिक्य या न्यूनता सूचित करने के लिये ऊहात्मक या वस्तुव्यंजनात्मक शैली का विधान कवियों में तीन प्रकार का देखा जाता है—

(1) ऊहा की आधारभूत वस्तु असत्य अर्थात् कवि-प्रौढ़ोक्ति-सिद्ध है।

(2) ऊहा की आधारभूत वस्तु का स्वरूप तो सत्य या स्वतःसंभवी है और किसी प्रकार की कल्पना नहीं की गई है।

(3) ऊहा की आधारभूत वस्तु का स्वरूप तो सत्य है पर उसके हेतु की कल्पना की गई है।

इनमें ये प्रथम प्रकार के उदाहरण वे हैं जिन्हें बिहारी ने विरहताप के वर्णन में दिए हैं—जैसे पड़ोसियों को जाड़े की रात में भी बेचैन करने वाला, या बोतल में भरे गुलाबजल को सुखा डालने वाला ताप। दूसरे प्रकार का उदाहरण एक स्थल पर जायसी ने बहुत अच्छा दिया है, पर यह विरह ताप के वर्णन में नहीं है, काल की दीर्घता के वर्णन में है। आठ वर्ष तक अलाउद्दीन चित्तौड़गढ़ घेरे रहा। इस बात को एक बार तो कवि ने साधारण इतिवृत्त के रूप में कहा, पर उससे वह गोचर प्रत्यक्षीकरण न हो सका जिसका प्रयत्न काव्य करता है। आठ वर्ष की दीर्घता के अनुमान के लिये फिर उसने यह दृश्य आधार सामने रखा—

आइ साह अमराव जो लाए। फरे, झरे पर गढ़ नहीं पाए॥

सच पूछिए तो वस्तु व्यंजनात्मक या ऊहात्मक पद्धति का इसी रूप में अवलंबन सबसे अधिक उपयुक्त जान पड़ता है। इसमें अनुमान का आधार सत्य या स्वत:संभवी है। जायसी अनुमान या ऊहा के आधार के लिये ऐसी वस्तु सामने लाए हैं जिसका स्वरूप प्राकृतिक है और जिससे सामान्यत: सब लोक परिचित होते हैं। इसी प्रकार एक गीत में एक वियोगिनी नायिका कहती है कि 'मेरा प्रिय दरवाजे पर जो नीम का पेड़ लगाया था वह बढ़कर अब फूल रहा है, पर प्रिय न लौटा।' आधार के सत्य और प्राकृतिक स्वरूप के कारण इस उक्ति से कितना भोलापन बरस रहा है!

विरहताप की मात्रा का आधिक्य सूचित करने के लिये जहाँ कहीं जायसी ने ऊहात्मक या वस्तुव्यंजनात्मक शैली का अवलंबन किया है वहाँ अधिकतर तीसरे प्रकार का विधान ही देखने में आता है जिसमें ऊहा की आधारभूत वस्तु का स्वरूप तो सत्य और स्वत: संभवी होता है पर उसके हेतु कुछ और ही कल्पना की जाती। इस प्रकार विधान भी प्रथम प्रकार केविधान से अधिक उपयुक्त होता है। इसमें हेतूत्प्रेक्षा का सहारा लिया जाता है जिसमें 'अप्रस्तुत' वस्तुओं का गृहीत दृश्य वास्तविक होता है, केवल उसका हेतु कल्पित होता है। हेतु परोक्ष हुआ करता है इससे उसकी अतथ्यता सामने आकर प्रतीति में बाधा डालती नहीं जान पड़ती। इस युक्ति से कवि विरहताप के प्रभाव की व्यापकता को बढ़ाता, बढ़ाता सृष्टि भर में दिखा देता है। एक उदाहरण काफी होगा—

अब परजरा विरह कर गठा। मेघ साम भए घूम जो उठा॥
दाढ़ा राहु केतु गा दाधा। सूरुज जरा, चाँद जरि आधा॥
और सब नखत तराईं जरहीं। टूटहिं लूक, धरति महँ परहीं॥
जरै सौ धरती ठावहिं ठाऊँ। दहकि पलास जरै तेहि दाऊँ॥

इन चौपाइयों में मेघों का श्याम होना, राहु, केतु का काला (झुलसा सा) होना, सूर्य का तपना,चंद्रमा की कला का खंडित होना, पलाश के फूलों का लाल (दहकते अंगारे सा) होना आदि सत्य है। वे विरहताप के कारण ऐसे हैं, केवल यह बात कल्पित है।

ताप के अतिरिक्त विरह के और और अंगों का भी विन्यास जायसी ने इसी हृदय हारिणी और व्यापकत्वविधायिनी पद्धति पर बाह्य प्रकृति को मूल आभ्यांतर जगत् का

प्रतिबिंब सा दिखाते हुए किया है। कामं हेतूत्प्रेक्षा से लिया गया है। प्रेमयोगी रत्नसेन के विरहव्यथिता हृदय का भाव हम सूर्य, चंद्र, वन के पेड़, पक्षी, पत्थर, चट्टान सबमें देखते चलते हैं—

रोवै रोवै वे बान जो फूटे। सूतहि सूत रुहरि मुख छूटे॥
नैनहिं चली रकत कै धारा। कंथा भीजि भएउ रतनारा॥
सूरुज बूड़ि उठा होइ ताता। औ मजीठ टेसू बन राता॥
भा बसंत, रांती बनसपती। औ राते सब जोगी जती॥
भूमि जो भीजि भएउ सब गेरू। औ राते तहँ पंखि पखेरू॥
राती सती, अगिनि सब काया। गनन मेघ राते तेहि छाया॥
इंगुर भा पहार जौ भीजा। पै तुम्हार नहिं रोवाँ पसीजा॥

इसी प्रकार नागमती के आँसुओं से सारी सृष्टि भीगी हुई जान पड़ती है—

कुहुकि कुहुकि जस कोइल रोई। रकत आँसु घुँघची बन बोई॥
जहँ जहँ ठाढ़ि होइ बनवासी। तहँ तहँ होइ घुँघची के रासी॥
बूँद बूँद महँ जानहुँ जीऊ। गूँजा गुंजि करै, 'पिउ पीऊ'॥
तेहि दुख भए परास निपाते। लोहू बूड़ि उठे होइ राते॥
राते बिंब भीजि तेहि लोहू। परवर पाक, फाट हिय गोहूँ॥

विरह वर्णन में भक्तवर सूरदास जी ने भी गोपियों के हृदय के रंग में बाह्य प्रकृति को रँगा है। एक स्थान पर तो गोपियों ने उन उन पदार्थों को कोसा है जो उस रंग से कोरे दिखाई पड़े हैं—

मधुवन! तुम कत रहत हरे?
विरह वियोग स्यामसुंदर के ठाढ़े क्यों न जरे?
कौन काज ठाढ़े रहे बन में, काहे न उकठि परे?

नागमती का विरह वर्णन हिंदी साहित्य में एक अद्वितीय वस्तु है। नागमती उपवनों के पेड़ों के नीचे रात भर रोती फिरती है। इस दशा में पशु, पक्षी, पेड़, पल्लव जो कुछ सामने आता है उसे वह अपना दुखड़ा सुनाती है। वह पुण्यदशा धन्य है जिसमें ये सब अपने सगे लगते हैं और यह जान पड़ते लगता है कि इन्हें दुःख सुनाने से भी जी हल्का होगा। सब जीवों का शिरोमणि मनुष्य और मनुष्यों का अधीश्वर राजा! उसकी पटरानी,जो कभी बड़े-बड़े राजाओं और सरदारों की बातों की ओर ध्यान न देती थी, वह पक्षियों से अपने हृदय की वेदना कह रही है, उनके सामने अपना हृदय खोल रही है। हृदय की इस उदार और व्यापक दशा का कवियों ने केवल प्रेमदशा के भीतर ही वर्णन किया है, यह बात ध्यान देने योग्य है। मारने के लिए शत्रु का·पीछा करता हुआ क्रोधातुर मनुष्य पेड़ों और पक्षियों से यह पूछता हुआ कहीं नहीं कहा गया है कि भाई! किधर गया?' वाल्मीकि, कालिदास आदि से लेकर जायसी, सूर, तुलसी आदि भाषाकवियों तक सब ने इस दशा का संनिवेश विप्रलंभ (या कहीं कहीं करुण) में ही किया है। बाल्मीकि के राम सीताहरण होने पर वन-वन पूछते फिरते हैं—

'हे कदंब! तुम्हारे फूलों से अधिक प्रीति रखने वाली मेरी प्रिया को यदि जानते हो तो बताओ। हे बिल्ववृक्ष! यदि तुमने उस पीतवस्त्रधारिणी को देखा हो तो बताओ। हे मृग! उस मृगनयनी को तुम जानते हो?'

इसी प्रकार तुलसी के राम भी वन के पशु पक्षियों से पूछते हैं—

हे खग, मृग, हे मधुकर स्रेनी। तुम देखी सीता मृगनैनी?

कालिदास का यक्ष भी चेतनाचेतन भेद इसी प्रेमदशा के ही भीतर भूला है। इससे यह सिद्ध है कि कविपरंपरा के बीच यह एक मान्य परिपाटी है कि इस प्रकार की दशा का वर्णन प्रेमदशा के भीतर ही हो।

इस संबंध में मामूली तौर पर तो इतना ही कहना काफी समझा जाता है कि 'उन्माद' की व्यंजना के लिये इस प्रकार का आचरण दिखाया जाता है। 'उन्माद' ही सही पर एक खास ढर्रे का है। इसका आविर्भाव प्रेमताप से पिघलकर फैले हुए हृदय में ही होता है। संबंध का मूल प्रेम है, अतः प्रेमदशा के भीतर ही मनुष्य का हृदय उस संबंध का आभास पाता है जो पशु, पक्षी, द्रुम, लता आदि के साथ अनादिकाल से चला आ रहा है।

नागमती उपवनों में रोती फिरती है। उसके विलाप से घोसलों में बैठे हुए पक्षियों की नींद हराम हो गई है—

फिरि फिरि रोव, कोइ नहीं डोला। आधी रात विहंगम बोला॥
तू फिरि फिरि दाहै सब पाँखी। केहि दुख रैनि न लावसि आँखी॥

और कवियों ने पशुपक्षियों को संबोधन भर करने का उल्लेख करके बात और आगे नहीं बढाई है जिससे ऊपर से देखने वालों का ध्यान 'उन्माद' की दशा ही तक रह जाता है। पर जायसी ने जिस प्रकार मनुष्य के हृदय में पशु पक्षियों से सहानुभूति प्राप्त करने की संभावना की है, उसी प्रकार पक्षियों के हृदय में सहानुभूति के संचार की भी। उन्होंने सामान्य हृदयतत्व की सृष्टिव्यापिनी भावना द्वारा मनुष्य और पशुपक्षी सबको एक जीवन-सूत्र में बद्ध देखा है। राम के प्रश्न का खग, मृग और मधुकर कुछ जबाब नहीं देते। राजा पुरूरवा कोकिल, हंस इत्यादि को पुकारता ही फिरता है, पर कोई सहानुभूति प्रकट करता नहीं दिखाई पड़ता (विक्रमोर्वशीय अंक 4) पर नागमती की दशा पर एक पक्षी को दया आती है—वह उसके दुःख का कारण पूछता है। नागमती उस पक्षी से कहती है—

चारिउ चक्र उजार भए, कोई न सँदेसा टेक।
कहौं विरह दुख आपन, बैठि सुनहू दंड एक॥

इस पर वह पक्षी संदेशा ले जाने को तैयार हो जाता है।

पद्मावती से कहने के लिये नागमती ने जो संदेशा कहा है, वह अत्यंत मर्मस्पर्शी है। उसमें मान, गर्व आदि से रहित, सुखभोग की लालसा से अलग, अत्यंत नम्र, शीतल और विशुद्ध प्रेम की झलक पाई जाती है—

पद्मावती सौ कहेहु, बिहंगम। कंत लोभाइ रही करि संगम॥
तोहि चैन सुख मिलै सरीरा। मो कहँ दिए तुंद दुख पूरा॥
हमहुँ बिआही संग ओहि पीऊ। आपुहिं पाइ, जानु पर जीऊ॥
मोहि भोग सौं काज न बारी। सौंह दिरिट कै चाहनहारी॥

मनुष्य के आश्रित, मनुष्य के पाले हुए, पेड़ पौधे किस प्रकार मनुष्य के सुख से सुखी और दु:ख से दु:खी दिखाई देते हैं, यह दृश्य बड़े कौशल और बड़ी सहृदयता से जायसी ने दिखाया है। नागमती की विरहदशा में उसके बाग बगीचों में उदासी बरस रही थी। पेड़ पौधे सब मुरझाए पड़े थे। उनकी सुध कौन लेता है? पर राजा रत्नसेन के चित्तौर लौटते ही—

पलुही नागमती कै बारी। सीने फूल फूलि फुलवारी॥
जावत पंखि रहे सब दहे। सबै पंखि बोले गहगहे॥

जब पेड़ पौधे सूख रहे थे तब पक्षी भी आश्रय न पाकर ताप से झुलस रहे थे। इस प्रकार नागमती की वियोगदशा का विस्तार केवल मनुष्य जाति तक ही नहीं, पशु पक्षियों और पेड़ पौधों तक दिखाई पड़ता था। कालिदास ने पाले हुए मृग और पौधों के प्रति शकुंतला का स्नेह दिखाकर इसी व्यापक और विशद भाव की व्यंजना की है।

विप्रलंभ शृंगार ही 'पद्मावत' में प्रधान है। विरहदशा के वर्णन में जहाँ कवि ने भारतीय पद्धति का अनुसरण किया है, वहाँ कोई अरुचिकारक वीभत्स दृश्य नहीं आया है। कृशता, ताप, वेदना आदि के वर्णन में उन्होंने शृंगार के उपयुक्त वस्तु सामने रखी है, केवल उसके स्वरूप में कुछ अंतर दिखा दिया है। जो पद्मिनी स्वभावत: पद्मिनी के समान विकसित रहा करती थी वह सूखकर मुरझाई हुई लगती है—

कँवल सूख, पखुरी बेहरानी। गलि गलि कै मिलि छार हेरानी॥

इस रूप में प्रदर्शित व्यक्ति के प्रति सहानुभूति और दया का पूरा अवसर रहता है। पाठक उसकी दशा व्यंजित करने वाली वस्तु की ओर कुछ देर दृष्टि गड़ाकर देख सकते हैं। मुरझाया फूल भी फूल ही है। अतीत सौंदर्य के स्मरण से भाव और उद्दीप्त होता है। पर उसके स्थान पर यदि चीरकर हृदय का खून, नसें और हड्डियाँ आदि दिखाई जायँ तो दया होते हुए भी इन वस्तुओं की ओर दृष्टि जमाते न बनेगा।

विरहदशा के भीतर ''निरवलंबता'' की अनुभूति रह रहकर विरही की होती है। देखिए, कैसा परिचित और साधारण प्राकृतिक व्यापार सामने रखकर कवि ने इस 'निरवलंबता' का गोचर प्रत्यक्षीकरण किया है—

आवा पवन बिछोह कर पात परा बेकरार।
तरिवर तजा जो चूरि कै लागै केहि के डार॥

'लागै केहि के डार' मुहावरा भी बहुत अच्छा आया है।

'पद्मावत' में यद्यपि हिंदू जीवन के परिचायक भावों की ही प्रधानता है, पर बीच-बीच में फारसी साहित्य द्वारा घोषित भावों के भी छींटें कहीं-कहीं मिलते हैं। विदेशीय प्रभाव के कारण वियोगदशा के वर्णन में कहीं-कहीं बीभत्स चित्र सामने आ जाते हैं; जैसे 'कबाबे सीख' यह भाव—

विरह सरागन्हि भूँ जै माँसू। गिरि गिरि परै रकत के आँसू॥
कटि कटि माँसु सराग पिरोवा। रकत के आँसु माँसु सब रोवा॥
खिल एक बार माँसु अस भूँजा। खिनहिं चबाइ सिंघ अस गूँजा॥

वियोग में इस प्रकार के वीभत्स दृश्य का समावेश जायसी ने जो किया है वह तो किया है, संयोग के प्रसंग में भी वे एक स्थान ऐसा ही वीभत्स चित्र सामने लाए हैं। बादल जब अपनी नवागत वधू की ओर से दृष्टि फेर लेता है, तब वह सोचती है कि क्या मेरे कटाक्ष तो उसके हृदय को बेधकर पीठ की ओर नहीं जा निकलें। यदि ऐसा है तो तूँबी लगाकर मैं उसे खींच लूँ और वह पीड़ा से चौंककर मुझे पकड़े तो गहरे रस से उसे धो डालूँ--

मकु पिय दिस्टि समानेउ सालू। हुलसा पीठि कढ़ावौं सालू॥
कुच तूँबी अब पीठि गड़ोवौं। गहे जो हूकि, गाढ़ रस धोवौं॥

कटाक्ष या नेत्रों को 'अनियारे', 'नुकील' तक कह देना तो ठीक है, पर ऊहात्मक या वस्तुव्यंजनात्मक पद्धति पर इस कल्पना को और आगे बढ़ाकर शरीर पर सचमुच घाव आदि दिखाने लगना काव्य की सीमा के बाहर जाना है, जैसा कि एक कवि जी ने किया है—

काजर दे नहिं, एरी सुहागिनि! आँगुरी तेरी कटेगी कटाछन।

यदि कटाक्ष से उंगली कटने का डर है तब तो तरकारी चीरने या फल काटने के लिये छुरी, हँसिया आदि की कोई जरूरत न होनी चाहिए। कटाक्ष मन में चुभते हैं न कि प्रत्यक्ष शरीर पर घाव करते हैं।

विरहजन्य कृशता के वर्णन में जायसी ने कविप्रथानुसार पूरी अत्युक्ति की है, पर उस अत्युक्ति में भी गंभीरता बनी हुई है, वह खेलवाड़ या मजाक नहीं होने पायी है। बिहारी की नायिका इतनी क्षीण हो गई है कि जब साँस खींचती है तब उसके झोंक से चार कदम पीछे हट जाती है और जब साँस निकालती है तब उसके साथ चार कदम आगे बढ़ जाती है। घड़ी के पेंडुलम की-सी दशा उसकी रहती है। इसी प्रकार उर्दू के एक शायर साहब ने आशिक को जूँ या खटमल का बच्चा बना डाला—

इंतहाए लागरी से जब नजर आया न मैं।
हँस के वो कहने लगे, बिस्तर को झाड़ा चाहिए॥

पर जायसी का यह वर्णन सुन हृदय द्रवीभूत होता है, हँसी नहीं आती—

दहि कोइला भइ कंत सनेहा। तोला माँसु रहा नहिं देहा॥
रकत न रहा, बिरह तन जरा। रती रती होइ नैनन्ह ढरा॥
हाड़ भए सब किंगरी, नसै भई सब ताँति।
रोवैं रोवैं ते धुनि उठै, कहौं बिथा केहि भांति॥

इसी नागमती के विरह वर्णन के अंतर्गत वह प्रसिद्ध बारहमासा है जिसमें वेदना का अत्यन्त निर्मल और कोमल स्वरूप, हिंदू दांपत्य जीवन का अत्यन्त मर्मस्पर्शी माधुर्य, अपने चारों ओर की प्राकृतिक वस्तुओं और व्यापारों के साथ विशुद्ध भारतीय हृदय की साहचर्य भावना तथा विषय के अनुसार भाषा का अत्यंत स्निग्ध, सरल मृदुल

और अकृत्रिम प्रवाह देखने योग्य है। पर इन कुछ विशेषताओं की ओर ध्यान जाने पर भी इसके सौंदर्य का बहुत कुछ हेतु अनिर्वचनीय रहा जाता है। इस बारहमासे में वर्ष के बारह महीनों का वर्णन विप्रलंभ शृंगार के उद्दीपन की दृष्टि से है जिसमें आनंदप्रद वस्तुओं का दुःखप्रद होना दिखाया जाता है, जैसा कि मंडल कवि ने कहा हैं—

जेइ जेइ सुखद, दुखद अब तेइ तेइ कवि मंडन बिछुरत जदुपत्ती।

प्रेम में सुख और दुःख दोनों की अनुभूति की मात्रा जिस प्रकार बढ़ जाती है उसी प्रकार अनुभूति के विषयों का विस्तार भी। संयोग की अवस्था में जो प्रेम सृष्टि की सब वस्तुओं से आनंद का संग्रह करता है वही वियोग की दशा में सब वस्तुओं में दुःख का संग्रह करने लगता है। इसी दुःखद रूप में प्रत्येक मास की उन सामान्य प्राकृतिक वस्तुओं और व्यापारों का वर्णन जायसी ने किया है जिनके साहचर्य का अनुभव मनुष्यमात्र—राजा से लेकर रंक तक करते हैं। अतः इस बारह मासे में मुख्यतः दो बातें देखने की है—

(1) प्राकृतिक वस्तुओं और व्यापारी का दिग्दर्शन।

(2) दुःख के नाना रूपों और कारणों की उद्‌भावना।

प्रथम के संबंध में यह जान लेना चाहिए कि प्राचीन संस्कृत कवियों का सा संश्लिष्ट विशद चित्रण उद्दीपन की दृष्टि से किए हुए ऋतुवर्णन में नहीं हुआ करता, केवल वस्तुओं और व्यापारों की अलग अलग झलक भर दिखाकर प्रेमी के हृदय की अवस्था की व्यंजना हुआ करती है। परिचित प्राकृतिक दृश्यों को साहचर्य द्वारा और कवियों की वाणी द्वारा जो मर्मस्पर्शी प्रभाव प्राप्त है, उसका अनुभव उनकी ओर संकेत करने मात्र से भी सहृदयों को हो जाता है। इस प्रकार बहुत ही सुंदर संकेत—बहुत ही मनोहर झलक—इस बारहमासे में हम पाते हैं। कुछ उदाहरण लीजिए—

चढ़ा असाढ़, गनन घन गाजा। साजा बिरह, दुंद दल बाजा ॥
धूम, साम धीरे घन धाए। सेत धजा बगपाँति देखाए॥
खड़क बीजु चमकै चहुँ ओरा। बुंदबान बरिसहिं चहुँ ओरा॥
बाट असूझ अथाह गभीरी। जिउ बाउर भा फिरै भँभीरी॥
जब जल बूड़ जहाँ लगि ताकी। मोरि नाव खेवक बिनु थाकी॥
जेठ जरै जग चलै लुवारा। उठिहिं बवंडर परहिं अँगारा॥
उठे आगि औ आवै आँधी। नैन न सूझ मरौं दुख बाँधी॥

अपनी भावुकता का बड़ा भारी परिचय जायसी ने इस बात में दिया है कि रानी नागमती विरहदशा में अपना रानीपन बिल्कुल भूल जाती है और अपने केवल साधारण स्त्री के रूप में देखती है। इसी सामान्य स्वाभाविक वृत्ति के बल पर उसके विरहवाक्य छोटे बड़े सबके हृदय को समान रूप में स्पर्श करते हैं। यदि कनकपर्यक, मखमली सेज, रत्नजटित अलंकार, संगमरमर के महल, खसखाने इत्यादि की बातें होती तो वे जनता के एक बड़े भाग के अनुभव से कुछ दूर को होतीं। जायसी ने स्त्री जाति की या कम से कम हिंदू गृहिणी मात्र की सामान्य स्थिति के भीतर विप्रलंभ शृंगार के अत्यंत समुज्वल रूप का विकास दिखाया है। देखिए, चौमासे में स्वामी के न रहने से घर की

जो दशा होती है वह किस प्रकार गृहिणी के विरह का उद्दीपन करती है—

पुष्य नखत सिर ऊपर आवा। हौं बिनु नाह, मँदिर को छावा?

इसी प्रकार शरीर का रूपक देखकर बरसात आने पर साधारण गृहस्थों की चिंता और आयोजना की झलक दिखाई गई है—

तपै लागि अब जेठ असाढ़ा। मोहि पिउ बिन छाजनि भइ गाढ़ी॥
तन तिनउर भा, झूरौं खरी। भइ बरखा, दुख आगरि जरी॥
बंध नाहिं और कंध न कोई। बात न आव, कहौं का रोई?
साँठि नाँठि, जग बात को पूछा। बिनु जिउ फिरै मूँज तनु छूछा॥
भई दुहेली टेक बिहूनी। थाँम नाहिं, उठि सकै न थूनी॥
बरसै मेह, चुबहिं नैनाहा। छपर छपर होइ रहि बिनु नाहा।
कोरौ कहाँ, ठाट नव साजा। तुम बिनु कंत न छाजनि छाजा॥

यह आशिक माशूकों का निर्लज्य प्रलाप नहीं है; यह हिंदू गृहिणी की विरहवाणी है। इसका सात्विक मर्यादापूर्ण माधुर्य परम मनोहर है।

यद्यपि इस बारहमासे में प्राकृतिक वस्तुओं और व्यापारी की रूढ़ि के अनुसार अलग-अलग झलक भर दिखाई गई है, उनका संश्लिष्ट चित्रण नहीं है, पर एक-आध जगह कवि का अपना निरीक्षण भी बहुत सूक्ष्म और सुंदर है जिसका वस्तुवर्णन के अंतर्गत किया जायेगा।

अब दुःख के नाना रूपों और कारणों की उद्भावना लीजिए। जायसी के विरहोद्गार अत्यंत मर्मस्पर्शी है। जायसी को हम विप्रलंभ शृंगार का प्रधान कवि कह सकते हैं। जो वेदना, जो कोमलता, जो सरलता और जो गंभीरता इनके वचनों में है, वह अन्यत्र दुर्लभ है। नागमती सब जीव जंतुओं, पशुपक्षियों में सहानुभूति की भावना करती हुई कहती है—

पिउ सौं कहेउ संदेसड़ा हे भौंरा! हे काग!
सो धनि बिरहै जरि मुई, तेहि क धुवाँ हम्ह लाग!!

इस सहानुभूति की संभावना रानी के हृदय में होती कैसे? यह समझकर होती है कि भौंरा और कौवा दोनों उसी विरहाग्नि के धुएँ से काले हो गए हैं जिसमें मैं जल रही हूँ। सब दुःख भोगियों में परस्पर सहानुभूति का उदय अत्यत स्वाभाविक है। 'सँदसड़ा' शब्द में स्वार्थे 'ड़ा' का प्रयोग भी बहुत उपयुक्त है। ऐसा शब्द उस दशा में मुँह से निकलता है जब हृदय प्रेम, माधुर्य, अल्पता, तुच्छता, आदि में से कोई भाव लिए हुए होता है। 'हे भौरा!' 'हे काग!' से एक एक को अलग अलग संबोधन करना सूचित होता है। आवेग की दशा में यह उचित है। 'हे भौंरा औ काग' कहने में यह बात न होती।

दुःख और आह्लाद की दशा में एक बड़ा भारी भेद है। जब हृदय दुःख में मग्न रहता है तब सुखद और दुःखद दोनों प्रकार की वस्तुओं से दुःख का संग्रह करता है। पर आनंद की दशा का पोषण केवल सामान्य या आनंददायक वस्तुओं से ही होता है, दुःखप्रद वस्तुओं से नहीं। विरहदशा दुःखदशा है। इसमें कष्टदायक वस्तुएँ तो और भी

कष्टदायक हो ही जाती हैं, जैसे—

(क) काँपे हिया जनावै सीऊ। तो पै जाइ होइ सँग पीऊ॥
पहल पहल तन रूइ झाँपै हहरि हहरि अधिकौ हिय काँपे॥
(ख) चारिहु पवन झकोरे आगी। लंका दाहि पलंका लागी॥
उठै आगि औ आवै आँधी। नैन न सूझ, मरौं दुःख बांधी॥

सुखदायक वस्तुएँ भी दुःख को बढ़ाती हैं, जैसे—

कार्तिक सरद चंद उजियारी। जग सीतल हौं बिरहै जारी॥
चौदह करा चाँद परगासा। जनहुँ जरै सब धरति अकासा॥
तन, मन, सेज करै अगिदाहू। सब कहँ चंद भयहु मोहिं राहू॥

कहीं संयोगमुख या आनंदोत्सव देखकर अपने पक्ष में उसके भाव की भावना से विरह की आग और भी भड़कती है—

(क) अबहूँ निठुर आउ एहि बारा। परब देवारी होइ सँसारा॥
सखि झूमुक गावै अंग मोरी हौं झुरावँ, बिछुरी मोरी जोरी॥
(ख) करहिं वनसपति हिये हुलासू। मोकहँ भा जग दून उदासू॥
फागु करहिं सब चाँचरि जोरी। मोहि तन लाइ दीन्हि जस होरी॥

नागमती देखती है कि बहुतों के बिछुड़े हुए प्रिय मित्र आ रहे हैं पर मेरे प्रिय नहीं आ रहे हैं। इस वैषम्य की भावना उसे और भी व्याकुल करती है। किसी वस्तु अभाव से दुःखी मनुष्य के हृदय की यह एक अत्यंत स्वाभाविक वृत्ति है। पपीहे का प्रिय पयोधर आ गया, सीप के मुँह में स्वाति की बूँद पड़ गई, पर नागमती का प्रिय न आया—

चित्रा मित्र मीन कर आवा। पपिहा पीउ पुकारत पावा॥
स्वाति बूँद चातक मुख परे। समुद्र सीप मोती सब भरे॥
सरवर सँवरि हंस चलि आए। सारस कुरलहिं खँजन देखाए॥

विरह का दुःख ऐसा नहीं कि चारों ओर जो वस्तुएँ दिखाई पड़ती हैं उनसे कुछ जी बहले। उनसे तो और भी अपनी दशा की ओर विरही का ध्यान जाता है, और दस दशा का दुःसह स्वरूप स्पष्ट होता है—चाहे वे उसकी दुःखदशा से भिन्न दशा में दिखाई पड़ें, चाहे कुछ सादृश्य लिए हुए। भिन्न भाव में दिखाई पड़ने वाले वस्तुओं के नमूने तो ऊपर के उदाहरणों में आ गए हैं। अब भिन्न भिन्न ऋतुओं की नाना वस्तुओं और व्यापारों को विरही लोग किस प्रकार सादृश्यभावना द्वारा अपनी दशा की व्यंजना का सुलभ साधन बनाया करते हैं, यह भी देखिए—

बरसै मघा झकोरि झकोरि। मोर दुइ नैन चुवैं जस जोरी॥
पुरवा लाग, भूमि जल पूरी। आक जवास भई तस झूरी॥
सखिन्ह रचा पिउ संग हिंडोला। हरियर भूमि, कुसुंभी चोला॥
हिय हिंडोल अब डोलै मोरा। बिरह झुलाइ देइ झकझोरा॥

————

तन जिस पियर पात भा मोरा। तेहि पर विरह देह झकझोरा॥

विरहिणी का इस सादृश्य भावना का वर्णन कवि परंपरासिद्ध है। सूरदास का 'निसि दिन बरसत नैन हमारे' यह पद प्रसिद्ध है। और कवियों ने भी ऋतुसुलभ वस्तुओं और व्यापारों के साथ विरिहिणी के तन और मन की दशा का सादृश्यवर्णन किया है। यह सादृश्यकथन अत्यंत स्वाभाविक होता है, क्योंकि इसमें उपमान ऊहा द्वारा सोचकर निकाला हुआ नहीं होता बल्कि सामने प्रस्तुत रहता है, और प्रस्तुत रहकर उपमेय की ओर ध्यान ले जाता है। वैशाख में विरहिणी एक ओर सूखते तालों की दरारों को देखती है, दूसरी ओर विदीर्ण होते हुए अपने हृदय को। बरसात में वह एक ओर तो टपकती हुई ओलती देखती है, दूसरी ओर अपने आँसुओं की धारा। एक ओर सूखे हुए 'आक जवास' की देखती है, दूसरी ओर अपने शरीर को। शिशिर में एक और सूखकर झड़े हुए पीले पत्तों को देखती है, दूसरी ओर अपनी पीली पड़ी देह को। अतः उक्त उपमाएँ 'दूर की सूझ' नहीं है। उनमें सादृश्य बहुत सोचा-विचारा हुआ नहीं है, उनका उदय विरहविह्वल अंतःकरण में बिना प्रयास हुआ है। दो उपस्थित वस्तुओं में सादृश्य की ऐसी स्वाभाविक भावना संस्कृत कवियों ने बहुत अच्छी की है। कालिदास का यह श्लोक ही लीजिए—

स पाटलायं गवि तस्थिवांसं धनुर्धरः केसरिणं ददर्श।
अधित्यकायामिव धातुमय्यां लोध्रद्रुमं सानुमतः प्रफुल्लम॥

(रघु० 2-29)

इस बारह मासे में हृदय के वेग की व्यंजना अत्यंत स्वभाविक रीति से होने पर भी भाव अत्यंत उत्कर्ष दशा को पहुँचे हुए दिखाए गए हैं। देखिए, अभिलाषा का यहाँ कैसा उत्कर्ष है—

रात दिवस बस यहु जिउ मोरे। लगौं निहार कंत अब तोरे॥
यह तन जारौं छार के कहौं कि पवन उड़ाव।
मकु तेहिमारग उड़ि परै कंत धरै जहाँ पाव॥

संयोग श्रृंगार

यद्यपि 'पद्मावत' में वियोग श्रृंगार ही प्रधान है, पर संयोग श्रृंगार का भी पूरा वर्णन हुआ है। जिस प्रकार 'बारहमासा' विप्रलंभ के उद्दीपन की दृष्टि से लिखा गया है,उसी प्रकार षड्ऋतु वर्णन संयोग श्रृंगार के उद्दीपन की दृष्टि से। राजा रत्नसेन के साथ संयोग होने पर पद्मावती को पावस की शोभा का कैसा अनुभव हो रहा है—

पदमावति चाहत ऋत पाइ। गगन सोहावन भूमि सोहाई॥
चमक बीजु, बरसै जल सोना। दादुर मोर सबद सुठि लोना॥
रंगराती पीतम सँग जागी। गरजै गगन चौंकि गर लागी॥
सीतल बूँद ऊँच चौपारा। हरियर सब देखाइ संसारा॥

नागमती को जो बूँदें विरह दशा में बाण की तरह लगती है, पद्मावती को संयोग दशा में ये बूँदें कौंधे की चमक में सोने की सी लगती है। मनुष्य के आनंद या दुःख

के रंग में रंगी हुई प्रकृति को ही जायसी ने देखा है, स्वतंत्र रूप में नहीं। यह षड्ऋतु वर्णन रूढ़ि के अनुसार ही हैं। इसमें आनंदोत्सव और सुखसंभोग आदि का कवि प्रथानुसार वर्णन है।

विवाह के उपरांत पद्मावती और रत्नसेन के समागन का वर्णन कवि ने विस्तार के साथ किया है। ऐसे अवसर के उपयुक्त पहले कवि ने कुछ विनोद का विधान किया है। सखियाँ पद्मावती को छिपा देती है और राजा उससे मिलने के लिये आतुर होता है। पर इस विधान में जायसी को सफलता नहीं हुई है। विनोद का कुछ भाव उत्पन्न होने के पहले ही रसायनियों की परिभाषाएँ आ दबाती हैं। सखियों के मुँह से 'धातु कामय सिखै तैं जोगी' सु ...ी राजा धातुवादियों की तरह बर्राने लगता है जिसमें पाठक या श्रोता का हृदय कुछ भी लीन नहीं होता। कवियों के बहुज्ञता प्रदर्शन की जो प्रवृत्ति कुछ दिनों से चल पड़ी, उसके कारण कवियों के प्रबंधाश्रित भावप्रवाह में कहीं बेतरह बाधा पड़ी है। प्रथम समागम के रसरंग प्रवाह के बीच 'पारे, गंधक ओर हरताल' का प्रसंग अनुकूल नहीं पड़ता। यदि प्रसग अनुकूल हो तो उसका समावेश रसधारा के बाहर नहीं लगता, जैसा कि इसी समागम के प्रसंग में 'सोलह शृंगार' और 'बारह आभरण' का वर्णन। यह वर्णन नायिका अर्थात् आलंबन की रूपभावना में सहायक होता है। फिर भी वस्तुओं का गिनती से पाठक या श्रोता का जी अवश्य ऊबता है।

इस प्रकार के कुछ बाधक प्रसंगों के होते हुए भी वर्णन अत्यंत रसपूर्ण है। पद्मावती जिस समय शृंगार करके राजा के पास जाती है उस समय कवि कैसा मनोहर चित्र खड़ा करता है—

साजन लेइ पठावा, आयुस जाइ न मेट।
तन, मन, जोबन साजि के देइ चली लेइ भेंट॥

इस दोहे में तन, मन और यौवन तीनों को अलग अलग उल्लेख बहुत ही सुंदर है। मन का सजाना क्या है? समागम की उत्कंठा या अभिलाषा। बिना इस मन की तैयारी के तन की सब तैयारी व्यर्थ हो जाती है। देखिए, प्रिय के पास गमन करते समय कविपरंपरा के अनुसार शेष सृष्टि से चुनकर सौंदर्य का कैसा संचार कैसी सीधी सादी भाषा में किया गया है—

पदमिनि गवन हंस गए दूरी। कुंजर लाज मेल सिर धूरी॥
बदन देख घटि चंद समाना। दसन देखि के बीजु लजाना॥
खंजन छपे देखि के नैना। कोकिल छपी सुनत मधु बैना॥
पहुँचहि छपी कँवल पौनारी। जाँघ छपा कदली होइ बारी॥

संयोगवर्णन में जायसी पहले तो सहसा सौंदर्य के साक्षात्कार से हृदय के उस आनंद सम्मोहन का वर्णन करते हैं जो मूर्च्छा की दशा तक पहुँचा हुआ जान पड़ता है। फिर राजा अपने दुःख को कहानी और प्रेममार्ग में अपने ऊपर पड़े हुए संकट का वर्णन करके प्रेममार्ग की उस सामान्य प्रवृत्ति का परिचय देता है जिसके अनुसार प्रेमी अपने प्रियतम के हृदय में अपने ऊपर दया तथा करुणा का भाव जाग्रत करने का बराबर प्रयत्न किया करता है। इसी प्रवृत्ति की उत्कर्षव्यंजना के लिये फारसी या उर्दू शायरी में मुर्दे अपना हाल सुनाया करते हैं। सबसे बड़ा दुःख होने के कारण 'मरणदशा' के प्रति सबसे अधिक दया का करुणा का उद्रेक स्वभावसिद्ध है। शत्रु तक

का मरण सुनकर सहानुभूति का एक आध शब्द मुँह से निकल ही जाता है। प्रिय के मुख से सहानुभूति के वचन का मूल्य प्रेमियों के निकट बहुत अधिक होता है। 'बेचारा बहुत अच्छा था', प्रिय के मुख से इस प्रकार के शब्दों की संभावना ही पर वे अपने मर जाने की कल्पना बड़े आनंद से किया करते हैं। जो हमें अच्छा लगता है उसे हमारी भी कोई बात अच्छी लगे, यह अभिलाषा प्रेम का एक विशेष लक्षण है। इस अभिलाषापूर्ति की आशा प्रिय हृदय को दर्याद्र करने में सबसे अधिक दिखाई पड़ती हैं, इसी से प्रेमी अपने दुःख और कष्ट की बात बड़े तूल के साथ प्रिय को सुनाया करते हैं।

नायक नायिका के बीच कुछ वाक्चातुर्य और परिहार भी भारतीय प्रेमप्रवृत्ति का एक मनोहर अंग है, अतः उसका विधान यहाँ के कवियों की शृंगारपद्धति में चला आ रहा है। फारसी, अँग्रेजी आदि के साहित्य में हम इसका विधान नहीं पाते। पर नए प्रेम से प्रभावित प्रत्येक भारतीय हृदय इस प्रवृत्ति का अनुभव करता है। देश और काल के भेद से हृदय के स्वरूप में भी भेद होता है। भारतीय प्रकृति के अनुसार संयोग पक्ष की नाना वृत्तियों का भी कुछ विधान हो जायसी का प्रेम आनंदी जीवों द्वारा बिलकुल 'मुहर्रमी' कहे जाने से बाल-बाल बच गया है।

पीछे तो उर्दूवालों में भी 'खूबाँ से छेड़छाड़' की रस्म चल पड़ी।

राजा की सारी कहानी सुनकर पद्मावती कहती है कि "तू जोगी और मैं रानी, तेरा मेरा कैसा साथ?"

हौं रानी, तुम जोगि, भिखारी। जोगिहि भोगिहि कौंनि चिन्हारी॥
जोगी सवै छंद अस खेला। तू भिखारि तिन्ह माँह अकेला॥
एही भाँति सिष्टि सब छरी। एही भेख रावन सिय हरी॥

संयोग शृंगार में कवि परंपरा 'हावों' का विधान करती आई है। अतः यहाँ पर यह कह देना आवश्यक है कि जायसी ने 'हावों' का संनिवेश एक प्रकार से नहीं के बराबर किया है। केवल इसी प्रसंग में 'विव्वोक हाव' की कुछ झलक मिलती है, जैसे—

ओहट होसि, जोगि! तोरि चेरी। आवै बास कुरकुटा केरी।
जोगि तोरि तपसी कै काया। लागि चहै मोरे अँग छाया॥

'हावों' को सम्यक् योजना न होने से जायसी के संयोग पक्ष में वैसी सजीवता नहीं दिखाई देती है।

राजा इस प्रेमगर्भ फटकार पर भी अपने कष्टपूर्ण प्रयत्नों और प्रेम की गंभीरता की बात कहता ही चला जाता है। इस पर पद्मावती सच्चे प्रेम की व्याख्या करने लगती है—

कापर रँगे रँग नहिं होइ। उपजै औटि रंग भल सोइ॥
जो मजीठ औटे बहु आँचा। सो रँग जनम न डोलै राँचा॥
जरि परास होइ कोइल भेसू। सब फूले राता होइ टेसू॥

पर सच पूछिए तो यह गंभीर व्याख्या अवसर के उपयुक्त नहीं है। इस प्रकार का निरूपण प्रशांत मानस में ही ठीक है, मोदतरंगाकुल मानस में नहीं। पर कवि अपनी चिंतनशील प्रकृति के अनुसार अवसर-अनवसर का विचार न करके ऐसी बातों को बीच-बीच में बराबर घुसाया करता है।

पहले पद्मावती में प्रिय समागम का भय दिखाकर कवि ने उसे नवोढ़ा का रूप दिया। अतः उसके मुँह से इस प्रकार का प्रौढ़ परिहास या प्रगल्भता नायिकाभेद के उस्तादों को खटकेगी। समाधान केवल यही हो सकता है कि सूए ने पद्मावती को बहुत पहले से समागम में दीक्षित कर रखा था। राजा रत्नसेन ने सिंहल आने पर सूआ संदेसों के द्वारा पद्मावती को प्रेम में पक्की करता रहा। अतः इस प्रकार के परिपुष्ट वचन अनुपयुक्त नहीं।

संभोग शृंगार की रीति के अनुसार जायसी ने अभिसार का पूरा वर्णन किया है। पद्मावती के समागम की कुछ पंक्तियाँ अश्लील भी हो गई हैं; पर सर्वत्र जायसी ने प्रेम का भावात्मक रूप ही प्रधान रखा है। शारीरिक भोग विलास का वर्णन कवि ने यहाँ कुछ ब्यौरे के साथ किया है, पर इस विलासिता के बीच बीच में भी प्रेम का भावात्मक स्वरूप प्रस्फुटित दिखाई पड़ता है। राजा जिससे मतवाला हो रहा है वह प्रेम की सुरा है जिसका जिक्र सूफी शायरों ने बहुत ज्यादा किया है—

सुनु धनि ! प्रेम सुरा के पिए। मरन जियन डर रहे न हिए॥
जेहि मद तेहि कहाँ संसारा। की सो घूमि रह, की मतवारा॥
जाकहँ होइ बार एक लाहा। रहे न ओहि बिनु, ओही चाहा॥
अरथ दरब सो देइ बहाई। की सब जाहू, न जाहु पियाई॥

पद्मावती पासा खेलने का विचार करती है। नवदंपति का पासा खेलना बहुत पुरानी रीति है। अब भी बहुत जगह विवाह के समय वरकन्या के पासा खेलने की नकल चली आती है। पर इस प्रसंग में भी कवि ने श्लेष और अन्योक्ति आदि द्वारा उभय पक्ष का वाक् चातुर्य दिखाने का आयोजन बाँधा है जिससे पाठक का कुछ भी मनोरंजन नहीं होता। जैसा कि आगे चलकर दिखाया जायेगा, जायसी के इस प्रवृत्ति के कारण प्रबंध के रसपूर्ण प्रवाह में बहुत जगह बाधा पड़ी है—

बिहँसी धनि सुनिकै सब बाता। निहचय तू मोरे रँग राता॥
जब हीरामन भयऊ संदेसी। तुम्ह हुँत मँडप गइउँ, परदेसी॥
तोर रूप तस देखिउँ लोना। जनु जोगी तू मेलेसि टोना॥
भृगुति देइ कहँ मैं तोहि दीठा। कँवल नयन होई भंवर बईठा॥
नैन पुहुप, तू अलि भा सोभी। रहा बेधि अस, उड़ा न लोभी॥
कौन मोहिनी दहुँ हुति तोही। जो तोहि बिथा तो उपनी मोही॥
तोरे प्रेम प्रेम मोहि भएऊ। राता हेम अगिनि जौं तएऊ॥

प्रेम की पूर्वापर (युगपत् नहीं) स्थिति में एक की व्यथा से दूसरे को व्यथा या करुणा उत्पन्न हुई कि एक के प्रेम विवाह से दूसरे में प्रेम की नींव समझनी चाहिए। रत्नसेन और पद्मावती का प्रेम पूर्वापर है। पद्मावती के अलौकिक रूपसौंदर्य को सुनकर पहले राजा रत्नसेन के हृदय में प्रेमव्यथा उत्पन्न होती है, पीछे पद्मावती के हृदय में उस व्यथा के प्रति सहानुभूति— -

सुनि के धनि, 'जारी अस काया'। तन भा मयन, हिये भइ माया॥

यही 'माया' या सहानुभूति प्रेम की पवित्र जननी हो जाती है। सहसा साक्षात्कार के द्वारा प्रेम के युगपत् आविर्भाव में उक्त पूर्वापर क्रम नहीं होता इसलिये उसमें प्रेमी और प्रिय का भेद नहीं होता। उसमें दोनों एक दूसरे के प्रेमी और एक दूसरे को प्रिय साथ-साथ होते हैं। उसमे यार की संगदिली या बेवफाई की शिकायत—निष्ठुरता के उपालंभ—की जगह पहले तो नहीं होती, आगे चलकर हो जाय तो हो जाय। तुलसीदास द्वारा वर्णित जनकपुर के बगीचे में उत्पन्न सीता और राम का युगपत् प्रेम बराबर सम रहा। पर सूरदास द्वारा वर्णित गोपी कृष्ण का प्रेम आगे चलकर सम से विषम हो गया। इसीलिए अयोध्या से निर्वाचित सीता राम की बेवफाई की कुछ भी शिकायत नहीं करती, पर गोपियाँ मारे शिकायतों के उद्धव के कान बहरे कर देती हैं। रत्नसेन और पद्मावती के प्रेम में आरंभ में विषमता हैऔर गोपीकृष्ण के प्रेम में अंत में। दोनों की विषमता की स्थिति में यही अंतर है। गोपी-कृष्ण-प्रेम समता से विषमता की ओर प्रवृत्त हुआ है और रत्नसेन पद्मावती का प्रेम विषमता से समता की ओर। इस समता की प्राप्ति की व्यंजना पद्मावती कैसे भोले भाले शब्दों में अपनी सखियों से करती है—

आजु मरम मैं जानिऊँ सोई। जस पियार पिउ और न कोई॥
हिये छाहँ उपना और सीऊ। पिउ न रिसाउ लेउ बरु जीऊ॥

———

करि सिंगार तापहँ का जाउँ। ओही देखहुँ ठावहिं ठाऊँ॥
जौ जिउ महँ तौ उहै पियारा। तन मन सौ नहिं होइ निनारा॥
नैन माँह है उहै समाना। देखौं तहाँ नाहिं कोउ आना॥

अब यहाँ प्रश्न उठता है कि जायसी ने विषम प्रेम से क्यों आरंभ किया, आरंभ ही से सम प्रेम क्यों नहीं लिया। इसका उत्तर यह है कि जायसी को इस प्रेम को लेकर भगवत्पक्ष में भी घटाना था। ईश्वर के प्रति प्रेम का उदय पहले भक्त के हृदय में होता है। ज्यों-ज्यों यह प्रेम बढ़ता जाता है, त्यों त्यों भगवान् की कृपादृष्टि भी होती जाती है यहाँ तक कि पूर्ण प्रेमदशा को प्राप्त भक्त भगवान का भी प्रिय हो जाता है। प्रेमी होकर प्रिय होने की पद्धति भक्तों की है। भक्ति की साधना का क्रम यही है कि पहले भगवान् हमें प्रिय लगें, पीछे अपने प्रेम के प्रभाव से हम भी भगवान् को प्रिय लगने लगेंगे।

ईश्वरोन्मुख प्रेम

पहले कहा जा चुका है कि जायसी का झुकाव सूफी मत की ओर था जिसमें

जीवात्मा और परमात्मा में पारमार्थिक भेद न माना जाने पर भी साधकों के व्यवहार में ईश्वर की भावना प्रियतम के रूप में की जाती है। इन्होंने ग्रंथ के अंत में सारी कहानी को अन्योक्ति कह दिया है और बीच-बीच में भी उनका प्रेमवर्णन लौकिक पक्ष में अलौकिक पक्ष की ओर संकेत करता जान पड़ता है। इसी विशेषता के कारण कहीं कही इनके प्रेम की गंभीरता और व्यापकता अनन्तता की ओर अग्रसर दिखाई पड़ती है। 'रति भाव' का वर्णन हिंदी के बहुत से कवियों ने किया है—कुछ लोगों का तो कहना है कि इसके अतिरिक्त और हमने किया ही क्या है—पर एक प्रबंध के भीतर शुद्ध भाव के स्वरूप का ऐसा उत्कर्ष जो पार्थिव प्रतिबंधों से परे होकर अध्यामिक क्षेत्र में जाता दिखाई पड़े, जायसी का मुख्य लक्ष्य है। क्या संयोग, क्या वियोग, दोनों में कवि प्रेम के उस आध्यामिक स्वरूप का आभास देने लगता है, जगत् के समस्त व्यापार जिसकी छाया से प्रतीत होते हैं। वियोगपक्ष में जब कवि लीन होता है तब सूर्य, चंद्र और नक्षत्र सब उसी परम विरह में जलते और चक्कर लगाते दिखाई देते हैं, प्राणियों का लौकिक वियोग जिसका आभास मात्र है—

बिरह के आगि सूर जरि काँपा। रातिउ दिवस जरै ओहि तापा॥

यद्यपि इस प्रकार की 'विनयपत्रिका' में एक जगह ऐसे विश्वव्यापी विरह की भावना पाई जाती है—

बिछुरै रवि ससि, मन! नैनन तें पावत दुख बहुतेरो।
भ्रमत स्त्रमित निसि दिवस गगन महँ, तहँ रिपु राहु बड़ेरो॥
जद्यपि अति पुनीत सुरसरिता, तिहुँ पुर सुजस घनेरो।
तजे चरन अजहूँ न मिटत नित बहिबो ताहू केरो॥

इसी शुद्ध भावक्षेत्र में अग्नि, पवन इत्यादि सब उस प्रिय (ईश्वर) के पास तक पहुँचने में व्यस्त दिखाई पड़ते हैं—सारी सृष्टि उसी 'परम भाव' में लीन होने को बढ़ती जान पड़ती है। परम साधना पूरी हुए बिना कोई यों ही इच्छा मात्र करके नहीं पहुँच सकता है—

धाइ जो बाजा कै मन साधा। मारा चक्र, भएउ दुइ आधा॥
पवन धाइ तहँ पहुँचे चहा। मारा तैस, लौटि भुईं रहा॥
अगिनि उठी, जरि उठा निआना। धुआँ उठा, उठि बीच बिलाना॥
पानि उठा, उठि जाइ न छूआ। बहुरा रोइ आइ भुंइ चूआ॥

लौकिक सौंदर्य का वर्णन करते करते कवि की दृष्टि किस प्रकार उस चरम सौंदर्य की ओर जा पड़ती है, यह रूप-सौंदर्य वर्णन के अंतर्गत देखिए। उस चरम सौंदर्य की कुछ झलक मानो सृष्टि के वृक्ष, बिल्ली, पशु, पक्षी, आकाश पृथ्वी सबको मिली हुई है, सबके हृदय में मानों उसकी दृष्टिकोर गड़ी हुई है, सब उसके विरह में लीन हैं—

उन बानन्ह अस को जो न मारा। बेधि रहा सगरौ संसारा॥
गगन नखत जो जाहिं न गने। वै सब बान ओहि के हने॥
धरती बान बेधि सब राखी। साखी ठाढ़ देहि सब साखी॥
रोवँ रोवँ मानुष तन ठाढ़े। सूतहि सूत बेध अस गाढ़े॥

बरुनि बान अस ओपहँ, बेधे रन, बन ढाँख।
सौंजहि सतन सब रोवाँ, पंखिहिं तन सब पाँख॥

सृष्टि के नाना पदार्थ रूप, रस, गंध आदि का जो विकास करते दिखाई पड़ते हैं—सौंदर्य और माधुर्य धारण करते दिखाई पड़ते हैं—वह मानो उस अनंत सौंदर्य के समागम के अभिलाषा से उसके पास तक पहुँचने की आशा से—

पुहुप सुगंध करहिं एहि आसा। मकु हिरकाइ लेइ हम्ह पासा॥

रत्नसेन को पद्मावती तक पहुँचाने वाला प्रेमपंथ जीवात्मा को परमात्मा में ले जाकर मिलाने वाले प्रेमपंथ का स्थूल आभास है। प्रेमपथिक रत्नसेन में सच्चे साधक भक्त का स्वरूप दिखाया गया है। पद्मिनी ही ईश्वर से मिलाने वाला ज्ञान या बुद्धि है अथवा चैतन्य-स्वरूप परमात्मा है, जिसकी प्राप्ति का मार्ग बतलाने वाला सूआ सद्गुरु है। उस मार्ग में अग्रसर होने से रोकने वाली नागमती संसार का जंजाल है। तनरूपी चित्तौड़गढ़ का राजा मन है। राघव चेतन शैतान है जो प्रेम का ठीक मार्ग न बताकर इधर-उधर भटकाता है। माया में पड़े हुए सुलतान अलाउद्दीन को मायारूप ही समझना चाहिए। इसी प्रकार जायसी ने 'पद्मावत' के अंत में अपने सारे प्रबंध को व्यंग्यगर्भित कह दिया है—

तन चितउर, मन राजा कीन्हा। हिय सिंहल बुधि पदमिनि चीन्हा॥
गुरु सुआ जेहि पंथ देखावा। बिन गुरु जगत को निरगुन पावा॥
नागमती यह दुनिया धंधा। बाँचा सोइ न ऐहि चित बंधा॥
राघव दूत, सोइ सैतानू। माया अलादीन सुलतानू॥

अब यदि कवि के स्पष्टीकरण के अनुसार व्यंग्य अर्थ को ही प्रधान या प्रस्तुत मानें तो जहाँ जहाँ दूसरे अर्थ भी निकलते हैं, वहाँ वहाँ अन्योक्ति माननी पड़ेंगी। पर ऐसे स्थल अधिकतर कथा के अंग हैं और पढ़ते समय कथा के अप्रस्तुत होने की धारणा किसी पाठक को नहीं हो सकती। अत: इन स्थलों के वाच्यार्थ को अप्रस्तुत नहीं कह सकते। इस प्रकार वाच्यार्थ के प्रस्तुत और व्यंग्यार्थ के अप्रस्तुत होने से ऐसी जगह सर्वत्र 'समासोक्ति' ही माननी चाहिए। 'पद्मावत' के सारे वाक्यों के दोहरे अर्थ नहीं है, सर्वत्र अन्य पक्ष के व्यवहार को आरोप नहीं है। केवल बीच बीच में कहीं कहीं दूसरे अर्थ की व्यंजना होती है। ये बीच बीच में आए हुए स्थल, जैसा कि कहा जा चुका है, अधिकतर तो कथाप्रसंग के अंग हैं, जैसे—सिंहलगढ़ की दुर्गमता और सिंहलद्वीप के मार्ग का वर्णन, रत्नसेन का लोभ के कारण तूफान में पड़ना और लंका के राक्षस द्वारा बहकाया जाना। अत: इन स्थलों में वाच्यार्थ से अन्य अर्थ जो साधनापक्ष में व्यंग्य रख गया है वह प्रबंध काव्य की दृष्टि से अप्रस्तुत ही कहा सकता है और 'समासोक्ति' ही माननी पड़ती है।

एक छोटा सा उदाहरण लीजिए। राजा रत्नसेन अब दिल्ली में कैद हो गए तब रानी पद्मावती इस प्रकार विलाप करती है—

सो दिल्ली अस निबहुर देसू। केहिं पूछहुँ, को कहै सँदेसू?
जो कोई जाइ तहाँ कर होई। जो आवै किछु जान न सोई॥
अगम पंथ पिय तहाँ सिधावा। जो रे गयऊ सो बहुरि न आवा॥

प्रबंध के भीतर ये सारे वाक्य प्रस्तुत प्रसंग का वर्णन करते हैं पर इनमें परलोकयात्रा का अर्थ भी व्यंग्य है। यहाँ वाच्यार्थ को प्रस्तुत और व्यंग्यार्थ को अप्रस्तुत मानकर तथा 'कोई किछु जान न' और 'बहुरि न आवा' को दिल्ली गमन और परलोकगमन दोनों के सामान्य कार्य ठहराते हुए, दिल्ली गमन में परलोकगमन के व्यवहार का आरोप करके हम समासोक्ति ही कह सकते हैं।

जहाँ कथाप्रसंग से भिन्न वस्तुओं के द्वारा प्रस्तुत प्रसंग की व्यंजना होती है वहाँ 'अन्योक्ति' होगी, जैसे—

(क) सूर उदयगिरि चढ़त भुलाना। गहनै गहा, कँवल कुँभिलाना॥

यहाँ इस 'अप्रस्तुत' के कथन द्वारा राजा रत्नसेन के सिंहलगढ़ पर चढ़ने और पकड़े जाने की व्यंजना की गई है। दूसरा उदाहरण लीजिए—

(ख) कँवल जो बिगसा मानसर, बिनु जल गयउ सुखाइ॥
अबहुँ बेलि फिर पलहै, जो पिय सींचै आई॥

यहाँ जल कमल का प्रसंग प्रस्तुत नहीं है, प्रस्तुत है विरहिणी की दशा। अतः यहाँ अप्रस्तुत से प्रस्तुत की व्यंजना होने के कारण 'अन्योक्ति' है।

सारांश यह है कि जहाँ जहाँ प्रबंध-प्रस्तुत वर्णन में अध्यात्मपक्ष का कुछ अर्थ भी व्यंग्य हो वहाँ समासोक्ति ही माननी चाहिए। जहाँ प्रथम पक्ष में अर्थात् अभिधेयार्थ में किसी भाव की व्यंजना नहीं है (जैसे मार्ग की कठिनता और सिंहलगढ़ की दुर्गमता के वर्णन में) वहाँ तो वस्तुव्यंजना स्पष्ट ही है, क्योंकि वहाँ एक प्रस्तुत अर्थ से दूसरे वस्तुरूप अर्थ की ही व्यंजना है। पर जहाँ किसी भाव की भी व्यंजना है वहाँ यह जिज्ञासा हो सकती है एक पक्ष की वस्तु दूसरे पक्ष की दूसरी वस्तु को व्यंजित करती है अथवा एक पक्ष का भाव दूसरे पक्ष के दूसरे भाव को व्यंजित करता है। विचार के लिये यह पद्य लीजिए—

पिउ हिरदय महुँ भेंट न होई। को रे मिलाब, कहौं केहि रोई॥

ये पद्मावती के वचन हैं जिसमें रतिभावव्यंजक 'विषाद' और 'औत्सुक्य' की व्यंजना है। ये वचन जब भगवत्पक्ष में घटते हैं तब भी इन भावों की व्यंजना बनी रहती है। इस अवस्था में क्या हम कह सकते हैं कि प्रथम पक्ष में व्यंजित भाव दूसरे पक्ष में उसी भाव की व्यंजना करता है? नहीं; क्योंकि व्यंजना अन्य अर्थ की हुआ करती है, उसी अर्थ की नहीं। उक्त पद्य में भाव दोनों पक्षों में वे ही हैं। आलंबन भिन्न होने से भाव अपर (अर्थात् अन्य समान; समानता अपरता में ही होती है) नहीं हो सकता। प्रेम चाहे मनुष्य के प्रति हो चाहे ईश्वर के प्रति, दोनों पक्षों में प्रेम ही रहेगा। अतः यहाँ वस्तु से वस्तु ही व्यंग्य है और भावव्यंजना का विधान दोनों पक्षों में अलग माना जायेगा।

पहले तो पद्मावती और रत्नसेन के पक्ष में वाच्यार्थ की प्रतीति के साथ ही असंलक्ष्यक्रम व्यंग्य द्वारा उन दो भावों (विषाद और औत्सुक्य) की प्रतीति होती है। इसके उपरांत हम फिर प्रथम पक्ष के वाच्यार्थ से चलकर लक्ष्यक्रम व्यंग्य द्वारा दूसरे पक्ष की इस वस्तु पर पहुँचते हैं—'ईश्वर तो अंतःकरण में ही है, पर साक्षात्कार नहीं होता। किस गुरु से कहें जो उपदेश देकर मिलावे।' इसमें अन्य आश्रय और अन्य

आलंबन का ग्रहण है अतः यह वस्तुव्यंजना हुई। इस प्रकार दूसरे पक्ष की व्यंग्य वस्तु पर पहुँचकर हम चट उसके व्यंग्य भाव (ईश्वर प्रेम) पर पहुँच जाते हैं। मतलब यह है कि एक पक्ष से दूसरे पक्ष पर हम वस्तुव्यंजना द्वारा ही आते हैं। यह वस्तुव्यंजना अधिकतर अर्थशक्त्युद्भव ही है, शब्दशक्त्युद्भव नहीं—अर्थात् अर्थ के सादृश्य से ही लक्ष्यक्रम व्यंग्य जायसी में मिलता है, श्लेष के सहारे पर नहीं। कहीं एकाध जगह ऐसे उदाहरण मिलते हैं जिसमें शब्द के दोहरे अर्थ से कुछ काम किया गया है, जैसे—

जो यहि खीर समुद महँ परे। जीव गँवाइ हंस होइ तरे॥

यहाँ 'हंस' शब्द का पक्षी भी अर्थ है और उपाधिमुक्त शुद्ध आत्मा भी।

जैसा कि कह आए हैं भगवत्पक्ष में घटनेवाले व्यंग्यार्थगर्भ वाक्य बीच बीच में बहुत से हैं। हीरामन तोते के मुँह से पद्मिनी का रूपवर्णन सुन राजा उसके ध्यान में बेसुध हो गया। पर राजा केवल संसार के देखने में बेसुध था। अपने ध्यान की गंभीरता में, समाधि की अवस्था में, उसे उस समय परम ज्योति के सामीप्य की आनंदमयी अनुभूति हो रही थी जिसके भंग होने का दुःख वह सचेत होने पर प्रगट करता है—

आवत जग बालक जस रोवा। उठा रोइ 'हा ज्ञान सो खोवा'॥
हौं तो अहा अमरपुर जहाँ। इहाँ मरनपुर आएउ कहाँ?
केइ उपकार मरन कर कीन्हा। सकति हँकारि जीउ हरि लीन्हा॥

यहाँ राजा का पद्मिनी के ध्यान में बेसुध होना कहकर साधक भक्त की समाधि द्वारा ईश्वर-सांनिध्य-प्राप्ति की व्यंजना की गई है। वह सांनिध्य कैसा आनंदमय है! उस अमर धाम से जीव इस संसार में आता है तब उसकी सुध करके एकबारगी रो पड़ता है। जायसी ने तो जन्म के समय में बच्चे के रोने पर हेतूत्प्रेक्षा करके भाव को यहीं छोड़ दिया है, पर अँगरेज कवि वर्ड्सवर्थ इस भाव को और आगे ले गए हैं। वे कहते हैं कि अपने उस अमर धाम की सुध संसार में आते ही यद्यपि भूल जाती है,पर उसका संस्कार कुछ काल तक रहता है। अपने बचपन के दिनों का स्मरण कीजिए। ये ही हरे भरे मैदान, अमराइयाँ और नाले आदि जो अब साधारण दृश्य जान पड़ते हैं, कैसी आनंदमयी दिव्य प्रभा से मंडित दिखाई पड़ते थे। फूल अब भी सुंदर लगते हैं, चंद्रमा अब भी शरत्काल में सुहावना लगता है, पर इन सब की वह दिव्य आभा अब पृथ्वी पर कहाँ, जो बचपन में हृदय को आनंदोल्लास से भर देती थी। बचपन में हमारे चारों ओर स्वर्ग का आभास कुछ बना रहता है। पर ज्यों त्यों हम बड़े होते जाते हैं त्यों त्यों इस भवसागर की छाया में बद्ध होते जाते हैं—वह आनंदसंस्कार मिटता जाता है, हम उसे भूलते जाते हैं। अतः इस संसार में जन्म लेना क्या है, एक प्रकार का भूलना है, एक प्रकार की निद्रा है—

अवर बर्थ इज बट ए स्लीप ऐंड ए फारगेटिंग;
द सोल दैट राइजेज विथ अस, अवर लाइब्ज स्टार;
हैथ हैड एक्सह्वेयर इट्स सेटिंग
ऐंड कमेथ फ्राम एफार;
नाट इन एंटायर फारगैटफुलनेस
ऐंड नाट इन अटर नेकेडनेस

बट ट्रेलिंग क्लाउड्ज आव ग्लोजी डू वी कम
फ्राम गाड, हू इज अवर होम,
हेवेन लाइज एबाउट अस इन अवर इनफैंसी!
शेड्स आव द प्रिजन हाउस बिगिन टु क्लोज
अपान द ग्रोइंग ब्याय।
—ओड आन इंटिमेशन आव इम्मारटैलिटी फ्राम रिकलेशन्स आव
अर्ली चाइल्डहुड।

शास्त्राभिमानी लोग तर्कबुद्धि से जिन तत्वों का साक्षात्कार करते हैं मनुष्य की रागात्मिकता वृत्ति भी पूर्ण शुद्धता प्राप्त करके उन तथ्यों में रमती है। पहुँचे हुए कवियों की वाणी में जो सत्य की मार्मिक अनुभूति (ज्ञान मात्र. नही) मिलती है, वह भी अमूल्य है।

देखिए, जोगी होते हुए राजा के मुँह से कवि के उसी अमरधाम की ओर स्वाभाविक दृश्य द्वारा संकेत कराया है—

हौं रे पथिक पखेरू, जेहि बन मोर निबाहू।
खेलि चला तेहि बन कहँ, तुम अपने घर जाहु॥

राजा रत्नसेन जब सिंहल के पास सातवें समुद्र में पहुँचता है तब दुःख की सारी छाया हट जाती है, आनंद की अमंद आभा फूटती दिखायी पड़ती है और हृदय की कली खिल जाती है। यह है साधक का अपनी साधना के फल के निकट पहुँचना, जब कि सारे भ्रम और संताप दूर होते दिखाई पड़ने लगते हैं और ब्रह्म की आनंदमयी ज्योति के साक्षात्कार से आत्मा अपने शुद्ध स्वरूप की ओर अग्रसर होती जान पड़ने लगती है—

देखि मानसर रूप सोहावा। हिय हुलाम पुरइनि होइ छावा॥
गा अँधियार, रैन मसि छूटी। भा भिनुसार किरिन रवि फूटी॥
'अस्ति अस्ति' सब साथी बोले। अंध जो अहे, नैन बिधि खोले॥

आनंद की कैसी लोकव्यापिनी व्यंजना है। एक एक शब्द से ऐसा उल्लास उमड़ पड़ता है जिसमें वृत्ति मग्न हो जाती है।

मंदिर में पद्मावती के आने पर राजा रत्नसेन जो बेसुध होकर सो गया है उससे इस बात की व्यंजना की गई है कि ईश्वर बराबर सामने रहता है, पर जो इस संसार की माया में लिप्त होकर सोए रहते हैं उन्हें साक्षात्कार नहीं होता है,जो योगी जागते हैं उन्हीं को होता है—

तबहुँ न जागा, गा तू सोई। जागे भेंट, न सोए होई॥

और जागने वाले योगी कौन हैं, गोस्वामी तुलसीदास जी कहते हैं—

एहि जग जामिनि जागहिं जोगी। परमारथी प्रपंच वियोगी॥

हीरामन के मुँह से सिंहलद्वीप और पद्मिनी का वर्णन सुन बेसुध होकर राजा जब फिर जागता है तब अपने चित्तौड़ के राजपाट और घरबार से उसकी दृष्टि फिरकर उस सिंहल द्वीप की ओर लग जाती है। यह दशा उस सच्चे भावुक जिज्ञासु की है जो गुरु

से ब्रह्मज्योति का आभास पाकर उसी की ओर प्रवृत्त हो जाता है और इस संसार में सब व्यवहार उसे अज्ञानांधार के समान लगने लगते हैं—

हिय के जोति दीप वह सूझा। यह जो दीप अँधियारा बूझा॥
उलटि दीठि माया सौं रूठी। पलटिं न फिरी जानि कै झूठी॥

प्रेमपथिक रत्नसेन के इस मार्ग में साधक के मार्ग की झलक देखिए—

ओहि मिलान जो पहुँचै कोई। तब हम कहब पुरुष भल सोई॥
है आगे परबत कै बाटा। विषम पहार अगम सुठि घाटा॥
बिच बिच नदी, खोह औ नारा। ठाँवहिं ठाँव बैठ बटपारा॥

वह 'मिलान' जहाँ पहुँचना है ईश्वर है। अनेक प्राकर के विघ्न पहाड़ और नदी खोह हैं। काम, क्रोध मोह आदि बटगार या डाकू हैं। साधक के विघ्नों का स्वरूप दिखाने के लिये ही कवि ने राजा रत्नसेन के लौटते समय तूफान की घटना का आयोजन किया है। लोभ के कारण राजा विपत्ति में फँसता है और लंका का राक्षस उसे मिलकर भटकाता है। यह लंका का राक्षस शैतान है जो साधकों को भटकाया करता है।

इसी प्रकार सिंहलगढ़ का निम्नलिखित वर्णन भी हठयोग के विभागों के अनुसार शरीर का वर्णन है—

गढ़ तस बाँक जैसि तोरी काया। पुरुष देखु ओही कै छाया॥
पाइय नाहिं जूझ हठि कीन्हें। जेइ पावा तेइ आपुहिं चीन्हें॥
नौ पौरी तेहि गढ़ मझियारा। औ तहँ फिरहिं पाँच कोटबारा॥
दसहुँ दुअर गुपुत एक ताका। अगम चढ़ाव बाट सुठि बाँका॥
भेदै जाइ कोइ वह घाटी। जो लह भेद चढ़ै होई चाँटी॥
गढ़त्तर कुंड सुरँग तेहि माहाँ। तहँ वह पंथ, कहाँ तोहि पाहाँ॥
दसवँ दुआर ताल के लेखा। उलटि दिस्ट जो लाव सो देखा॥

हठयोगी अपनी साधना के लिये शरीर के भीतर तीन नाड़ियाँ मानते हैं। मेरुदंड या रीढ़ की बाई ओर इला, दाहिनी ओर पिंगला नाड़ी है। इन दोनों के बीच में सुषुम्ना नाम की नाड़ी है। स्वरोदय के अनुसार बाएँ नथने से जो साँस आती जाती है, वह इड़ा नाड़ी से होकर और दाहिने नथुने से जो आती जाती है वह पिंगला से होकर। यदि श्वास कुछ क्षण दाहिने और कुछ क्षण बाएँ नथने से निकले तो समझना चाहिए कि वह सुषुम्ना नाड़ी से आ रही है। मध्यस्था सुषुम्ना नाड़ी ब्रह्मस्वरूप है और उसी में जगत् अवस्थित है। बिना इन नाड़ियों के ज्ञान के योगाभ्यास में सिद्धि नहीं होती। जो योगाभ्यास करना चाहते हैं वे पहले इड़ा, फिर पिंगला और उसके अनंतर सुषुम्ना को साधते हैं। सुषुम्ना के सबसे नीचे के भाग में नाभि के नीचे, योगी कुंडलिनी मानते हैं। इसी को जगाने का प्रयत्न वे करते हैं। जाग्रत होने पर कुंडलिनी चंचल होकर सुषुम्ना नाड़ी के भीतर भीतर सिर की ओर चढ़ने लगती है और हृत्कमल और बारह चक्रों को पार करती हुई ब्रह्मारंध्र या मूर्द्धज्योति तक चली जाती है। जैसे जैसे वह ऊपर चढ़ती जाती है, योगी के सांसारिक बंधन ढीले पड़ते जाते हैं। यहां तक ब्रह्मारंध्र में

पहुँचने पर मन और शरीर से उसका संबंध छूट जाता है और साधक पूर्ण समाधि या तुरीयावस्था को प्राप्त होकर ब्रह्म के स्वरूप में मग्न हो जाता है।

ऊपर जो पंक्तियाँ उद्धृत हैं उनमें 'नौ पौरी' नाक, कान, मुँह आदि नव द्वार है। दशम द्वार ब्रह्मरंध्र है जिसके पास पहुँचने में बहुत से विघ्न या अंतराय पड़ते हैं। पाँच कोतवाल, काम, क्रोध, आदि विकार है। गढ़ के नीचे का कुंड नाभिकुंड है जहाँ कुंडलिनी है। इस नाभिकुंड से गई हुई सुरंग सुषुम्ना नाड़ी है जो ब्रह्मरंध्र तक चली गई है। वह ब्रह्मरंध्र बहुत ऊँचे हैं, वहाँ तक पहुँचना अत्यन्त कठिन है। संसार से अपनी दृष्टि हटाकर जो उसकी ओर निरंतन ध्यान लगाए रहता है वही साधक वहाँ तक पहुँच पाता है। जैसे रत्नसेन को शिव ने सिंहलगढ़ के भीतर पहुँचने का मार्ग बताया है, वैसे ही साधक को किसी सिद्ध पुरुष से उपदेश ग्रहण किए बिना ब्रह्म की प्राप्ति नहीं हो सकती। आरंभ में कवि ने जो सिंहलगढ़ का वर्णन किया है उसमें कहा है कि 'चार बसेरे सौं चढ़ै, सत सौं उतरे पार'। ये चार बसेरे सूफी साधकों की चार अवस्थाएँ हैं—शरीअत, तरीकत, हकीकत और मारफत। यही मारफत पूर्ण समाधि की अवस्था है जिसमें ब्रह्म के स्वरूप की अनुभूति होती है।

रत्नसेन का सिहलद्वीप में जाना भी हठयोगियों के प्रवाद के अनुकरण पर है। गोरखपंथी जोगी सिंहलद्वीप को सिद्धपीठ मानते हैं जहाँ शिव से पूर्ण सिद्धि प्राप्त करने के लिये साधक को जाना पड़ता है।

लड़की का मायके से पति के पास जाना और जीव का ईश्वर के पास जाना दोनों में एक प्रकार के साम्य की कल्पना निर्गुणोपासक भावुक भक्तों में बहुत दिनों से चली आती है कबीरदास के तो बहुत से भजनों में यह कल्पना भरी हुई है, जैसे—

खेलि लेइ नैहर दिन चारी।
पहिली पठौनी तीनि जन आए, नाऊ, ब्राह्मण, बारी।
दुसरी पठौनी पिय आपुहि आए, डोली, बाँस कहारी॥
धरि बहियाँ डोलियाँ बैठावैं, कोउ न लगत गोहारी।
अब कर जाना, बहुरि नहीं अवना, इहै भेंट अँकवारी॥

सुनि कै गवन मोरा जिया घबराई।
आजु मँदिरवा में अगिया लगिहैं, कोउ न बुझावन जाई॥

इस प्रकार की अन्योक्तियाँ हिंदू गृहस्थों, विशेषत: स्त्रियों के मर्म को अधिक स्पर्श करने वाली होती हैं, इससे इनके द्वारा माँगने वाले साधु लोगों के हृदय पर प्रभाव डालकर भिक्षा का अच्छा योग कर लेते हैं। जायसी ने भी प्रथम समागमन के अवसर पर पद्मावती के मुँह से इस प्रकार के व्यंग्यगर्भित वाक्य कहलाए हैं—

अनचिन्ह पिउ काँपौं मन माहाँ। का मैं कहब, गहब जो बाहाँ॥
बारि बँस गहै प्रीति न जानी। तरुनि भई मैमंत भुलानी॥
जीवन गरब न किछु मैं चेता। नेह न जानौं साम कि सेता॥
अब सो कंत जो पूछिहि बाता। कस मुख होइहि पीत की राता॥

इसी प्रकार की उक्तियाँ पद्मिनी की विदाई के समय भी हैं, जैसे—

रोवहिं मातु पिता औ भाई। कोइ न टेक जौ कंत चलाई॥
भरीं सखी सब, भेंटत फेरा। अंत कंत सौ भएउ गुरेरा॥
कोउ काहु कर नाहिं निआना। मया मोह बाँधा अरुझाना॥
जब पहुँचाइ फिरा सब कोऊ। चला साथ गुन अवगुन दोऊ॥

इसी मायके और ससुराल की प्रचलित अन्योक्ति को ध्यान में रखकर जायसी ने ग्रंथ के आरंभ में ही पद्मावती और सखियों के खेलकूद का ऐसा माधुर्यपूर्ण वर्णन किया है। सिंहल की हाट आदि के वर्णन में भी बीच बीच में जायसी ने पारमार्थिक झलक दिखाई है, जैसे—

जिन्ह एहि हाट न लीन्ह बेसाहा। ता कहँ आन हाट कित लाहा?
कोई करे बेसाहनी, काहू केर बिकाइ।
कोई चलै लाभ सौं, कोई मूर गँवाइ॥

प्रेम तत्व

प्रेम के स्वरूप का दिग्दर्शन जायसी ने स्थान स्थान पर किया है। कहीं तो यह स्वरूप लौकिक ही दिखाई पड़ता है और कहीं लोकवर्धन से परे। पिछले रूप में प्रेम इस लोक के भीतर अपने पूर्ण लक्ष्य तक पहुँचता हुआ नहीं जान पड़ता। उसका उपयुक्त आलंबन वहीं दिखाई पड़ता है जो अपने प्रेम से संपूर्ण जगत् की रक्षा करता है।

प्रिय से संबंध रखने वाली वस्तुएँ भी कितनी प्रिय होती हैं! प्रिय की ओर ले जाने वाला मार्ग नागमती को कितना प्रिय होगा, उसकी के मुँह से सुनिए—

वह पथ पलकन्ह जाइ बोहारौं। सीस चरन के चलौं सिधारौं॥

पथ पर पलक बिछाने या उसे पलकों से बुहारने की बात उस अवसर पर कही जाती है जब प्रिय उस मार्ग से आने को होता है, पर जहाँ उस मार्ग पर चलने के लिये नागमती ही तैयार है, जैसा कि प्रसंग के पढ़ने के विदित होगा (दे० पद्मावती-नागमती विलाप खंड), तो क्या वह अपने चलने के आराम के लिये सफाई करने को कह रही है? नहीं, उस मार्ग के प्रति जो स्नेह उमड़ रहा है, उसकी झोंक में कह रही है। जो मार्ग प्रिय की ओर ले जाएगा उस पर भला पैर कैसे रखेगी, वह उस पर सिर को पैर बनाकर चलेगी। प्रिय के संबंध से कितनी वस्तुओं से सुहृद भाव स्थापित हो जाता है। सच्चे प्रेमी को प्रिय ही नहीं, जो कुछ उस प्रिय का होता है, सब प्रिय होता है। जिसे यह जगत् प्रिय नहीं, जो इस जगत् के छोटे बड़े सबसे सद्भाव नहीं रखता, जो लोक की भलाई के लिए सब कुछ सहने को तैयार नहीं रहता, वह कैसे कह सकता है कि ईश्वर का भक्त हूँ? गो० तुलसीदास जी कहते हैं कि मैं भी वह भक्तजीवन प्राप्त कर सकूँगा और—

पर हित निरत निरंतर मन क्रम बचन नेम निबहौंगो?

यह दिखाया जा चुका है कि रत्नसेन पद्मावती का प्रेम विषम से सम की ओर प्रवृत्त हुआ है जिसमें एक पक्ष की कष्टसाधना दूसरे पक्ष में पहले दया और फिर

तुल्य प्रेम की प्रतिष्ठा करती है। साधना का फलारंभस्वरूप उस दया की सूचना पाने पर जो तुल्यानुराग का पूर्वलक्षण है, रत्नसेन को समागम का सा ही आनंद होता है, उसकी संजीवनी शक्ति से वह मूर्च्छा से जाग उठता है—

सुनि पदमावति कै असि मया। भा बसंत, उपनी नइ कया॥
सुआ क बोल पवन होइ लागा। उठा सोइ हनुवँत अस जागा॥

तुल्यानुराग की सूचना के अद्‌भुत प्रभाव का अनुभव राजा पुरूरवा ने भी उस समय किया है जब उर्वशी ने अदृश्य भाव से भोजपत्र पर अपने अनुराग की दशा लिखकर गिराई है—

तुल्यानुरागपिशुनं ललितार्थबंधं पत्रे निवेशितमुदाहरणं प्रियायाः।
उत्पक्ष्मणा, मम सखे! मदिरेक्षणायास्तस्याः समागतमिवाननमाननेन॥

(विक्रमोर्वशी, अंक 2)

राजा रत्नसेन ने 'अनुराग' शब्द का प्रयोग न करके 'मया' शब्द का प्रयोग किया है। यह उसके प्रेम के विकास के हिसाब से बहुत ठीक है। पहले पद्मावती को रत्नसेन के कष्टों की सूचना मिली है, तब उसका हृदय उसकी ओर आकर्षित हुआ है; अतः पद्मावती के हृदय में पहले दया का भाव ही स्वाभाविक है। पर उर्वशी और पुरूरवा का प्रेम आरंभ से ही सम था, केवल एक दूसरे के प्रेम का परिज्ञान नहीं था। आगे चलकर रत्नसेन जो हर्ष प्रकट करता है, वह तुल्यानुराग पर है। राजा रत्नसेन को जब सूली देने ले जा रहे थे तब हीरामन पद्मावती का यह सँदेशा लेकर आया—

काढ़ि प्रान बैठी लेइ हाथा। मरै तौ, मरौं जिऔं एक साथा॥

इतना सुनते ही रत्नसेन के हृदय से सूली आदि का सब ध्यान हवा हो जाता है,वह आनंद में मग्न हो जाता है—

सुनि सँदेस राजा तब हँसा। प्रान प्रान घट घट महँ बसा॥

प्रेम के प्रभाव से प्रेमी की वेदना मानो उसके हृदय के साथ प्रिय के पास चली जाती है। अतः जब वह प्रेम चरम सीमा को पहुँच जाता है तब प्रेमी तो दुःख की अनुभूति से परे हो जाता है और उसकी सारी वेदना प्रिय के मत्थे जा पड़ती है। समवेदना का यही उत्कर्ष तुल्य प्रेम है—

जीउ काढ़ि लेइ तुम अपसई। वह भा कया, जीव तुम भई॥
कया जो लाग धूप औ सीऊ। कया न जान, जान पै जीऊ॥
भोग तुम्हारा मिला ओहि जाई। जो ओहि बिथा सो तुम्ह कहँ आई॥

योगियों के परकाय-प्रवेश का सा रहस्य समझना चाहिए—

''अस वह जोगी अमर भा, पर काया परवेस॥''

प्रेम की प्राप्ति से दृष्टि आनंदमयी और निर्मल हो जाती है। जो बातें पहले नहीं सूझती थीं वे सूझने लगती हैं, चारों और सौंदर्य का विकास दिखाई पड़ने लगता है। पद्मावती की प्रशंसा सुनते ही जो प्रेम रत्नसेन के हृदय में संचरित होता है उनके प्रभाव का वर्णन वह इस प्रकार करता है—

सहसौं करा रूप मन भूला। जहँ जहँ दीठ कँवल जनु फूला॥
तीनि लोक चौदह खँड, सवै परै मोहि सूझि।
प्रेम छाँड़ि नहिं लोन किछु, जौ देखा मन बूझि॥

प्रेम का क्षीर-समुद्र अपार और अगाध है। जो इस क्षीर-समुद्र को पार करते हैं उसकी शुभ्रता के प्रभाव से 'जीव' संज्ञा को त्याग शुद्ध आत्मस्वरूप को प्राप्त हो जाते हैं—'जो एहि खीर समुद्र महँ परे। जीव गँवाइ, हंस होइ तरे।' फिर तो वे 'बहुरि न आइ मिलहि एहि छारा।'

प्रेम की यदि एक चिनगारी हृदय में पड़ गई और उसे सुलगाते बन पड़ा तो फिर ऐसी अद्‌भुत अग्नि प्रज्वलित हो सकती है जिससे सारे लोक विचलित हो जायँ—

मुहमद चिनगी प्रेम के सुनि महि गगन डेराइ।
धनि बिरही औ धनि हिया, जहँ अस अगिनि समाइ॥

भगवत्प्रेम की यह चिनगारी अच्छे गुरु से प्राप्त हो सकती है। पर गुरु एक चिनगारी भर डाल देगा, उसे सुलगाना चेले का काम है—

गुरु बिरह चिनगी जो मेला। जो सुलगाइ लेइ सो चेला॥

गुरु केवल उस प्रिय (ईश्वर) के रूप का बहुत थोड़ा सा आभास भर दे सकता है—उसे शब्दों द्वारा पूर्ण रूप से व्यक्त करना असंभव है। भावना के निरंतन उत्कर्ष द्वारा शिष्य को उत्तरोत्तर अधिक साक्षात्कार प्राप्त होता जायेगा और उसके प्रेम की मात्रा बढ़ती चली जायगी।

दूरारूढ़ प्रेम में प्रिय के साक्षात्कार के अतिरिक्त और कोई (सुख आदि की) कामना नहीं होती। ऐसा प्रेम प्रिय को छोड़ किसी अन्य वस्तु का आश्रित नहीं होता। न उसे सुराही चाहिए, न प्याला, न गुलगुली गिलमे, न गलीचा। न उसमें स्वर्ग की कामना होती है, न नरक का भय। ऐसी निष्कामता का अनुभव राजा रत्नसेन भयंकर समुद्र के बीच इस प्रकार कर रहा है--

ना हौं सरग क चाहौं राजू। ना मोहि नरक सँति किछु काजू॥
चाहौं ओहिकर दरसन पावा। जेइ मोहि आनि प्रेम पथ लावा॥

प्रेम की कुछ विशेषताओं का वर्णन जायसी ने हीरामन तोते के मुँह से भी कराया है। सच्चा प्रेम एक बार उत्पन्न होकर फिर जा नहीं सकता। पहले उत्पन्न होते और बढ़ते समय तो उसमें सुख ही सुख दिखाई पड़ता है; पर बढ़ चुकने पर भारी दुःख का सामना करना पड़ता है। प्रेम बढ़ जाने पर और किसी भाव के लिये स्वतंत्र स्थान नहीं छोड़ता है। जो और भाव उत्पन्न भी होते हैं वे सब उसके अधीन और बशवर्ती होते हैं—

प्रीति बेलि जिन अरुझै कोई। अरुझे, मुए न छूटै सोई॥
प्रीति बेलि ऐसे तन डाढ़ा। पलुहत सुख, बाढ़त दुख बाढ़ा॥
प्रीति अकेलि बेलि चढ़ि छावा। दूसर बेलि न सँचरै पावा॥

पद्मावती और नागमती के विवाद में जो 'असूया' का भाव प्रकट होता है वह स्त्री-स्वभाव चित्रण की दृष्टि से है। वह प्रेम के लौकिक स्वरूप के अंतर्गत है। जिन कालिदास ने प्रेम की प्रारंभिक दशा में उर्वशी के मुँह से पुरूरवा की रानी की रूपश्री

की प्रशंसा कराकर चित्रलेखा को 'असूया पराङ्मुखं मत्रितम्' कहने का अवसर दिया उन्होंने आगे चलकर उर्वशी के लतारूप में परिणित हो जाने पर उसके संबंध में सहजन्या के मुँह से कहलाया कि 'दूरारूढ़ खलु प्रणयोऽसहन'। पर जायसी की दृष्टि इस लौकिक प्रेम से आगे बढ़ी हुई है। वे प्रेम का वह विशुद्ध रूप दिखाना चाहते हैं जो भगवत्प्रेम में परिणत हो सके। इसी से वे प्रेम की और भी दूरारूढ़ भावना करके रत्नसेन के मुँह से विवादशांति का तत्वभरा उपदेश दिलाते हैं।

प्रबंधकल्पना

किसी प्रबंध कल्पना पर और कुछ विचार करने के पहले यह देखना चाहिए कि कवि घटनाओं को किसी आदर्श परिणाम पर ले जाकर छोड़ना चाहता है अथवा यों ही स्वभाविक गति पर छोड़ना चाहता है। यदि कवि का उद्देश्य सत् और असत् का परिणाम दिखाकर शिक्षा देना होगा तो वह प्रत्येक पात्र का परिणाम वैसा ही दिखाएगा जैसा न्याय-नीति की दृष्टि से उसे उचित प्रतीत होगा। ऐसे नपे तुले परिणाम काव्यकला की दृष्टि से कुछ कृत्रिम जान पड़ते हैं।

'पद्मावत' के कथानक से यह स्पष्ट है कि घटनाओं को आदर्श परिणाम पर पहुँचाने का लक्ष्य कवि का नहीं है। यदि ऐसा लक्ष्य होता तो राघव चेतन का बुरा परिणाम बिना दिखाए वह ग्रंथ समाप्त न करता। कर्मों के लौकिक शुभाशुभ परिणाम दिखाना जायसी का उद्देश्य नहीं प्रतीत होता। संसार की गति जैसी दिखाई पड़ती है वैसे ही उन्होंने रखी है। संसार में अच्छे आदर्श चरित्रवालों का परिणाम भी आदर्श अर्थात् अत्यंत आनंदपूर्ण ही होता है और बुरे कर्म करने वालों पर अंत में आपत्ति का पहाड़ ही आ टूटता हो, ऐसा कोई निर्दिष्ट नियम नहीं दिखाई पड़ता। पर आदर्श परिणाम के विधान पर लक्ष्य न रहने पर जो भी बात बचानी चाहिए वह बच गई है। किसी सत्पात्र का न तो ऐसा भीषण परिणाम ही दिखाया गया है जिससे चित्त को क्षोभ प्राप्त होता हो और न किसी बुरे पात्र की ऐसी सुख समृद्धि ही दिखाई गई है जिससे अरुचि और उदासीनता उत्पन्न होती हो। अंतिम दृश्य से अत्यंत शांतिपूर्ण उदासीनता बरसती है। कवि की दृष्टि में मनुष्य जीवन का सच्चा अंत करुण क्रंदन नहीं, पूर्ण शांति है। राजा के मरने पर रानियाँ विलाप नहीं करती हैं, बल्कि इस लोक से अपना मुँह फेरकर दूसरे लोक की ओर दृष्टि किए आनंद के साथ पति की चिता में बैठ जाती हैं। इस प्रकार कवि ने सारी कथा का शांत रस में पर्य्यवसान किया है। पुरुषों के वीरगति प्राप्त हो जाने और स्त्रियों के सती हो जाने पर अलाउद्दीन गढ़ के भीतर घुसा और—

'छार उठाइ लीन्ह एक मूठी। दीन्ह उठाइ पिरिथिवी झूठी॥'

प्रबंध काव्य में मानवजीवन का एक पूर्ण दृश्य होता है। उसमें घटनाओं की संबद्ध शृंखला और स्वभाविक क्रम के ठीक ठीक निर्वाह के साथ साथ हृदय को स्पर्श करने वाले—उसे नाना भावों का रसात्मक अनुभव कराने वाले—प्रसंगों का समावेश होना चाहिए। इतिवृत्ति मात्र के निर्वाह से रसानुभव नहीं कराया जा सकता। उसके लिये घटनाचक्र के अंतर्गत ऐसी वस्तुओं और व्यापारों का प्रतिबिंबवत् चित्रण चाहिए जो श्रोता के हृदय में रसात्मक तरंगे उठाने में समर्थ हो। अत: कवि को कहीं तो घटना

का संकोच करना पड़ता है, कहीं विस्तार।

घटना का संकुचित उल्लेख तो केवल इतिवृत्त मात्र होता है। उसमें एक एक ब्यौरे पर ध्यान नहीं दिया जाता और न पात्रों के हृदय की झलक दिखाई जाती है। प्रबंध-काव्य के भीतर ऐसे स्थल रसपूर्ण स्थलों की केवल परिस्थिति की सूचना देते हैं। इतिवृत्त रूप इन वर्णनों के बिना उन परिस्थितियों का ठीक परिज्ञान नहीं हो सकता जिनके बीच पात्रों को देखकर श्रोता उनके हृदय की अवस्था का अपनी सहृदयता के अनुसार अनुमान करते हैं। यदि परिस्थिति के अनुकूल पात्र के भाव नहीं है तो विभाव, अनुभाव और संचारी द्वारा उनकी अत्यंत विशद व्यंजना भी फीकी लगती है। प्रबंध और मुक्तक में यह बड़ा भारी भेद होता है। मुक्तक में किसी भाव की रसपद्धति के अनुसार अच्छी व्यंजना हो गई, बस। पर प्रबंध में इस बात पर भी ध्यान रहता है कि वह भाव परिस्थिति के अनुरूप है या नहीं। पात्र की परिस्थिति भी सहृदय श्रोता के हृदय में भाव का उद्‌बोधन करती है। उसके ऊपर से जब श्रोता के भाव के अनुकूल उसकी पूर्ण व्यंजना भी पात्र द्वारा हो जाती है तब रस की गहरी अनुभूति उत्पन्न होती है। 'वनवासी राम स्वर्णमृग को मार जब कुटी पर लौटे तब देखा कि सीता नहीं है' यह इतिवृत्तमात्र है; पर यह सहृदयों के हृदय को उस दुःखानुभव की ओर प्रवृत्त कर देता है, जिसकी व्यंजना राम ने अपने विरहवाक्यों में की है। इसी बात को ध्यान में रखकर विश्वनाथ ने कहा है कि प्रबंध के रस से नीरस पद्यों में भी रसवत्ता मानी जाती है—रसवत्पद्यांतर्गतनीरसपदानामिव पद्यरसेन प्रबंधरसेनैव तेषां रसवृत्ताङ्गीकारात।

जिनके प्रभाव से सारी कथा में रसात्मकता आ जाती है वे मनुष्य जीवन के मर्मस्पर्शी स्थल हैं जो कथा प्रवाह के बीच बीच में आते रहते हैं। यह समझिए कि काव्य में कथावस्तु की गति इन्हीं स्थलों तक पहुँचने के लिए होती है। 'पद्मावत' में ऐसे स्थल बहुत से हैं—जैसे, मायके के कुमारियों की स्वच्छंद क्रीड़ा, रत्नसेन के प्रस्थान पर नागमती आदि का शोक, प्रेममार्ग के कष्ट, रत्नसेन को सूली की व्यवस्था, उस दंड के संवाद से विप्रलंभ दशा में पद्मावती की करुण सहानुभूति, रत्नसेन और पद्मावती का संयोग, सिंहल से लौटते समय की सामुद्रिक घटना से दोनों की विह्वल स्थिति, नागमती की विरह दशा और वियोगसंदेश, उस संदेश को पाकर रत्नसेन की स्वाभाविक प्रणयस्मृति, अलाउद्दीन के संदेसे पर रत्नसेन का गौरवपूर्ण रोष और युद्धत्साह, गोरा-बादल की स्वामिभक्ति और क्षात्रतेज से भरी प्रतिज्ञा, अपनी सजलनेत्रा भोली भाली नवागत वधू की ओर पीठ फेर बादल का युद्ध के लिये प्रस्थान, देवपाल की दूती के आने पर पद्मावती द्वारा सतीत्वगौरव की अपूर्व व्यंजना, पद्मावती और नागमती का उत्साहपूर्ण सहगमन, चित्तौड़ की दशा इत्यादि। इनमें से पाँच स्थल तो बहुत ही अगाध और गंभीर हैं—नागमती वियोग, गोरा-बादल प्रतिज्ञा, कुँवर बादल का घर से निकल कर युद्ध के लिये प्रस्थान, दूत के निकट पद्मावती द्वारा सतीत्व गौरव की व्यंजना और सहगमन। ये पाँचों प्रसंग ग्रंथ के उत्तरार्द्ध में हैं। पूर्वार्द्ध में तो प्रेम ही प्रेम है; मानव जीवन की ओर और उदात्त वृत्तियों को कुछ समावेश है वह उत्तरार्द्ध में है।

जायसी के प्रबंध की परीक्षा के लिए सुभीते के विचार से हम उसके दो विभाग कर सकते हैं—इतिवृत्तात्मक और रसात्मक।

पहले इतिवृत्त लीजिए। प्रबंधकाव्य में इतिवृत्त की गति इस ढंग से होनी चाहिए कि मार्ग में जीवन की ऐसी बहुत सी दशाएँ पड़ जायँ जिनमें मनुष्य के हृदय में भिन्न भिन्न भावों का स्फुरण होता है और जिनका सामान्य अनुभव 'प्रत्येक मनुष्य' स्वभावत: कर सकता है। इन्हीं स्थलों में रसात्मक वर्णनों की प्रतिष्ठा होती है। अत: इनमें एक प्रकार से इतिवृत्त या कथा के प्रवाह का विराम सा रहता है। ऐसे रसात्मक वर्णन यदि छोड़ भी दिये जायँ तो वृत्त खंडित नहीं होता। रसानुकूल परिस्थिति तक श्रोता को पहुँचाने के लिये बीच बीच में घटनाओं के सामान्य कथन या उल्लेख मात्र को ही शुद्ध इतिवृत्त समझना चाहिए, जैसी कि 'रामचरितमानस' की ये चौपाइयाँ हैं—

आगे चले बहुरि रघुराया। ऋष्यमूक पर्वत नियराया॥
तहँ रह सचिव सहित सुग्रीवा। आवत देखि अतुल बल सीवा॥
अति सभीत कह सुनु हनुमाना। पुरुष जुगल बल-रूप निधाना॥
धरि बटुरूप देखू तै जाई। कहेसि जानि जिय सैन बुझाई॥

हितोपदेश, कथासरित्सागर, सिंहासन बत्तीसी, बैताल पच्चीसी आदि की कहानिगाँ इतिवृत्त रूप में ही हैं, इसी से उन्हें कोई काव्य नहीं कहता। ऐसी कहानियों से भी श्रोता या पाठक का मनोरंजन होता है पर वह काव्य के मनोरंजन से भिन्न होता है। रसात्मक वाक्यों में मनुष्य के हृदय की वृत्तियाँ लीन होती हैं और इतिवृत्त से उसकी जिज्ञासा वृत्ति तुष्ट होती है। 'तब क्या हुआ?' इस वाक्य द्वारा श्रोता अपनी जिज्ञासा प्राय: प्रकट करते हैं। इससे प्रत्यक्ष है कि जो कहा गया है उसमें कुछ देर के लिये भी श्रोता का हृदय रमा नहीं है, आगे की बात जानने की उत्कंठा ही मुख्य है। कोरी कहानियों में मनोरंजन इसी कुतूहलपूर्ण जिज्ञासा के रूप में होता है। उनके द्वारा हृदय की वृत्तियों (रति, शोक आदि) का व्यायाम नहीं होता; जिज्ञासा वृत्ति का व्यायाम होता है। उनका प्रधान गुण घटना-वैचित्र्य द्वारा कुतूहल को बनाए रखना ही होता है। कही जाने वाली कहानियाँ अधिकतर ऐसी ही होती हैं। पर कुछ कहानियाँ ऐसी भी जनसाधारण के बीच प्रचलित होती हैं जिनके बीच बीच में भावोद्रेक करने वाली दशाएँ भी पड़ती चलती हैं। इन्हें हम रसात्मक कहानियाँ कह सकते हैं। इनमें भावुकता का अंश बहुत कुछ होता है और ये अनपढ़ जनता के बीच प्रबंधकाव्य का ही काम देती हैं। इनमें जहाँ जहाँ मार्मिक स्थल आते हैं वहाँ वहाँ कथोपकथन आदि के रूप में कुछ पद्य या गाना रहता है।

ऐसी रसात्मक कहानियों का घटनाचक्र ही ऐसा होता है जिसके भीतर सुख-दु:ख पूर्ण जीवनदशाओं का बहुत कुछ समावेश रहता है। पहले कहा जा चुका है कि 'पद्मिनी और हीरामन तोते की कहानी' इसी प्रकार की है। इसके घटनाचक्र के भीतर प्रेम, वियोग, माता की ममता, यात्रा का कष्ट, विपत्ति, आनंदोत्सव, युद्ध, जय, पराजय आदि के साथ-साथ विश्वासघात, बैर, छल, स्वामिभक्ति, पतिव्रत, वीरता आदि का भी विधान है। पर 'पद्मावत' शृंगार प्रधान काव्य है। इसी से इसके घटनाचक्र के भीतर जीवनदशाओं और मानवसंबंधों की वह अनेकरूपता नहीं है जो रामचरित मानस में है। इसमें रामायण की अपेक्षा बहुत मानव दशाओं और संबंधों का रसपूर्ण प्रदर्शन और बहुत कम प्रकार के चरित्रों का समावेश है। इसका मुख्य कारण यह है कि जायसी का

लक्ष्य प्रेमपथ का निरूपण है। जो कुछ हो, यह अवश्य मानना पड़ता है कि रसात्मक के संचार के लिये प्रबंधकाव्य का जैसा घटनाचक्र चाहिए पद्मावत का वैसा ही है। चाहे इसमें अधिक जीवनदशाओं को अंतर्भूत करने वाला विस्तार और व्यापक तत्व न हो, पर इसका स्वरूप बहुत ठीक है।

संबंध-निर्वाह

प्रबंधकाव्य में बड़ी भारी बात है संबंधनिर्वाह। माघ ने कहा है—

बह्वपि स्वेच्छया कामं प्रकीर्णमभिधीयते।
अनुज्झितार्थसंबंधः प्रबन्धों दुरुदाहरः॥

जायसी का संबंधनिर्वाह अच्छा है। एक प्रसंग से दूसरे प्रसंग की शृंखला बराबर लगी हुई है। कथाप्रवाह खंडित नहीं है जैसा केशव की 'रामचंद्रिका' का है, जो अभिनय के लिये चुने हुए फुटकर पद्यों का संग्रह सी जान पड़ती है। जायसी में विराम अवश्य है—जो कहीं-कहीं अनावश्यक है—पर विवरण का लोप नहीं है जिससे प्रवाह खंडित होता है।

हमारे आचार्यों ने कथावस्तु दो प्रकार की कही—आधिकारिक और प्रासंगिक। अतः संबंधनिर्वाह पर विचार करते समय सबसे पहले तो यह देखना चाहिए कि प्रासंगिक कथाओं का जोड़ आधिकारिक वस्तु के साथ अच्छी तरह मिला हुआ है या नहीं अर्थात् उनका आधिकारिक वस्तु के साथ ऐसा संबंध है या नहीं। जिससे उसकी गति में कुछ सहायता पहुँचती हो। जो वृतांत इस प्रकार संबद्ध न होगें, वे ऊपर से व्यर्थ ठूँसे हुए मालूम होंगे चाहे उनमें कितनी ही अधिक रसात्मकता हो। 'हितोपदेश' में एक कथा के भीतर कोई जो दूसरी कथा कहने लगता है या 'अलिफलैला' में एक कहानी के भीतर का कोई पात्र जो दूसरी कहानी छेड़ बैठता है वह मुख्य कथाप्रवाह से संबद्ध नहीं कही जा सकती। पद्मावत में कई प्रासंगिक वृत्त है—जैसे, हीरामन तोता खरीदने वाले ब्राह्मण का वृत्तांत, राघव चेतन का हाल, बाद का प्रसंग—जिनका आधिकारिक वस्तु के प्रवाह पर पूरा प्रभाव है। उनके कारण आधिकारिक वस्तुस्रोत का मार्ग बहुत कुछ निर्धारित हुआ है। प्रांसगिक वस्तु ऐसी ही होनी चाहिए जो आधिकारिक वस्तु की गति आगे बढ़ाती या किसी ओर मोड़ती हो, जैसे देवपाल के वृत्त ने अलाउद्दीन के फिर चित्तौड़ पहुँचने के पहले ही रत्नसेन के जीवन का अंत कर दिया।

यह तो हुई प्रांसगिक कथा की बात जिसमें प्रधान नायक के अतिरिक्त किसी अन्य का वृत्त रहता है। अब आधिकारिक वस्तु की योजना पर आइये। सबसे पहले तो यह प्रश्न उठता है कि प्रबंध काव्य में क्या जीवनचरित के समान उन सब बातों का विवरण होना चाहिए जो नायक के जीवन में हुई हों। संस्कृत के प्रबंधकाव्यों को देखने से पता चलता है कि कुछ में तो इस प्रकार का विवरण होता है और कुछ में नहीं, कुछ की दृष्टि तो व्यक्ति पर होती है और कुछ की किसी प्रधान घटना पर। जिनकी दृष्टि व्यक्ति पर होती है उसमें नायक के जीवन की सारी मुख्य घटनाओं का वर्णन—गौरववृद्धि या गौरवरक्षा के ध्यान से अवश्य कहीं कहीं कुछ उलटफेर के साथ—होता है। जिनकी दृष्टि किसी मुख्य घटना पर होती है उनका सारा वस्तुविन्यास

उस घटना के उपक्रम के रूप में होता है। प्रथम प्रकार के प्रबंधों को हम व्यक्ति प्रधान कह सकते हैं जिसके अंतर्गत रघुवंश, बुद्धचरित, विक्रमांकदेवचरित आदि हैं। दूसरे प्रकार के घटना प्रधानप्रबंधों के अंतर्गत कुमारसंभव, किरातार्जुनीय, शिशुपालबध आदि हैं। 'पद्मावत' को इसी दूसरे प्रकार के प्रबंध के अंतर्गत समझना चाहिए।

कहने की आवश्यकता नहीं कि दृश्य काव्य का स्वरूप भी घटनाप्रधान ही होता है। अत: इस प्रकार के प्रबंध के वस्तुविन्यास की समीक्षा बहुत कुछ दृश्य काव्य के वस्तुविन्यास के समान ही होनी चाहिए। जैसे दृश्य काव्य का वैसे ही प्रत्येक घटनाक्रम प्रबंध काव्य का एक 'कार्य' होता है जिसके लिये घटनाओं का सारा आयोजन होता है; जैसे, रामचरित में रावण का वध अत: घटनाप्रधान प्रबंध काव्य में उन्हीं वृत्तांतों का सन्निवेश अपेक्षित होता है जो उस साध्य 'कार्य' के साधन मार्ग में पड़ते हैं अर्थात् जिनका उस कार्य से संबंध होता है। प्राचीन यवन आचार्य अरस्तू ने इसका विचार अपने काव्य 'काव्य सिद्धांत' के आठवें प्रकरण में किया है और यह अब भी पाश्चात्य समालोचकों में 'कार्यान्वय' (यूनिटी आफ ऐक्शन) के नाम से प्रसिद्ध है।

'पद्मावत' में कार्य है पद्मावती का सती होना। उसकी दृष्टि से राघव चेतन का उतना ही वृत्त आया है जितने का घटनाओं के 'कार्य' की ओर अग्रसर करने में योग्य है। इसी सिद्धांत पर न तो चित्तौड़ की चढ़ाई के उपरांत रावव की कोई चर्चा आती है और न विवाह के उपरांत तोते की। यहाँ पर दो प्रसंगों पर विचार कीजिए—सिंहल से लौटते समय समुद्र के तूफान के प्रसंग पर और देवपाल के दूती भेजने के प्रसंग पर। तूफानवाली घटना यद्यपि प्रधान नायक के जीवन की घटना है पर यों देखने में 'कार्य' के साथ उसका संबंध नहीं जान पड़ता। वह केवल भाग्य की अस्थिरता, संयोग की आकस्मिकता और विरह की विह्वलता दिखाने तथा लोभ के विरुद्ध शिक्षा देने के निमित्त लाई जान पड़ती है। पर उक्त उद्देश्य प्रधान होने पर भी वह घटना 'कार्य्य' से बिलकुल असंबद्ध नहीं है। कवि ने बड़े कौशल से सूक्ष्म संबंधसूत्र रखा है। उसी घटना के अंतर्गत रत्नसेन की समुद्र से पाँच रत्न प्राप्त हुए थे। जब अलाउद्दीन से चित्तौड़गढ़ न टूट सका तब उसने संधि के लिये वे ही पाँच रत्न रत्नसेन से माँगे। अत: वे ही पाँच रत्न उस संधि के हेतु हुए जिनके द्वारा बादशाह का गढ़ में प्रवेश और रत्नसेन का बंधन हुआ। प्रबंधनिपुणता यही है कि जिस घटना का सन्निवेश हो वह ऐसी हो कि 'कार्य' से दूर या निकट का संबंध भी रखती हो और नये-नये विशद भावों की व्यंजना का अवसर भी देती हों। देवपाल की दूती का आना भी इसी प्रकार की घटना है जो सतीत्वगौरव की अपूर्व व्यंजना के लिये अवकाश भी निकालती है और रत्नसेन की उस मृत्यु का हेतु भी होती है जो 'कार्य' का (पद्मावती के सती होने का) कारण है।

'कार्यान्वयन' के अंतर्गत ही यवनाचार्य ने कहा है कि कथावस्तु के आदि, मध्य और अंत तीनों स्फुट हों। आदि से आरंभ होकर कथाप्रवाह मध्य में जाकर कुछ ठहरा सा जान पड़ता है, फिर चट 'कार्य' की ओर मुड़ पड़ता है। 'पदमावत' की कथा में हम तीनों अवस्थाओं को अलग-अलग बता सकते हैं। पद्मावती के जन्म से लेकर रत्नसेन के सिंहलगढ़ घेरने तक कथाप्रवाह का आदि समझिए, विवाह से लेकर

सिंहलद्वीप से प्रस्थान तक मध्य और राघव चेतन के देशनिर्वासन से लेकर पद्मिनी के सती होने तक अंत। आदि वंश की सब घटनाएँ मध्य अर्थात् विवाह की ओर उन्मुख हैं। विवाह के उपरांत जो उत्सव, समागम और सुखभोग आदि का वर्णन है उसे मध्य का विराम समझिए। उसके उपरांत राघव चेतन के निर्वासन से घटनाओं का प्रवाह 'कार्य' की ओर मुड़ता है।

प्राचीनों के अनुसार 'कार्य' महत्वपूर्ण होना चाहिए; नैतिक, सामाजिक या धार्मिक प्रभाव की दृष्टि से 'कार्य' बड़ा होना चाहिए, जैसा 'रामचरित' में रावण का वध और 'पदमावत' में पद्मिनी का सती होना। आधुनिक पाश्चात्य काव्यमर्मज्ञ यह आवश्यक नहीं मानते। काउपर, बर्न्स वर्डस्वर्थ के प्रभाव से अँगरेजी काव्यक्षेत्र में जो विचारविप्लव घटित हुआ उसके अनुसार जिस प्रकार साधारण दीन जीवन के दृश्य काव्य के उपयुक्त विषय हो सकते हैं उसी प्रकार साधारण 'कार्य' भी। इस संबंध में आज से पचहत्तर वर्ष पहले प्रसिद्ध साहित्यमर्मज्ञ मैथ्यू आर्नल्ड ने कहा है—

"मैं यह नहीं कहता कि कवित्वशक्ति का विकास साधारण से साधारण 'कार्य' के वर्णन में नहीं हो सकता या नहीं होता है। पर यह खेद की बात है कि कवि विषय से भी और शक्ति तथा रोचकता प्राप्त करते हुए अपनी प्रभविष्णुता को दूनी न करके विषय को यही अपनी कवित्वशक्ति से जबरदस्ती शक्ति और रोचकता प्रदान कराए।"[1]

इस प्रकार आर्नल्ड ने प्राचीन आदर्श का समर्थन किया है। जो हो; जायसी का भी यही आदर्श है। उन्होंने भी अपने काव्य के लिये 'महत्कार्य' चुना है जिसका आयोजन करने वाली घटनाएँ भी बड़े डील-डौल की हैं—जैसे, बड़े-बड़े कुँवरों और सरदारों की तैयारी, राजाओं और बादशाहों की लड़ाई इत्यादि। इसी प्रकार दृश्यवर्णन भी ऐसे ऐसे आते हैं, जैसे गढ़ वाटिका, राजसभा, राजसी भोज और उत्सव आदि के वर्णन।

संबंधनिर्वाह के अंतर्गत ही गति के विराम का विचार कर लेना चाहिए। यह कहना पड़ता है कि 'पद्मावत' में कथा की गति के बीच-बीच में अनावश्यक विराम बहुत से हैं। मार्मिक परिस्थिति के विवरण और चित्रण के लिये घटनावली का जो विराम पहले कह आए हैं वह तो काव्य के लिए अत्यंत आवश्यक विराम है क्योंकि उसी से सारे प्रबंध में रसात्मकता आती है, पर उसके अतिरिक्त केवल पांडित्यप्रदर्शन के लिये, केवल जानकारी प्रकट करने के लिये, केवल अपनी अभिरुचि के अनुसार असंबद्ध प्रसंग छेड़ने के लिये या इसी प्रकार की और बातों के लिए जो विराम होता है वह अनावश्यक होता है। जायसी के कथाप्रवाह में इस प्रकार के अनावश्यक विराम बहुत से हैं। बहुत स्थलों पर तो ऐसा विराम कुछ दिनों से चली हुई उस भद्दी वर्णन परंपरा का अनुसरण है जिसमें वस्तुओं के बहुत से नाम और भेद गिनाए जाते हैं—जैसे

---

1. नार डू आइ डिनाइ दैट द पोएटिक फैकल्टी कैन ऐंड सडज मैनिफेस्ट इटसेल्फ इन ट्रीटिंग द मोस्ट ट्राइफ्लिग एक्शन, द मोस्ट होपलेस सब्जेक्ट, बट इट इज ए पिटी दैट पावर शुड दी कपेल्ड टु इंपार्ट इंटरेस्ट ऐंड इट्स फ्रोर्स, इंस्टीड आव रिसीविंग देम फ्राम इट, एंड देयरबाइ इब्लिग इंप्रेसिवनेस।—प्रीफेस टु पोएम्स।

सिंहलद्वीप वर्णन खंड में फलों, फूलों और घोड़ों के नाम, रत्नसेन के विवाह और बादशाह की दावत में पकवानों और व्यंजनों की बड़ी लंबी सूची। कुछ स्थलों पर तो केवल विषयों की जानकारी के लिए ही अनावश्यक विवरण जोड़े गए हैं—जैसे, पद्मावती के प्रथम समागम के अवसर पर सोलह शृंगारों और बारह आभरणों के नाम, सिंहलद्वीप से रत्नसेन ओर पद्मावती की यात्रा के समय फलित ज्योतिष के यात्राविचार की पूरी उद्धरणी, राघव का बादशाह के सामने पद्मिनी, चित्रणी आदि स्त्री-भेद-कथन।

कई स्थलों पर तो 'गूढ़ बानी' का दम भरने वाले मूर्खपंथियों के अनुकरण पर कुछ पारिभाषिक शब्दों से ढँकी हुई थिगलियाँ व्यर्थ जोड़ी जान पड़ती है, जैसे, विवाह के समय भोजन के अवसर पर बाजा न बजने पर यह कथोपकथन—

तुम पंडित जानहु सब भेदू। पहिले नाद भएउ तब वेदू॥
आदि पिता जो विधि अवतारा। नाद संग जिउ ज्ञान सँचारा॥
नाद, वेद, मद, पैड़ जो चारी। काया महँ ते लेहु विचारी॥
नाद हिये, मद उपनै काया। जहँ मद तहँ पैड़ नहीं छाया॥

अथवा प्रथम समागम के समय सखियों द्वारा पद्मावती के छिपाए जाने पर राजा रत्नसेन का यह रसायनी प्रलाप—

का पूछहू तुम धातु, निछोही। जो गुरु कीन्ह अँतरपट ओही॥
सिधि गुटिका अब मो सँग कहा। भएउँ राँग, सत हिये न रहा॥
सो न रूप जासौं दुख खोलौं। गएउ भरोस तहाँ का बोलौं?॥
जहँ लोना विरवा कै जाती। कहि कै संदेस आन को पाती?॥
कै जो पार हरतार करीजै। गंधक देखि अबहि जिउ दीजै॥
तुम जोरा कै सूर मयंकू। पुनि बिछोहि सो लीन कलंकू॥

इन उक्तियों में 'सोन', 'रूप', 'लोना', 'जारा के' आदि में श्लेष और मुद्रा का कुछ चमत्कार अवश्य है पर यह सारा कथन रस में सहायता पहुँचाता नहीं जान पड़ता। कुछ समाधान यह कह कर किया जा सकता है कि राजा रत्नसेन भी जोगी होकर अनेक प्रकार के साधुओं का सत्संग कर चुका था इससे विप्रलब्ध दशा में उसका यह पारिभाषिक प्रलाप बहुत अनुचित नहीं। पर कवि ने इस दृष्टि से उसकी योजना नहीं की है। पारिभाषिक शब्दों से भरे कुछ प्रसंग घुसेड़ने का जायसी को शौक ही रहता है, जैसे पद्मावती के मुँह से 'तौ लगि रंग न राँचे जौ लगि होई न चून' सुनते ही राजा रत्नसेन पानों की जातियाँ गिनाने लगता है—

हौं तुम नेह पियर भा पानू। पेड़ी हुँत सोनरास बखानू॥
सुनि तुम्हार संसार बड़ौना। जोग लीन्ह, तन कीन्ह गड़ौना॥
फेरि फेरि तन कीन्ह भुँजौना। औटि रकत रँग हिरदय औना॥

एक देश प्रसिद्ध ऐसे शब्दों के प्रयोग से जो 'अप्रतीतत्व' दोष आता है वह इस अनावश्यक विराम के बीच और भी खटकता है। कहीं कहीं तो जायसी कोई शब्द

पकड़ लेते हैं और उस पर यों ही बिना प्रसंग के उक्तियाँ बाँध चलते हैं—जैसे, बादशाह की दावत के प्रकरण में पानी का जिक्र आया कि 'पानी' को ही लेकर वे यह ज्ञानचर्चा छेड़ चले—

पानी मूल परख जौ कोई। पानी बिना सवाद न होई॥
अमृतपान यह अमृत आना। पानी सौं घट रहै पराना॥
पानी दूध औ पानी घीऊ। पानि घटे घट रहै न जीऊ॥
पानी माँझ समानी जोती। पानिहि उपजै मानिक मोती॥
सो पानी मन गरब न करई। सीस नाइ खाले पग धरई॥

जायसी के प्रबंधविस्तार पर और कुछ विचार करने के पहले हमने उसके दो विभाग किए थे—इतिवृत्तात्मक और रसात्मक। इतिवृत्त की दृष्टि से तो विचार हो चुका। अब रसात्मक विधान की भी थोड़ी बहुत समीक्षा आवश्यक है। इतिवृत्त के विषय में यह कहा जा चुका है कि 'पदमावत' के घटनाचक्र के भीतर ऐसे स्थलों का पूरा सन्निवेश है जो मनुष्य की रागात्मिका प्रकृति का उद्‌बोधन कर सकते हैं, उसके हृदय को भावमग्न कर सकते हैं। अब देखना यह है कि कवि ने घटनाक्रम के बीच उन स्थलों को पहचानकर उनका कुछ विस्तृत वर्णन किया है या नहीं। किसी कथा के सब स्थल ऐसे नहीं होते जिनमें मनुष्य की रागात्मिका वृत्ति लीन होती है। एक उदाहरण लीजिए। किसी वणिक को व्यापार में घाटा आया जिसके कारण उसके परिवार की दशा बहुत बुरी हो गई। कवि यदि इस घटना को लेगा तो वह घाटा किस प्रकार आया, पूरे ब्यौरे के साथ उसका सूक्ष्म वर्णन न करके दीन दशा का ही विस्तृत वर्णन करेगा। पर यदि व्यापार शिक्षा की किसी पुस्तक में यह घटना ली जायेगी तो उसमें घाटे के कारण आदि का पूरा सूक्ष्य ब्यौरा होगा। 'पद्मावत' की कथा पर विचार करके हम कह सकते हैं कि उसमें जिन-जिन स्थलों का वर्णन अधिक ब्यौरे के साथ हैं—ऐसे ब्यौरे के साथ है जो इतिवृत्त मात्र के लिये आवश्यक नहीं, जैसे, किसी का वचन, संवाद या वस्तु व्यापारचित्रण—वे सब रागात्मिका वृत्ति से संबंध रखने वाले हैं; केवल उन प्रसंगों को छोड़ जिनका उल्लेख 'अनावश्यक विराम' के अंतर्गत हो चुका है। काव्यों में विस्तृत विवरण दो रूपों में मिलते हैं—

(1) कवि द्वारा वस्तु-वर्णन के रूप में।

(2) पात्र द्वारा भाव-व्यंजना के रूप में।

कवि द्वारा वस्तुवर्णन

वस्तु वर्णन-कौशल से कवि लोग इतिवृत्तात्मक अंशों को भी सरस बना सकते हैं। इस बात में हम संस्कृत के कवियों को अत्यंत निपुण पाते हैं। भाषा के कवियों में वह निपुणता नहीं पाई जाती। मार्ग चलने का ही एक छोटा सा उदाहरण लीजिए। राम किष्किंधा की ओर जा रहे हैं। तुलसीदास जी इसका कथन इतिवृत्त के रूप में इस प्रकार करते हैं—

आगे चले बहुरि रघुराया। ऋष्यमूक पर्वत नियराया॥

किसी पर्वत की ओर जाते समय दूर से उसका दृश्य कैसा जान पड़ता है, फिर

ज्यों ज्यों उसके पास पहुँचते हैं त्यों त्यों उस दृश्य में किस प्रकार का अंतर पड़ता जाता है, पहाड़ी मार्ग के आस पास का दृश्य कैसा हुआ करता है,यह सब ब्यौरा उक्त कथन में या उसके आगे कुछ भी नहीं है। वही रघुवंश के द्वितीय सर्ग में दिलीप, उसकी पत्नी और नंदिनी गाय के 'मार्ग चलने का दृश्य' देखिए। आसपास की प्राकृतिक परिस्थिति का कैसा सूक्ष्य बिंबग्रहण कराता हुआ कवि चला है। चलने में मार्ग का स्वरूप को ही दे।खए कवि ने कैसा प्रत्यक्ष किया है—

तस्याः खुरन्यासपवित्रपांसुमपांसुलानां धुरि कीर्त्तनीया।
मार्ग मनुष्येश्वर-धर्मपत्नी श्रुतेरिवार्थं स्मृतिरन्वगच्छत्॥

'गाय के पीछे पीछे पगडंडी पर सुदक्षिणा चली' इतना ही तो इतिवृत्त है, पर 'जिसको धूल पर नंदिनी के खुर के चिह्न पड़ते चलते हैं। यह विशेषण वाक्य देकर कवि ने उस मार्ग का चित्र भी खड़ा कर दिया है। वस्तुओं की ऐसी संश्लिष्ट योजना द्वारा बिंबग्रहण कराने का—वस्तुओं का अलग अलग नाम लेकर अर्थग्रहण मात्र कराने का नहीं—प्रयत्न हिंदी कवियों में बहुत ही कम दिखाई पड़ता है। अत: जायसी में भी हम इसका आभास बहुत कम पाते हैं। इन्होंने जहाँ जहाँ वस्तुवर्णन किया है वहाँ वहाँ भाषाकवियों को पृथक्-पृथक् वस्तुपरिगणनवाली शैली ही पर अधिकतर किया है। अत: ये वर्णन परंपरामुक्त ही कहे जा सकते हैं। केवल वस्तुपरिगणन में नवीनता कहाँ तक आ सकती है? ऋतु का वर्णन होगा तो उस ऋतु में फलने-फूलने वाले पेड़ पौधों और दिखाई पड़ने वाले पक्षियों के नाम होंगे, वन का वर्णन होगा तो कुछ इने-गिने जंगली पेड़ों के नाम आ जायँगे, नगर या हाट का वर्णन होगा तो बाग, बगीचों, मकानों और दुकानों का उल्लेख होगा। नवीनता की संभावना तो कवि के निज परीक्षण द्वारा प्रत्यक्ष की हुई वस्तुओं और व्यापारी की संश्लिष्ट योजना में ही हो सकती हैं। सामग्री नई नहीं होती, उसकी योजना नए रूप में होती है।

ऊपर लिखी बात का ध्यान रखते हुए भी यह मानना पड़ता है कि वस्तुवर्णन के लिये जायसी ने घटना चक्र के बीच उपयुक्त स्थलों को चुना है और उनका विस्तृत वर्णन अधिकतर भाषाकवियों की पद्धति पर होते हुए भी बहुत ही भावपूर्ण हैं। अब संक्षेप में कुछ मुख्य स्थलों का उल्लेख किया जाता है जिन्हें वर्णनविस्तार के लिये जायसी ने चुना है।

सिंहलद्वीप वर्णन—इसमें बगीचों, सरोवरों, कुओं, बावलियों, पक्षियों, नगर, हाट, गढ़, राजद्वार और हाथी घोड़ों का वर्णन है। अमराई की शीतलता और सघनता का अंदाज इस वर्णन से कीजिए—

घन अमराउ लाग चहुँ पासा। उठा भूमि हुँत लागि अकासा॥
तरिवर सबै मलयगिरि लाई। भइ जग छाँह, रैनि होइ आई॥
मलय समीर सोहावनि छाँहा। जेठ जाड़ लागै तेहि माहाँ॥
ओही छाँह रैनि होइ आवै। हरियर सबै अकास देखावै॥
पथिक जो पहुँचे सहिकै घामू। दुख बिसरै, सुख होइ बिसरामू॥

इतना कहते कहते कवि का ध्यान ईश्वर के सामीप्य की भावना की ओर चला जाता है और वह उस अमर धाम की ओर, जहाँ पहुँचने पर भवताप से निवृत्ति हो

जाती है, इस प्रकार संकेत करता है—

जेइ पाई वह छाँह अनूपा। फिरि नहिं आइ सहै यह धूपा॥

कवि की यही पारमार्थिक प्रवृत्ति उसे हेतूत्प्रेक्षा की ओर ले जाती है। ऐसा जान पड़ता है, मानो उसी अमराई की छाया से संसार में रात होती है और आकाश हरा (प्राचीन दृष्टि हरे और नीले में भेद नहीं करती थी) दिखाई देता है।

जैसा कि पहले कहा जा चुका है, जिन दृश्यों का माधुर्य भारतीय हृदय पर चिरकाल से अंकित चला आ रहा है उन्हें चुनने की सहृदयता जायसी का एक विशेष गुण है। भारत के शृंगारप्रिय हृदयों में 'पनिघट का दृश्य' एक विशेष स्थान रखता है। बूढ़े केशवदास ने पनिघट ही पर बैठे बैठे अपने सफेद बालों को कोसा था। सिंहल के पनिघट का वर्णन जायसी इस प्रकार करते हैं—

पानि भरै आवहिं पनिहारी। रूप सुरूप पदमिनी नारी॥
पद्म गंध तिन्ह अंग बसाहीं। भँवर लागि तिन्ह संग फिराहीं॥
लंग सिंघिनी, सारँग नैनी। हंस गामिनी, कोकिल बैनी॥
आवहिं झुंड सो पाँतिहि पाँती। गवन सोहाइ सो भाँतिहि भाँति॥
कनक कलस, मुख चंद दिपाहीं। रहस केलि सन आवहिं जाहीं॥
जा सहुँ वै हेरहिं चख नारी। बाँक नैन जनु हनहिं कटारी॥
केस मेघावर सिर ता पाईं। चमकहिं दसन बीजु कै नाईं॥

पद्मावती का अलौकिक रूप ही सारी आख्यायिका का आधार है। अतः कवि इन पनिहारियों के रूप की झलक दिखाकर पद्मावती के रूप के प्रति पहले से ही इस प्रकार उत्कंठा उत्पन्न करता है—

माथे कनक गागरी आवहिं रूप अनूप।
जेहिके अस पनिहारी सो रानी केहि रूप?

बाजार के वर्णन में 'हिंदू हाट' की अच्छी झलक मिल जाती है—

कनक हाट सब कुहँकुहँ लीपी। बैठ महाजन सिंघलदीपी॥
सोन रूप भल भएउ पसारा। धवल सिरी पोते घर बारा॥

जिस प्रकार नगर हाट के वर्णन से सुखसमृद्धि टपकती है उसी प्रकार गढ़ और राजद्वार के अतिशयोक्तिपूर्ण वर्णन से प्रताप और आतंक—

निति गढ़ बाँचि चलै ससि सूरू। नाहिं त होइ बाजि रथ चूरू॥
पौरी नवौ वज्र कै साजी। सहस सहस तहँ बैठे पाजी॥
फिरहिं पाँच कोटवार सुभौंरी। काँपै पाँव चपत वह पौरी॥

जल क्रीड़ा वर्णन—सिंहलद्वीप वर्णन के उपरांत सखियों सहित पद्मावती की जलक्रीड़ा का वर्णन है (दे० मानसरोदक खंड) यद्यपि जायसी ने इस प्रकरण की योजना कौमार अवस्था के स्वाभाविक उल्लास और मायके की स्वच्छंदता की व्यंजना के लिये की है, पर सरोवर के जल में घुसी हुई कुमारियों का मनोहर

दृश्य भी दिखाया है और जल में उनके केशों के लहराने आदि का चित्रण भी किया है—

घरी तीर सब कंचुकि सारी। सरवर महँ पैठी सब नारी॥
पाइ नीर जानहु सब बेली। हुलसहिं करहिं काम के केली॥
करिल केस बिसहर बिस भरे। लहरैं लेहिं कवँल मुख घरे॥
नवल बसंत सँवारी करी। भई प्रगट जानहु रस भरी॥
सरवर नहिं समाइ संसारा। चाँद नहाइ पैठ लेइ तारा॥

उल्लास के अनुरूप क्रिया जायसी ने इस खेल में दिखाई है—

सँवरिहिं साँवरि, गोरिहि गोरी। आपनि आपनि लीन्हि सो जोरी॥

सिंहलद्वीप यात्रा वर्णन—वस्तुवर्णन की जो पद्धति जायसी को कही गई है उसे ध्यान में रखते हुए मार्ग वर्णन जैसा चाहिए वैसे की आशा नहीं की जा सकती। चित्तौड़ से कलिंग तक जाने में मार्ग में न जाने कितने वन, पर्वत, नदी, निर्झर, ग्राम, नगर तथा भिन्न-भिन्न आकृत प्रकृति के मनुष्य इत्यादि पड़ेंगे पर जायसी ने उनका चित्रण करने की आवश्यकता नहीं समझी। केवल इतना ही कहकर वे छुट्टी पा गए—

है आगे परबत कै बाटा। विषम पहार अगम सुठि घाटा॥
बिच बिच नदी खोह औ नारा। ठाँवहिं ठाँव बैठ बटपारा॥

प्राकृतिक दृश्यों के साथ जायसी के हृदय का वैसा मेल नहीं जान पड़ता। मनुष्यों के शारीरिक सुख दुःख से, उनके आराम और तकलीफ से, उनका जहाँ तक संबंध होता है वहीं तक उनकी ओर ध्यान जाता है। बगींचों और अमराइयों का वर्णन वे जो करते हैं सो केवल उनकी सघन शीतल छाया के विचार से। वन का जो वे वर्णन करते हैं वह कुश कंटकों के विचार से, कष्ट और भय के विचार से—

करहु दीठि थिर होइ बटाऊ। आगे देखि धरहु भुइँ पाऊ॥
जो रे उबट होइ परे भुलाने। गए मारि, पथ चलै न जाने॥
पायँन पहिरि लेहु सब पौरी। काँट धँसे न गड़ै अँकरौरी॥
परे आइ बन परवत माहाँ। दंडाकरन बीझ बन गाहाँ॥
सघन ढाक बन चहुँदिसि फूला। बहु दुख पाव उहाँ कर भूला॥
झाँखर जहाँ सो छाँड़हु पंथा। हिलगि मकोय न घारहु कंथा।

फारसी की शायरी में जंगल और बयाबान का वर्णन केवल कष्ट या विपत्ति के प्रसंग में आता है। वहाँ जिस प्रकार चमन आनंदोत्सव का सूचक है उसी प्रकार कोह या बयाबान विपत्ति का। संस्कृत साहित्य का जायसी को परिचय न था। वे वन, पर्वत आदि के अनुरंजनकारी स्वरूप के चित्रण की पद्धति पाते तो कहाँ पाते? उनकी प्रतिभा इस प्रकार की न थी कि किसी नई पद्धति की उद्भावना करके उस पर चल पड़ी होती।

समुद्र वर्णन—हिंदी के कवियों में केवल जायसी ने समुद्र का वर्णन किया है, पर पुराणों के 'सात समुद्र' के अनुकरण के कारण समुद्र का प्रकृत वर्णन वैसा होने नहीं पाया। क्षीर, दधि और सुरा के कारण समुद्र के प्राकृतिक स्वरूप का अच्छा प्रत्यक्षीकरण न हो सका। आरंभ में समुद्र का जो सामान्य वर्णन है उसके कुछ पद्य अवश्य समुद्र की महत्ता और भीषणता का चित्र खड़ा करते हैं, जैसे—

समुद्र अपार सरग जनु लागा। सरग न घाल गनै बैरागा॥
उठै लहरि जनु ठाढ़ पहारा। चढ़ै सरग औ परै पतारा॥

विशेष समुद्रों में से केवल 'किलकिला समुद्र' का वर्णन अत्यंत स्वाभाविक तथा वैसे महत्त्वजन्य आश्चर्य और भय का संचार करने वाला है जैसा समुद्र के वर्णन द्वारा होना चाहिए—

भा किलकिल अस उठै हिलोरा। जनु अकास टूटै चहुँ ओरा॥
उठहिं लहरि परबत कै नाईं। फिरि आवहिं जोजन सौ ताईं॥
धरती लेइ सरग लहि बाढ़ा। सकल समुद्र जानहु भा ठाढ़ा॥
नीर होई तर ऊपर सोई। माथे रंभ समुद्र जस होई॥

यदि इस प्रकार के वर्णन का विस्तार और अधिक होता तो क्या अच्छा होता! 'समुद्र अपार सरग जनु लागा' इस वाक्य में विस्तार का बहुत ही सुंदर प्रत्यक्षीकरण हुआ है। जहाँ तक दृष्टि जाती है वहाँ समुद्र ही फैला हुआ है और क्षितिज से लगा हुआ दिखाई पड़ता है। दृश्यरूप में विस्तार का यह कथन अत्यंत काव्योचित है। अँग्रेजी के कवि गोल्डस्मिथ ने भी अपने 'श्रांत पथिक' (ट्रैवेलर) नामक काव्य में विस्तार का प्रत्यक्षीकरण—'ए वैयरी वेस्ट इक्सपैडिंग टु द स्काईज' (आकाश तक फैला हुआ मैदान) कहकर किया है। 'परबत कै नाईं' इस साम्य द्वारा भी लहरों की ऊँचाई की जो भावना उत्पन्न की गई वह काव्य पद्धति के बहुत ही अनुकूल है। इसके स्थान पर यदि कहा गया होता कि लहरें बीस पचीस हाथ ऊँची उठती हैं तो माप शायद ठीक होती पर जो प्रभाव कवि उत्पन्न करना चाहता था वह उत्पन्न न होता। इसी से काव्य के वर्णनों में संख्या या परिणाम का उल्लेख नहीं होता और जहाँ होता भी है वहाँ उसका लाक्षणिक अर्थ ही लिया जाता है, जैसे 'फिरि आवहिं जोजन सौ ताईं' में। काव्य के वाक्य श्रोता की ठीक मान निर्धारित करने वाली या सिद्धांत निरूपित करने वाली निश्चयात्मिका बुद्धि को संबोधन करके नहीं कहे जाते।

समुद्र के जीव जंतुओं का जो काल्पनिक और अत्युक्त वर्णन जायसी ने किया है उससे सूचित होता है कि उन्होंने किस्से कहानियों में सुनी सुनाई बातें ही लिखी हैं, अपने अनुभव की नहीं। उन्होंने शायद समुद्र देखा भी न रहा हो।

सात समुद्रों के जो नाम जायसी ने लिखे हैं उनमें से प्रथम पांच पुराणानुकूल हैं, पर अंतिम दो किलकिला और मानसर—भिन्न हैं। पुराणों के अनुसार सात समुद्रों के नाम हैं: क्षार (खारे पानी का), जल (मीठे पानी का क्षीर) दधि, घृत, सुरा और मधु। इनमें से जायसी ने घृत और मधु को छोड़ दिया है। सिंहलद्वीप के पास 'मानसर' कल्पना वैसी ही है जैसी कैलास में इंद्र और अप्सराओं की।

सब दिन रहेहु करत तुम भोगू। सो कैसे साधव तप जोगू॥
कैसे धूप सहब बिनु छाहाँ। कैसे नींद परिहि भुइँ माहाँ॥
कैसे ओढ़ब काथरि कंथा? कैसे पावँ चलब तुम पंथा॥
कैसे सहब खनहि खन भूखा? कैसे खाब कुरकुटा रूखा॥

जितना दु:ख औरों के दु:ख को सुनकर होता है, उतना दु:ख प्रिय व्यक्ति के सुख के अनिश्चय मात्र से होता है। यह अनिश्चय प्रिय व्यक्ति के आँख से ओझल होते ही उत्पन्न होने लगता है। तुलसी और सूर ने कौशल्या और यशोदा के मुख से ऐसे अनिश्चय की बड़ी सुंदर व्यंजना कराई है। ऐसे स्थलों पर इस अनिश्चय का कारण रतिभाव ही होता है; अत: जिस प्रकार 'शंका' रतिभाव का संचारी होती है उसी प्रकार यह 'अनिश्चय' भी। परिस्थितिभेद से कहीं संचारी केवल 'अनिश्चय' तक रहता है और कहीं 'शंका' तक पहुँचता है। छोटी अवस्था का बादल जिस समय रणक्षेत्र में जाने को तैयार होता है, उस समय माता की यह 'शंका' बहुत ही स्वाभाविक है—

बादल राय मोर तुइ बारा। का जानसि कस होइ जुझारा॥
बादसाह पुहुमीपति राजा। सनमुख होइ न हमीरहिं छाजा॥
बरिसहिं सेल बान घन घोरा। धीरज धीर न बाँधिहि तोरा॥
जहाँ दलपती दलमलहिं, तहाँ तोर का काज?
आजु गवन तोर आवै, बैठि मानु सुख राज॥

शंका तक पहुँचता हुआ यह 'अनश्चिय' प्रेमप्रसूत है, गूढ़ रति भाव का द्योतक है—

ह्वेयर लव इज ग्रेट, द लिटिलेस्ट डाउट्स आर फियर्स।
ह्वेयर लिटिल फियर्स ग्रो ग्रेट, ग्रेट लव इज देयर।

—शेक्सपियर

मायके के स्वाभाविक प्रेम की कैसी गंभीर व्यंजना इन पंक्तियों में है—

गहबर नैन आए भरि आँसू। छाँड़व यह सिंघल कैलासू॥
छाँड़िउँ नैहर, चलिउँ बिछोई। एहि रे दिवस कहँ हौं तब रोई॥
छाड़िउँ आपनि सखी सहेली। दूरि गवन तजि चलिउँ अकेली॥
नैहर आइ कहा सुख देखा। जनु होइगा सपने कर लेखा॥
मिलहु सखी हम तहँवा जाहीं। जहाँ जाइ पुनि आउब नाहीं॥
हम तुम मिलि एकै सँग खेला। अंत बिछोह आनि गिउ मेला॥

दूती और पद्मावती के संवाद में पद्मावती द्वारा पतिव्रत की बड़ी ही विशद व्यंजना हुई है। पातिव्रत कोई भाव नहीं है। वह धर्म और पूज्यबुद्धि मिश्रित दांपत्य प्रेम है। उसके अंतर्गत कभी रतिभाव की व्यंजना होती है,कभी प्रिय के महत्व को प्रकाशित करने वाले पूज्य भाव की, कभी प्रिय के महत्व के गर्व की और कभी धर्मानुराग की। पहले पद्मावती उस दूती को अपने अनन्य प्रेम की सूचना इस प्रकार देती है—

अहा न राजा रतन अँजोरा। केहि क सिंहासन केहि क पटोरा॥
चहुँ दिसि यह घर भा अँधियारा। सब सिंगार लेइ साथ सिधारा॥
काया बेलि जानु तब जामी। सींचननहार आव घर स्वामी॥

इस पर जब दूती पुरुष की बात कहती है कि जब तक वह क्रोध से तमतमा उठती है और धर्म के तेज से भरे ये वचन कहती है—

रँग ताकर हौं जारौं काँचा। आपन तजि जो पराएहिं राँचा॥
दूसर करे जाइ दुइ बाँटा। राजा दुइ न होहि एक पाटा॥

साथ ही अपने पति का महत्त्व दिखाती हुई उस पर इस प्रकार गर्व प्रकट करती है—

कुल कर पुरुषसिंह जैहि केरा। तेहि थल कैस सियार बसेरा?॥
हिया फार कूकुर तेहि केरा। सिंघहि तजि सियारमुख हेरा॥
सोन नदी अस मोर पिउ गरुवा। पाहन होइ परै जो हरुवा॥
जेहि ऊपर अस गरुआ पीऊ। सो कस डोलाए डोलै जीऊ॥

पिछली चौपाई में 'गरुआ' और 'डोलै' शब्दों के प्रयोग द्वारा कवि ने जो एक अगोचर मानसिक विषय का गोचर भौतिक व्यापार के रूप में प्रत्यक्षीकरण किया है वह काव्य-पद्धति का अत्यंत उत्कृष्ट उदाहरण है, पर उससे बढ़कर है व्यंजित गर्व की मार्मिकता। यह गर्व पातिव्रत की अचल धुरी है। जिसमें यह गर्व नहीं, वह पतिव्रता नहीं। एक बार एक लुच्चे ने रास्ते में एक स्त्री को छेड़ा। वह स्त्री छोटी जाति की थी पर उसके ये शब्द मुझे अब तक याद है कि "क्या तू मेरे पति से बहुत सुंदर है?"

'सम्मान' और 'कृतज्ञता' ऐसे भावों की व्यंजना भी जायसी ने बड़ी ही मार्मिक भाषा में कराई है। बादल जब राजा रत्नसेन को दिल्ली से छुड़ाकर लाता है तब पद्मिनी बादल की आरती पूजा करके कहती है—

यह गजगवन गरब सौं मोरा। तुम राखा बादल औ गोरा॥
सेंदुर तिलक जो आँकुस अहा। तुम राखा माथे तौ रहा॥
काछ काछि तुम जिउ पर खेला। तुम जिउ आनि मँजूसा मेला॥
राखा छात, चँवर औधारा। राखा छुद्रघंट झनकारा॥

राजा रत्नसेन के बंदी होने पर नागमती जो विलाप करती है उसके बीच पद्मिनी के प्रति उसकी झुँझलाहट कितनी स्वाभाविक है, देखिए—

शोक के दो प्रसंग 'पद्मावत' में आए हैं—पहला रत्नसेन के जोगी होने पर और दूसरा रत्नसेन के मारे जाने पर। इनमें से पात्र द्वारा व्यंजना पहले ही प्रसंग में है, दूसरे में केवल करुण दृश्य का चित्रण है। रत्नसेन के जोगी होकर घर से निकलने पर रानियाँ जो विलाप करती हैं उसमें पहले सुख के आधार के हटने का उल्लेख है फिर उससे उत्पन्न विषाद की व्यंजना है—

रोवहिं रानी तजहिं पराना। नोंचहिं बार करहिं खरिहाना।
चूरहिं गिउ-अभरन उर हारा। अब कापर हम करब सिंगारा॥
जाकहँ कहहिं रहसिं कै पीऊ। सोइ चला, काकर यह जीऊ॥
मरै चहहिं पै मरे न पावहिं। उठै आगि सब लोग बुझावहिं॥

रसज्ञों की दृष्टि में यहाँ करुण रस की पूरी व्यंजना है, क्योंकि विभाग के अतिरिक्त रोना और बाल नोचना अनुभाव और विषाद संचारी भी हैं।

जैसा पहले कहा जा चुका है, राजा रत्नसेन के मरने पर कवि ने जिस करुण परिस्थिति का दृश्य दिखाया है वह अत्यंत प्रशांत और गंभीर है। रानियों के मुख से क्षुब्ध आवेग की व्यंजना नहीं कराई है, केवल पद्मिनी के उस समय के रूप की झलक दिखाकर परिस्थिति की गंभीरता का आभास दिया गया है।

पदमावति पुनि पहिरि पटोरी। चली साथ पिउ की होइ जोरी॥
सूरुज छिपा रैनि होइ गई। पूनिउँ ससी अमावस भई॥
छूटे केस, मोति लर छूटीं। जानहुँ रैनि नखत सब टूटीं॥
सेंदुर परा जो सीस उघारी। आगि लागि चह जग अँधियारी॥

सूर्यरूपी रत्नसेन अस्त हुआ। पद्मावती के पूर्ण-चंद्र-मुख में एक कला भी नहीं रह गई। पहले एक स्थान पर कवि कह चुका है कि 'चाँदहिं कहाँ जोति औ करा? सुरुज के जोति चाँद निरमरा'। जब सूर्य ही नहीं रहा, तब चंद्रमा में कला कहाँ से रह सकती है? काले केश छूट पड़े हैं, मोती बिखरकर गिर रहे हैं--अमावस्या की अँधेरी छा गई है जिसमें नक्षत्र इधर-उधर टूटकर गिरते दिखाई पड़ते हैं। वह घने काले केशों के बीच सिंदूर की रेखा दिखाई पड़ी—अब घोर अंधकार के बीच आग भी लगना चाहती है—सती की ज्योति से सारा जगत् जगमगाना चाहता है।

देखिए, पद्मिनी के तात्कलिक रूप में ही कवि ने प्रस्तुत करुण परिस्थिति की गंभीरता की पूर्ण छाया दिखा दी है। पद्मिनी सारे जगत् के शोक का स्वच्छ आदर्श हो गई जिसमें सारे जगत् के गंभीर शोक का प्रशांत स्वरूप दिखाई पड़ता है। कुछ काल के लिये पद्मिनी के सहित सारा जगत् शोकसागर में मग्न दिखाई पड़ता है। फिर पद्मिनी और नागमती दोनों इस दुःखमयी जगत् से मुँह फेरती हैं और लोग की ओर दृष्टि करती है जहाँ दुःख का लेश नहीं—

दोउ सौति चढ़ि खाट बईठीं। औ सिवलोक परा तिन्ह दीठी॥

इस जगत् से दृष्टि फिरते ही सारे दुःख द्वंद्व छूट गए हैं। अब न झगड़ा और कलह है, न क्लेश और संताप। दोनों सपत्नी एक साथ मिलकर दूसरे लोक में पति से जा मिलने की आशा से परिपूर्ण और शांत दिखाई पड़ती हैं और सती होने जा रही हैं। आगे बाजा बजता चलता है। यह प्रेममार्ग के विजय का बाजा है—

एक जो बाजा भएउ बियाहू। अब दुसरे होइ ओर निबाहू॥

रत्नसेन की चिता तैयार है। दोनों रानियाँ चिता की सात प्रदक्षिणा करती हैं। एक बार जो भाँवरी (विवाह के समय) हुई थी उससे इस संसार यात्रा में रत्नसेन का साथ हुआ था, अब इस भाँवरी से परलोक के मार्ग में साथ हो रहा है—

एक जो भाँवरि भई बियाही। अब दुसरै होइ गोहन जाहीं॥
जियत कंत!तुम हम्ह घर लाई। मुए कंठ नहिं छाड़हिं साँइ॥
अही जो गाँठि कंत! तुम जोरी। आदि अत लहि जाइ न छोरी॥
एहि जग काह जो अछहि न आथी। हम तुम नाह! दुवौ जगसाथी॥

सतियों के मुख पर आनंद की शुभ्र ज्योति दिखाई पड़ती है। इस लोक से मुँह मोड़ अब वे दूसरे लोक के मार्ग के द्वार पर खड़ी हैं। इस लोक की अग्नि में उन्हें क्लेश और ताप पहुँचाने की शक्ति नहीं रही है। उनके लिये वह सबसे शीतल करने वाली वस्तु हो गई है क्योंकि वह पति लोक का द्वार खोलना चाहती है। हिंदू सती का यह कैसा गंभीर, शांत और मर्मभेद उत्सव है!

आजु सूर दिन अथवा, आजु रैनि ससि बूड़॥
आजु नाचि जिउ दीजिय, आजु आगि हम्ह जूड़॥

फिर क्या था?

लेइ सर ऊपर खाट बिछाई। पौढ़ीं दुवौ कत गर लाई॥
लागी कंठ आगि दिय होरी। छार भई जरि, अंग न मोरी॥

क्रोध का प्रसंग केवल वहां आया है जहाँ रत्नसेन को अलाउद्दीन की चिट्ठी मिलती है। पर वहाँ भी रौद्र रस का विस्तृत संचार नहीं है। क्रोध का वह आवेश नहीं है जिसमें नीति और विचार का पता नहीं रह जाता। चिट्ठी पढ़ी जाने पर—

सुनि अस लिखा उठा जरि राजा। जानहु देब तड़पि घन गाजा॥
का मोहि सिंध देखावसि आई। कहौं तौ सारदूल धरि खाई॥
तुरुक जाइ कहु मरै न धाई। होइहि इसकंदर कै नाई॥

पर इस उग्र वचन के उपरांत ही राजा अलाउद्दीन के संदेश के औचित्य अनौचित्य की मीमांसा करने लगता है—

भलेहि जौ साह भूमिपति भारी। माँग न कोउ पुरुष कै नारी॥

रस की रस्म के विचार से तो उपर्युक्त वर्णन पूरा ठहर जाता है क्योंकि इसके अनुभाव के रूप में डांट-डपट और उग्र वचन तथा संचारी के रूप में अमर्ष मौजूद है। यहीं तक नहीं, साहित्य के आचार्यों ने आत्मावदान कथन अर्थात् अपने मुँह से अपनी बड़ाई को भी रौद्र रस का अनुभाव कहा है। आगे वह भी मौजूद है—

हौं रनथँभउर नाथ हमीरू। कलपि माथ जेइ दीन्ह सरीरू॥
हौं सो रतनसेन सकबंधी। राहु बेधि जीता सैरंधी॥
हनुमत सरिस भार जेइ काँधा। राघव सरिस समुद्र जेइ बाँधा॥
विक्रम सरिस कीन्ह जेइ साका। सिंहलदीप लीन्ह जौ ताका॥
जौ अस लिखा, भएउँ नहिं ओछा। जियत सिंघ कै गह को मोछा॥

पर यह सामग्री होते हुए भी यह कहना पड़ता है कि रौद्र रस का परिपाक जायसी में नहीं है। न तो अनुभावों और संचारियों की मात्रा ही यथेष्ट है,न स्वरूप ही

पूर्ण स्फुट है। जायसी का कोमल भावपूर्ण हृदय उग्र वृत्तियों के वर्णन के उपयुक्त नहीं था।

वीर रस का वर्णन अच्छा है। अलाउद्दीन के चित्तौड़गढ़ घेरने पर तो केवल सेना की सजावट और तैयारी, चढ़ाई की हलचल तथा युद्ध की घमासान के वर्णन में ही कवि रह गया, युद्धोत्साह की व्यंजना किसी व्यक्ति द्वारा नहीं कराई गई है। उत्साह की व्यंजना गोरा बादल के प्रसंग मे हमें मिलती है। पद्मिनी के विलाप पर दोनों वीरों ने कैसी क्षात्र तेज से भरी प्रतिज्ञा की है—

जौ लगि जियहिं न भागहिं दोऊ। स्वामि जियत कित जोगिनी होऊ॥
उए अगस्त हस्ति जब गाजा। नीर घटे घर आइहि राजा॥
वरषा गए अगस्त के दीठी। परै पलानि तुरंगन पीठी॥
बेधौं राहु छोड़ वहुँ सूरू। रहै न दुख कर मूल अँकूरू॥

इसको कहते हैं उत्साह—आशा से भरी हुई साहस की उमंग। अगस्त्य के उदय होने पर नदियों और तालों का जल जब घटने लगेगा तब बंदीगृह से छूटकर राजा अपने घर आ जायेंगे। शरत्काल आते ही चढ़ाई हो जायेगी।

बादल की माता जब हाथियों की रेलपेल और युद्ध की भीषणता दिखाकर उसे रोकना चाहती है, तब वह कहता है—

मातु न जानेसि बालक आदी। हौं बादला सिंघ-रन बादी॥
सुनि गजजूह अधिक जिउ तपा। सिंघ जाति कहुँ रहहिं न छपा॥
तब दलगंजन गाजि सिंघेला। सौंह साह सौं जुरौं अकेला॥
को मोहि सौंह होइ मैमंता। फारौं सूँड़, उखारौ दंता॥
जुरौं स्वामि सँकरे जस ढारा। औ भिवँ जस दुरजोधन मारा॥
अंगद कोपि पाँव जस राखा। टेकौं कटक छतीसौ लाखा॥
हनुमत सरिस जंघ बल जोरौं। दहौं समुद्र, स्वामिबँदि छोरौं।

इसी प्रकार के उत्साहपूर्ण वाक्य वृद्ध वीर गोरा के हैं जब वह केवल हजार कुँवर लेकर बाहशाह की उमड़ती हुई सेना को रोकने के लिये खड़ा होता है। ऐसे वाक्यों में अपने बल का पूर्ण निश्चय और समुपस्थित कर्म की अल्पता का भाव प्रधान हुआ करता है। इस वीरदर्प को उत्साह का मुख्य अवयव समझना चाहिए। देखिए, इस उक्ति में कैसा अमर्ष मिश्रित वीरदर्प है—

रतनसेन जो बाँधा, मसि गोरा के गात।
जौ लगि रूहिर न धौवौं, तौ लगि होइ न रात॥

हास्य और वीभत्स—ये दो रस ऐसे हैं जिनमें आलंबन के स्वरूप से ही कवि परंपरा काम चलाती है, आश्रय द्वारा व्यंजना की अपेक्षा नहीं रहती। वस्तुवर्णन के अंतर्गत युद्ध वर्णन में डाकिनियों आदि का वीभत्स दृश्य दिया जा चुका है : जैसा कहा जा चुका है, भय के भी आलंबन का ही चित्रण कवि ने किया है। हास्य रस का तो 'पद्मावत' में अभाव ही है।

अब एक विशेष बात पर पाठकों का ध्यान आकर्षित करके इस भावव्यंजना के प्रकरण को समाप्त करता हूँ। एक स्थायी भाव दूसरे स्थायी भाव का संचारी होकर आ सकता है, यह बात तो ग्रंथों में प्रसिद्ध ही है। पर रीतिग्रंथों में जो संचारी कहे गए हैं उनमें से भी कुछ ऐसे हैं जो कभी स्थायी बनकर आते हैं और दूसरे भावों का अपना संचारी बनाते हैं। जायसी का एक छोटा सा उदाहरण देते हैं। जब पद्मावती ने सुना कि उपपत्नी नागमती के बगीचे में बड़ी चहल पहल है और राजा भी वहीं बैठा है तब—

सुनि पदमावति रिस न संभारी। सखिन्ह साथ आई फुलवारी॥

यह रिस या अमर्ष स्वतंत्र भाव नहीं है, क्योंकि पद्मावती का कोई अनिष्ट नागमती ने नहीं किया था। यह 'असूया' का संचारी होकर आया है; क्योंकि यह 'असूया' से उत्पन्न भी है और रस की दृष्टि से उससे विरुद्ध भी नहीं पड़ा। एक संचारी का दूसरे संचारी का स्थायी बनकर आना लक्षण ग्रंथों के अभ्यार्थियों को कुछ विलक्षण अवश्य लगेगा। किसी दूसरे स्थल पर हम कुछ संचारियों को विभाव, अनुभाव और संचारी तीनों से युक्त दिखाएँगे।

उक्त उदाहरण में यह नहीं कहा जा सकता कि जिस प्रकार 'असूया' रतिभाव का संचारी होकर आया है उसी प्रकार 'अमर्ष' भी। इस अमर्ष का सीधा लगाव 'असूया' से है, न कि रति से।। यदि असूया न होती तो वह अमर्ष न होता। अब प्रश्न यह उठता है कि यदि किसी स्थायी भाव का संचारी भी विभाव, अनुभाव और संचारी से युक्त हो तो क्या वह भी स्थायी कहा जायेगा। स्थायी तो वह अवश्य होगा, पर ऐसा स्थायी नहीं जो रसावस्था तक पहुँचाने वाला हो। इन सब बातों का विवेचन मैं कभी अन्यत्र करूँगा, यहाँ इतना ही दिग्दर्शन बहुत है।

अलंकार

अधिकतर अलंकारों का विधान सादृश्य के आधार पर होता है। जायसी ने सादृश्य मूलक अलंकारों का ही प्रयोग अधिक किया है। सादृश्य की योजना दो दृष्टियों से की जाती है—स्वरूपबोध के लिये और भाव तीव्र करने के लिए। कवि लोग सदृश वस्तुएँ भाव तीव्र करने के लिए ही अधिकतर लाया करते हैं पर बाह्य कारणों से अगोचर तथ्यों के स्पष्टीकरण के लिये जहाँ सादृश्य का आश्रय लिया जाता है वहाँ कवि का लक्ष्य स्वरूपबोध भी रहता है। भगवत्‌भक्तों की ज्ञानगाथा में सादृश्य की योजना दोनों दृष्टियों से रहती है। 'माया' को ठगिनी और काम, क्रोध आदि को बटपार, संसार को मायका और ईश्वर को पति के रूप में दिखाकर बहुत दिनों से रमते साधु उपदेश देते आ रहे हैं। पी इन सदृश वस्तुओं की योजना से केवल स्वरूपबोध ही नहीं होता, भावोत्तेजना भी प्राप्त होती है। बल्कि यों कहना चाहिए कि उत्तेजित भाव ही उन सदृश वस्तुओं की कल्पना कराता है। विरक्तों के हृदय में माया और काम, क्रोध आदि का भाव ही उस भय की ओर ध्यान ले जाता है जो ठगों और बटपारों से होता है। तात्पर्य यह कि स्वरूपबोध के लिये भी काव्य में जो सदृश वस्तु लाई जाती है उसमें यदि भाव उत्तेजित करने की शक्ति भी हो तो काव्य के स्वरूप की प्रतिष्ठा हो जाती है। नाना रागबंधनों से युक्त इस संसार के छूटने का दृश्य कैसा मर्मस्पर्शी है! भावुक हृदय में उसका क्षणिक साम्य मायके से स्वामी के घर जाने में

दिखाई पड़ता है। बस इतनी ही झलक मिल सकती है। सदृश वस्तु के इस कथन द्वारा अगोचर आध्यात्मिक तथ्यों को कुछ स्पष्टीकरण भी हो जाता है और उनकी रुखाई भी दूर हो जाती है।

यह कहा जा चुका है कि जायसी का कथानक व्यंग्यगर्भित है। यहाँ पर इतना और मान लेना चाहिए कि भगवत्पक्ष को प्रस्तुत मानने पर अप्रस्तुत की योजना दोनों दृष्टियों से की हुई मिलेगी—अगोचर बातों को गोचर स्वरूप देने की दृष्टि से भी और भावोत्तेजन की दृष्टि से भी। साधक के मार्ग की कठिनाइयों की भावना उत्पन्न करने के लिये कवि विषम पहाड़, अगम घाट तथा खोह और नालों की ओर ध्यान ले जाता है; काम, क्रोध आदि की भीषणता दिखाने को वह ऐसे प्रबल चोरों को सामने करता है जिनका घर पर कोना कोना देखा हो और वो दिन रात चोरी की ताक में रहते हों।

सादृश्य की योजना में पहले यह देखना चाहिए कि जिस वस्तु, व्यापार या गुण के सदृश वस्तु, व्यापार या गुण सामने लाया जाता है वह ऐसा तो नहीं है जो किसी भाव—स्थायी या क्षणिक का आलंबन या आलंबन का अंग हो। यदि प्रस्तुत वस्तुव्यापार आदि ऐसे हैं तो यह विचार करना चाहिए कि उनके सदृश अप्रस्तुत वस्तु या व्यापार भी उसी भाव के आलंबन हो सकते हैं या नहीं। यदि कवि द्वारा लाए हुए अप्रस्तुत वस्तुव्यापार ऐसे हैं तो कविकर्म सिद्ध समझना चाहिए। उदाहरण के लिये रमणी के नेत्र, वीर का युद्धार्थ गमन और हृदय की कोमलता लीजिए। इन तीनों के वर्णन क्रमशः रतिभाव, उत्साह और श्रद्धा द्वारा प्रेरित समझे जायँगे और कवि का मुख्य उद्देश्य यह ठहरेगा कि वह श्रोता को भी इन भावों की रसात्मक अनुभूति कराए। अतः जब कवि कहता है नेत्र कमल के समान हैं, वीर सिंह के समान झपटता है और हृदय नवनीत के समान हैं तो ये सदृश वस्तुएँ सौंदर्य, वीरत्व और कोमल सुखदता की व्यंजना भी साथ ही साथ करेंगी। इनके स्थान पर यदि हम रसात्मकता का विचार न करके केवल नेत्र के आकार, झपटने की तेजी और प्रकृति की नरमी की मात्रा पर ही दृष्टि रखकर कहें कि 'नेत्र बड़ी कौड़ी या बादाम के समान है', 'वीर बिल्ली की तरह झपटता है' और 'हृदय सेमर के घूए के समान है' तो काव्योपयुक्त कभी न होगा। कवियों की प्राचीन परंपरा में जो उपमान बँधे चले आ रहे हैं, उनमें से अधिकांश सौंदर्य आदि की अनुभूति के उत्तेजक होने के कारण रस में सहायक होते हैं। पर कुछ ऐसे भी हैं जो आकार आदि ही निर्दिष्ट करते हैं; सौंदर्य की अनुभूति अधिक करने में सहायक नहीं होते—जैसे जंघों की उपमा के लिये हाथी की सूँड़, नायिका की कटि की उपमा के लिये भिड़ या सिंहनी को कमर इत्यादि। इनसे आकार के चढ़ाव, उतार और कटि की सूक्ष्मता भर का ज्ञान होता है, सौंदर्य की भावना नहीं, उत्पन्न होती; क्योंकि न तो हाथी की सूँड में ही दांपत्य रति के अनुकूल अनुरंजनकारी सौंदर्य हैं और न भिड़ की कमर में ही। अतः रसात्मक प्रसंगों में इस बात का ध्यान रहना चाहिए कि अप्रस्तुत (उपमान) भी उसी प्रकार के भाव के उत्तेजक हों, प्रस्तुत जिस प्रकार के भावों का उत्तेजक हो।

उपर्युक्त कथन का यह अभिप्राय कदापि नहीं कि ऐसे प्रसंगों में पुरानी बँधी हुई उपमाएँ ही लाई जायँ, नई न लाई जायँ। 'अप्रसिद्धि' मात्र उपमा का कोई दोष नहीं, पर नई उपमाओं की सारी जिम्मेदारी कवि पर होती है। अतः रसात्मक प्रसंगों में ऊपर

लिखी बातों का ध्यान रखना आवश्यक है। जहाँ कोई रस स्फुट न भी हो वहाँ भी यह देख लेना चाहिए कि किसी पात्र के लिये जो उपमान लाया जाय वह उस भाव के अनुरूप हो जो कवि ने उस पात्र के संबंध में अपने हृदय में प्रतिष्ठित किया है और पाठक के हृदय में भी प्रतिष्ठित करना चाहता है। राम की सेवा करते हुए लक्ष्मण के प्रति श्रद्धा का भाव उत्पन्न होता है अतः उनकी सेवा का यह वर्णन जो गोस्वामी जी ने किया है जो कुछ खटकता है—

सेवत लखन सिया रघुबीरहि। जिमि अविवेकी पुरुष सरीरहि॥

इस दृष्टांत में लक्ष्मण का सादृश्य जो अविवेकी पुरुष से किया गया है उससे सेवा का आधिक्य तो प्रकट होता है पर लक्ष्मण के प्रति प्रतिष्ठित भाव में व्याघात पड़ता है। यहाँ यह कहा जा सकता है कि लक्ष्मण का सादृश्य अविवेकी पुरुष के साथ कवि ने नहीं दिखाया है बल्कि लक्ष्मण के सेवा कार्य का सादृश्य अविवेकी के सेवाकर्म से दिखाया गया है। ठीक है, पर लक्ष्मण का कर्म श्लाघ्य है और अविवेकी का निंद्य, इससे ऐसे अप्रस्तुत कर्म को मेल में रखने से प्रस्तुत कर्म संबोधिनी भावना में बाधा अवश्य पड़ती है। रसात्मक प्रसंगों में केवल किसी बात के आधिक्य या न्यूनता की हद से ही काम नहीं चलता। जो भावुक और रसज्ञ न होकर केवल अपनी दूर की पहुँच दिखाना चाहते हैं वे कभी कभी आधिक्य या न्यूनता की हद दिखाने में ही फँसकर भाव के प्रकृत स्वरूप को भूल जाते हैं। कोई आँखों के कोनों को कान तक पहुँचाता है, कोई नायिका की कोटि को ब्रह्म के समान अगोचर और सूक्ष्म बताता है, कोई यार की कमर 'कहाँ है, किधर है' यही पता लगानें में रह जाता है। नायिका शृंगार का आलंबन होती है। उसके स्वरूप के संघटन में इस बात का ध्यान चाहिए कि उसकी रमणीयता बनी रहे। प्राचीन कवि जहाँ मृणाल की ओर संकेत करके सूक्ष्मता और सौंदर्य एक साथ दिखाते थे, वहाँ लोग या तो भिड़ की कमर सामने लाने लगे या कमर ही गायब करने लगे। चमत्कारवादी इसमें अद्‌भुत रस का आनंद मानने लगे। पर सोचने की बात है कि नायिका अद्‌भुत रस का आलंबन है या शृंगार रस का। शृंगार रस के आलंबन में 'अद्‌भुत' केवल सौंदर्य का विश्लेषण हो सकता है। 'अद्‌भुत सौंदर्य' हम दिखा सकते हैं पर सौंदर्य को गायब नहीं कर सकते।

कहने की आवश्यकता नहीं कि ऊपर जो बात कही गई है वह ऐसी वस्तुओं के संबंध में कही गई है कि जिनका वर्णन कवि किसी भाव में मग्न होकर उसी भाव में मग्न करने के लिये करता है,—जैसे, नायिका का वर्णन, प्राकृतिक शोभा का वर्णन, वीर कर्म का वर्णन, इत्यादि। जहाँ वस्तुएँ ऐसी होती है कि उनके संबंध में अलग कोई उपयुक्त भाव (जैसे रति, भय, हर्ष, घृणा, श्रद्धा इत्यादि) नहीं होता, केवल उनका रूप, गुण, क्रिया आदि का ही गोचर स्पष्टीकण करना या अधिकता न्यूनता का ही भावना तीव्र करना अपेक्षित होता है—उनके द्वारा किसी भाव की अनुभूति की वृद्धि करना नहीं—वहाँ आकृति, गुण आदि का निरूपण और आधिक्य या न्यूनता का बोध कराने वाली सदृश वस्तुओं से ही प्रयोजन रहता है। हाथियों के डीलडौल, तलवार की धार, किसी कर्म को कठिनता, खाई की चौड़ाई इत्यादि के वर्णन से केवल इस प्रकार का सादृश्य अपेक्षित रहता है जैसे पहाड़ के समान हाथी, बाल की तरह धार, पहाड़ सा काम, नदी सी खाई, इत्यादि।

जायसी ने सादृश्यमूलक अलंकारो का ही आश्रय अधिक लिया है। अतः उपर्युक्त विवेचन के साथ जब उनके अप्रस्तुतान्वय या सादृश्यविधान पर विचार करते हैं, तब देखते हैं कि रसात्मक प्रसंगों में अधिकांश भावके अनुरूप ही अनुरंजनकारी अप्रस्तुत वस्तुओं की योजना हुई है। पर साथ ही यह बात भी ध्यान में रखनी चाहिए कि जायसी के वर्णन अधिकतर परंपरानुगत ही हैं इससे उनमें कवि समय सिद्ध उपमान ही अधिक मिलते हैं और इन परंपरागत उपमानों में कुछ अवश्य ऐसे हैं जो प्रसंग के अनुकूल भाव को पुष्ट करने में सहायक नहीं होते, जैसे हाथी की सूँड़; सिंहनी और भिड़ की कमर। सुंदरी नायिका की भावना करते समय सिंहनी, भिड़ और हाथी सामने आ जाने से उस भावना की पुष्टि में सहायता के स्थान पर बाधा ही पहुँचती है। ऐसे उपमानों को भी जायसी ने छोड़ा नहीं है। बल्कि यों कहिए कि सादृश्य का आरोप करने में फारसी के जोर पर वे एक आध जगह और बढ़ गए हैं। भारतीय काव्यपद्धति में उपमान चाहे उदासीन हों, पर भाव के विरोधी कभी नहीं होते। 'भाव' से मेरा अर्थ वही है जो साहित्य में लिया जाता है। 'भाव' का अभिप्राय साहित्य में तात्पर्यबोध मात्र नहीं है बल्कि वह वेगयुक्त और जटिल अवस्थाविशेष है जिसमें शरीरवृत्ति और मनोवृत्ति दोनों का योग रहता है। क्रोध को ही लीजिए। उसके स्वरूप के अंतर्गत अपनी हानि या अपमान की बात का तात्पर्यबोध, उग्र वचन और कर्म की प्रवृत्ति का वेग तथा त्योरी चढ़ना, आँखें लाल होना, हाथ उठना, ये सब बातें रहती हैं। मनोवैज्ञानिक की दृष्टि से इन सबके समष्टिविधान का नाम क्रोध का भाव है। रौद्र रस प्रसंग में कवि लोग जो उपमान लाते हैं वे भी संतापदायक या उग्र होते हैं, जैसे अग्नि। क्रोध से रक्तवर्ण नेत्रों की उपमा जब कोई कवि देगा तब अंगार आदि की देगा, रक्तकमल या बंधूकपुष्प की नहीं। इसी प्रकार शृंगार रस में रक्त, माँस, फफोले, हड्डी आदि का बीभत्स दृश्य सामने आना अरूचिकर प्रतीत होता है। पर जहाँ केवल 'तात्पर्य' के उत्कर्ष का ध्यान प्रधान रहेगा—खयाल की बारीकी या बलंदपरबाजी पर ही नजर रहेगी—वहाँ भाव के स्वरूप का उतना विचार न रह जायगा। फारसी की शायरी में विप्रलंभ शृंगार के अंतर्गत ऐसे वीभत्स दृश्य लाए जाते हैं। इस बात का उल्लेख हो चुका है कि जायसी में कहीं कहीं इस प्रकार के वर्णन मिलते हैं; जैसे, 'विरह सरागन्हि भूजै माँसू। ढरि ढरि परहि रकत के आँसू'। इस प्रकार नखशिख के प्रसंग में हथेली के वर्णन में जो यह हेतूत्प्रेक्षा की गई है वह भी कोई रमणीय रुचिकर दृश्य सामने नहीं लाती—

हिया काढ़ि जनु लीन्हेसि हाथा। रुहिर भरी अँगुरी तेहिं साथा॥

यदि कवि सच्चा है, शेष सृष्टि के साथ उसके हृदय का पूर्ण सामंजस्य है, उसमें सृष्टिव्यापिनी सहृदयता है तो उसके सादृश्यविधान में एक बात और लक्षित होगी। वह जिस सदृश वस्तु या व्यापार की ओर ध्यान ले जायेगा कहीं कहीं उससे मनुष्य को और प्राकृतिक पदार्थों के साथ अपने संबंध की बड़ी सच्ची अनुभूति होगी। विरहताप से झुलसी और सूखी हुई नागमती को जब प्रिय के आगमन का आभास मिलता है तब उसकी दशा कैसी होती है—

जस भुइँ दहि असाढ़ पलुहाई। परहिं बूँद औं सोंध बसाई॥
ओहि भाँति पलुही सुख बारी। उठी करिल नइ कोंप सँवारी॥

इसमें मनुष्य देखता है कि जिस प्रकार संताप और आह्लाद के चिह्न मेरे शरीर में दिखाई पड़ते हैं वैसे ही पेड़ पौधों के भी। इस प्रकार उनके साथ अपने संबंध की अनुभूति का उदय उसके हृदय में होता है। ऐसी अनुभूति द्वारा मानवहृदय का प्रसार करने में जो कवि समर्थ हो वह धन्य है। 'शरीर पनपना' आदि लाक्षणिक प्रयोग जो बोलचाल में आए हैं वे ऐसे ही कवियों की कृपा से प्राप्त हुए हैं।

सादृश्यमूलक अलंकारों में उपमा, रूपक और उत्प्रेक्षा का व्यवहार अधिक मिलता है। इनमें से हेतूत्प्रेक्षा जायसी को बहुत प्रिय थी। इसके सहारे उन्होंने अपनी कल्पना का विस्तार बहुत दूर तक बढ़ाया है—कहीं कहीं तो सारी सृष्टि को अपने भाव के भीतर ले लिया है (दे० विरहवर्णन)। रूपवर्णन में कवियों को अलंकार भरने का खूब मौका मिलता है। जायसी का शिखनख वर्णन भी अधिकतर परंपरागनुगत ही है। इससे अलंकारों की भरमार उसमें और जगहों से अधिक देखी जाती है। सादृश्यमूलक अलंकारों में वस्तूप्रेक्षा अधिक है। काले केशों के बीच माँग की शोभा देखिए—

कंचन रेख कसौटी कसी। जनु धन महँ दामिनी परगसी॥
सुरुज किरन जनु गगन बिसेखी। जमुना माँह सुरसती देखी॥

इसी प्रकार आँख की बरूनियाँ भी कुछ और ही जान पड़ती हैं—

बरुनी का बरनौं इमि बनी। साधे बान जान दुइ अनी॥
जुरी राम रावन कै सेना। बीच समुद्र भए दुइ नैना॥

इस सादृश्य में उपमानों की परिमाणगत अधिकता यदि कुछ खटके तो इस बात का स्मरण कर लेना चाहिए कि जायसी का प्रेम केवल लौकिक नहीं है अत: उसका आलंबन भी अनंत सौंदर्य की ओर संकेत करनेवाला है।

इस संबंध में वस्तूत्प्रेक्षा का एक और उदाहरण देकर आगे चलता हूँ। पद्मिनी की कटि इतनी सूक्ष्म जान पड़ती है—

मानहुँ नाल खंड दुइ भए। दुहुँ बिच लंकतार रहि गए॥

ये तो वस्तूत्प्रेक्षा या स्वरूपोत्प्रेक्षा के उदाहरण हुए। क्रियोत्पेक्षा के भी बहुत बढ़े चढ़े उदाहरण इस रूपवर्णन के भीतर मिलते हैं, जैसे—

अस वै नयन चक्र दुइ, भँवर समुद्र उलथाहिं॥
जनु जिउ धालिंहिं डोल महँ, लेइ आवहिं लेइ जाहिं॥

हेतूत्प्रेक्षा के कुछ उदाहरण विरह वर्णन आदि के अन्तर्गत आ चुके हैं। यह अलंकार उत्कर्ष की व्यंजना के लिये बड़ा शक्तिशाली होता है। लोक में कार्य और कारण एक साथ बहुत ही कम देखे जाते हैं। प्राय: कारण परोक्ष ही रहता है। अत: कोई रूप या क्रिया यदि अपने प्रकृत रूप में हमारे सामने रख दी गई तो वह उस प्रभाव का प्रमाण स्वरूप लगने लगती है जिसे कवि खूब बढ़ाकर दिखाना चाहता है और हम इस बात की छानबीन में नहीं पड़ने जाते कि हेतु ठीक है या नहीं। इस अलंकार के दो एक उदाहरण देकर हम यह सूचित कर देना चाहते हैं कि जायसी की

हेतुत्प्रेक्षाएँ अधिकतर असिद्ध विषया ही मिलती हैं। ललाट का वर्णन करता हुआ कवि कहता है—

सहस किरिन जो सुरुज दिपाई । देखि लिलार सोउ छपि जाइ॥

सूर्य छिपता अवश्य है पर उसके छिपने का जो हेतु कहा गया है वह कविकल्पित है और उस हेतु का आधार 'लज्जित होना' सिद्ध नहीं है। इसी प्रकार की हेतूत्प्रेक्षा दाँतों पर है—

दारिउँ सरि जो न कै सका, फाटेउ हिया दरक्कि।

रूपवर्णन के अंतर्गत फलोत्प्रेक्षा भी कई जगह दिखाई देती है, जैसे नासिका के वर्णन में यह पद्य—

पुहुप सुगंध करहिं एहि आसा। मकु हिरकाइ लेइ हम्ह पासा॥

अथवा माँग के संबंध में ये उक्तियाँ—

करवत तपा लेहिं होइ चूरू। मकु सो रुहिर लेइ सेंदूरू॥
कनक दुवादस बनिन होइ, चह सोहाग ओहि माँग॥

व्यत्तिरेक के दो उदाहरण नीचे दिए जाते हैं—

का सरवरि तेहि देउँ मयंकू। चाँद कलंकी वह निकलंकू॥
औ चाँदहिं पुनि राहु गरासा। वह बिनु राहु सदा परगासा॥
सुबा सो नाक कठोर पँवारी। वह कोमल तिलपुहुप सँवारी॥

दूसरे उदाहरण में 'तिलपुहुप' पद आक्षेप द्वारा दूसरे उपमान के रूप में नहीं लाया गया है बल्कि तृतीयांत (तिलपुष्प से)। इससे व्यतिरेक ही अलंकार कहा जायेगा।

'रूपकातिशयोक्ति' (भदेप्यभेद:) भी जायसी की अत्यंत मनोहर है। इसके द्वारा कवि ऐसी मनोहर और रमणीय प्राकृतिक वस्तुएँ सामने रखता है कि हृदय सौंदर्य की भावना में मग्न हो जाता है। हेतूत्प्रेक्षा के समान यह अलंकार भी कवि को बहुत प्रिय है। स्थान स्थान पर इसका पयोग मिलता है। रतनारे नेत्रों के बीच घूमती हुई पुतलियों की शोभा की ओर कवि इस प्रकार इशारा करता है—

राते कंबल करहिं अलि भँवा। घूमहिं माति चहहिं अपसवाँ॥

इसी कमल और भ्रमरवाले रूपक को अतिशयोक्ति में जायसी और जगह भी बड़ी सुंदरता से लाए हैं। प्रेमजोगी रत्नसेन के सिंहलगढ़ में पकड़े जाने पर पद्मावती विरह में अचेत पड़ी है, आँखें नहीं खोलती है। इतने में कोई सखी आकर कहती है—

कँबल कली तू, पदमिनी! गह निसि भएउ बिहानु।
अबहुँ न संपुट खोलसि, जब रे उवा जग भानु॥

यह सुनते ही पद्मावती आँखें खोलती है जिसकी सूचना रूपकातिशयोक्ति के बल से कवि इन शब्दों में देता है—

भानु नावँ सुनि कँवल बिगासा। फिर कै भँवर लीन्ह मधु बासा॥

यहाँ भी कवि ने केवल कमलदल पर बैठे भौंरे का उल्लेख करके आँख खुलने (डेले के बीच काली पुतली दिखाई देने) की सूचना दी है। इसी अलंकार के कुछ

और नमूने देखिए—

(क) साम भुअंगिनि रोमावली। नाभिहि निकसि, कँवल कहँ चली॥
आइ दुबौ नारँग बिच भइ। देखि मयूर ठमकि रहि गई॥

(ख) पन्नग पंकज मुख गहे, खंजन तहाँ बईठ।
छत्र, सिंघासन, राज, धन, ता कहँ होइ जो दीठ॥

कहीं-कहीं तो जायसी ने अलंकारों की बड़ी जटिल और गूढ़ योजना की है। देवपाल की दूती पद्मिनी को बहका रही है कि जब तक यौवन है तब तक भोगविलास कर ले—

जोवन जल दिन दिन जस घटा। भँवर छपान, हंस परगटा॥

जैसे जैसे यौवनरूपी जल दिन दिन घटता जाता है वैसे ही वैसे (शरीर रूपी नदी या सरोवर में) पानी की बाढ़ के भँवर छिपते जाते हैं और हंस (मानसरोवर से आकर) दिखाई पड़ने लगते हैं। यह तो हुआ सांग रूपक। पर एक बात है। जल का आरोप जिस पर किया गया है उस यौवन का उल्लेख तो साथ ही है। पर दूसरी पंक्ति में भँवर और हंस का जिन पर आरोप है उन काले और श्वेत केशों का उल्लेख नहीं है अतः दूसरी पंक्ति में हमें रूपकातिशयोक्ति माननी पड़ती है। दोनों पंक्तियों का एक साथ विचार करने पर नदी या सरोवर के ही अंग भँवर (पानी के भँवर) और हंस ठहरते हैं जो शरत् के दृश्य को पूरा करते हैं। अतः दूसरी पंक्ति में अतिशयोक्ति सिद्ध हो जाने पर ही 'सांग रूपक' होता है। पर अतिशयोक्ति की सिद्धि के लिये श्लेष द्वारा 'भँवर' शब्द का दूसरा अर्थ काला भौंरा, लेना पड़ता है तब जाकर उपमेय अर्थात् काले केश की उपलब्धि होती है। इस प्रकार रूपक को प्रधान या अंगी मानने से श्लेष और अतिशयोक्ति उसके अंग हो जाते हैं और अलंकारों का यह मेल 'अंगांगि भाव संकर' ठहरता है।

प्रसंगवश 'साँग रूपक' के गुण दोष का भी थोड़ा विचार कर लेना चाहिए। यह तो मानना ही पड़ेगा कि एक वस्तु से दूसरी वस्तु का आरोप सादृश्य और सामंजस्य के आधार पर ही होता है। अधिकतर देखा जाता है कि 'निरंग रूपक' में तो सदृश्य ओर साधर्म्य का ध्यान रहता है पर साँग और परंपरित में इनका पूरा निर्वाह नहीं होता और जल्दी हो भी नहीं सकता। दो में से एक का भी पूरा निर्वाह हो जाय तो बड़ी बात है, दोनों का एक साथ निर्वाह तो बहुत कम देखा जाता है। सादृश्य से हमारा अभिप्राय बिंब-प्रतिबिंब रूप और साधर्म्य से वस्तुप्रतिवस्तु धर्म है। साहित्यदर्पणकार का यह उदाहरण लेकर विचार कीजिए—

'रावणरूप अवर्षण से क्लांत देवतारूप शस्य को इस प्रकार वाणीरूप अमृतजल से सींच वह कृष्णरूप मेघ अंतर्हित हो गया।'

इस उदाहरण में रावण और अवर्षण में रूपसादृश्य नहीं है, केवल साधर्म्य है। इसी प्रकार देवता और शस्य में तथा वाणी और जल में कोई रूप सादृश्य नहीं है, साधर्म्य मात्र है—विष्णु का स्वरूप नील जल का सा और धर्म भी उसी के समान लोकानंद प्रदान है। पर सांग रूपक में कहीं कहीं तो केवल अप्रस्तुत (उपमान) दृश्य को किसी प्रकार बढ़ाकर पूरा करने का ही ध्यान कवियों को रहता है। वे यह नहीं

देखने जाते कि एक एक अंग या ब्यौरे में किसी प्रकार का सादृश्य या साधर्म्य है अथवा नहीं। विनयपत्रिका के 'सेइय सहित सनेह देह भरि कामधेनु कलि कासी' वाले पद में रूपक के अंगों की योजना अधिकतर इसी प्रकार की है।

अब इस विवेचना के अनुसार जायसी के उपर्युक्त रूपक की समीक्षा कीजिए— यौवनरूप जल, काले केशरूपी भँवर (जलावर्त) और श्वेत केशरूपी हंस। यौवन और जल में उमड़ने या उमंग के धर्म को लेकर साधर्म्य मात्र है। काले केश का पहले तो अतिशयोक्ति में काले भँवरों के साथ वर्ण सादृश्य है फिर श्लेष द्वारा रूपक में पहुँचकर जलावर्त के साथ कुछ आकृति सादृश्य (केश कुंचित या घूमे हुए होने से) है। श्वेत केश और हंस में वर्ण सादृश्य है इसके उपरांत जब दूसरी पंक्ति के इस व्यंग्यार्थ पर आते हैं कि युवावस्था में मनुष्य विषयों के चक्कर में पड़ा रहता है और वृद्धावस्था में उसमें सदसद्विवेक करने वाली आत्मा (हंस) का उदय होता है जब हमें सादृश्य और साधर्म्य दोनों मिल जाते हैं क्योंकि जलावर्त का धर्म है चक्कर में डालना और हंस का स्वभाव है नीर-क्षीर-विवेक।

उसी दूती के मुख से वृद्धावस्था का यह वर्णन गूढ़ 'अप्रस्तुत प्रशंसा' द्वारा कवि ने कराया है—

छल कै जाइहि बान पै, धनुष छाँड़ि कै हाथ।

बान या तीर सीधे शरीर का उपमान है और धनुष झुके हुए शरीर का। ये दोनों क्रमशः युवावस्था और बुढ़ापे के कार्य हैं। अतः कार्य द्वारा कारण के निर्देश से यहाँ 'अप्रस्तुत प्रशंसा' हुई है,जो रूपकातिशयोक्ति द्वारा सिद्ध हुई है। इस प्रकार दोनों का 'अंगांगिभाव संकर है'। इसके अतिरिक्त 'बान' शब्द का दूसरा अर्थ वर्ण या कांति लेने से श्लेष की 'संसृष्टि' भी हुई।

कहीं कहीं तो संकर या 'संसृष्टि' के बिना ही रूपकातिशयोक्ति बहुत दुर्बोध हो गई है, जैसे—

जौ लगि कालिंदि, होहि बिरासी। पुनि सुरसरि होइ समुद्र परासी॥

यह भी उसी दूती का वचन है। अभिप्राय यह है कि जब तक तू काले केशों वाली (अर्थात् युवती) है तब तक विलास कर लें, फिर जब श्वेत केशों वाली हो जायेगी तब तो काल के मुँह में पड़ने के लिये जल्दी जल्दी बढ़ने लगेगी। जितना की काली धारा सीधे समुद्र में गिरती है। जब वह श्वेत धारावाली गंगा के साथ मिलकर श्वेत गंगा हो जाती है तब समुद्र की ओर जाती है जहाँ जाकर उसका अलग अस्तित्व नहीं रह जाता। यह अतिशयोक्ति दुर्बोध हो गई है। दुर्बोधता का कारण है अप्रसिद्धि। रूपकातिशयोक्ति में प्रसिद्ध उपमान ही लाए जाते हैं। प्रसिद्ध और नए कल्पित उपमानों के रखने से तो पद्य पहेली हो जायेगा। उक्त पद्य में जायसी ने स्वतंत्रता यह दिखायी कि परंपरा से व्यवहृत प्रसिद्ध उपमान न लेकर स्वकल्पित अप्रसिद्ध उपमान लिए हैं, जिससे एक एक प्रकार की दुरूहता आ गई है। काले केशों के लिये कालिंदी नदी की और श्वेत केशों के लिये गंगा की उपमा प्रसिद्ध नहीं है। यह रूपकातिशयोक्ति अलंकार ही लीक पीटनेवालों के लिये हैं। जो नए उपमानों की उद्भावना करे वह इस अलंकार की ओर जाय क्यों?

इसी प्रकार की गूढ़ और अर्थगर्भित योजना 'तद्गुण अलंकार' की भी लीजिए। देवपाल की दूती बहुत से पकवान लाकर पद्मावती के सामने रखती है। वह उन्हें हाथों से भी न छूकर कहती है—

रतन छुवा जिन्ह हाथन्ह सेंती। और न छुवौं सो हाथ सँकेती॥
दमक रंग भए हाथ मँजीठी। मुकुता लेउँ पै घुघुँची दीठी॥

अर्थात् जिन हाथों से मैंने उस दिव्य रत्न (राजा रत्नसेन) का स्पर्श किया अब उनसे वस्तु क्या छूऊँ? उस दिव्य रत्न या माणिक्य के प्रभाव से मेरे हाथ इतने लाल हैं कि मोती भी अपने हाथ में लेकर देखती हूँ तो वह गुजा (हाथ की ललाई से गुजा का लाल रंग और देखने से पुतली की छाया पड़ने के कारण गुंजा का सा काला दाग) हो जाता है, अर्थात् उसका कुछ भी मूल्य नहीं दिखाई पड़ता।

अब इसके अलंकारों पर विचार कीजिए। सबसे पहले तो 'रतन' पद में हमें श्लेष मिलता है। फिर दूसरे चरण में काकु वक्रोक्ति। तीसरे, चौथे चरण में जटिलता है। 'उस रत्न के स्पर्श से मेरे हाथ लाल हुए' इसका विचार यदि हम गुण की दृष्टि से करते हैं तो 'तद्गुण' अलंकार टहरता है। फिर जब हम यह विचार करते हैं कि पद्मिनी के हाथ तो स्वाभावत: लाल है (उनमें लाली का आरोप नहीं है) तब हमें रत्नस्पर्श रूप हेतु का आरोप करके हेतूत्प्रेक्षा कहनी पड़ती है। अत: यहाँ इन दोनों अलंकारों का 'संदेह संकर' हुआ। चौथे चरण में 'तद्गुण' अलंकार स्पष्ट है। पर यह अलंकार निर्णय भी हमें व्यंग्य अर्थ तक नहीं पहुँचाता। अत: हम लक्षणा से तो 'मुक्ता' का अर्थ लेते हैं 'बहुमूल्य वस्तु' और घुँघुवी का अर्थ लेते हैं 'तुच्छ वस्तु'। इस प्रकार हम इस व्यंग्य अर्थ पर पहुँचते हैं कि रत्नसेन के सामने मुझे संसार को उत्तम वस्तु तुच्छातितुच्छ दिखाई पड़ती है।

इन उदाहरणों से पाठक समझ सकते हैं कि जायसी ने अलंकारों से अर्थ पर अर्थ भरने का कैसा कड़ा काम किया है। इसी 'मुक्ता' को लेकर कवियों ने भी तद्गुण अलंकार बाँधा है, पर ते रूपाधिक्य की व्यंजना के आगे नहीं बढ़ सके हैं, जैसे कि इस प्रसिद्ध दोहे में—

अधर जोति बिद्रुम लसत, पिय मुकुता कर दीन्ह।
देखत ही गुजा भयो, पुनि हंसि मुकुता कीन्ह॥

सिंदूर से लाल माँग के इस वर्णन में जायसी ने तद्गुण और हेतूत्प्रेक्षा का मेल किया है—

भोर साँझ रवि होइ जो राता। ओहि देखि राता भा गाता॥

'निदर्शना' और 'यमक' का यह उदाहरण है—

धरती बान बेधि सब राखी। साखी ठाढ़ देहिं सब साखी॥

इसी प्रकार दाँतों के इस वर्णन में भी 'तृतीय निदर्शना' है—'हारी जोति सो तेहि परिछाहीं।'

देखिए, 'गोरा' नाम का कैसा अर्थगर्भित प्रयोग इस सुंदर दोहे में जायसी ने किया है—

रतनसेन जो बाँधा, मसि गोरा के गात।
ज़ौ लगि रुहिर न धोबौं, तौ लगि होइ न रात॥

'गोरा' नाम भी और शुभ्रश्वेत अर्थ का द्योतक भी है। जो वस्तु श्वेत और निर्मल है उस पर मसि या स्याही का धब्बा पड़ना कितना बुरा है। यह धब्बा मिटेगा कैसे? जब (अपने या शत्रु) रुधिर से धोया जायेगा। इस दोहे में यदि 'गात' के स्थान पर 'बदन' या 'मुख' शब्द आया होता तो इसका मोल अधिक बढ़ जाता क्योंकि उस अवस्था में 'सुर्खरू' होने का मुहाविरा भी सटीक बैठ जाता।

एक स्थान पर तो जायसी ने ऐसी ढकी हुई या गूढ़ रमणीय रूपयोजना (अप्रस्तुत) रखी है जिसका आभास मिलने पर कवि के कौशल पर चित्त चमत्कृत हो जाता है। जब पद्मिनी हँसती है तब उसके लाल ओठों और सफेद दाँतों की द्युति का प्रसार किस प्रकार होता है, देखिए—

हीरा लेइ सो विद्रुम धारा। बिहँसत जगत होइ उजियारा॥

हीरे की ज्योति लिए हुए जब वह विद्रुम वर्ण की (अरुण) द्युतिधारा फैलती है तब सारा जगत् प्रकाशित हो जाता है। इस उक्ति में उषा की मधुर श्वेत अरुण ज्योति के उदय का दृश्य किस प्रकार छिपा है? जब पद्मिनी हँसती है तब संसार उसी प्रकार खिल उठता है, जगमगा उठता है, जिस प्रकार उषा का मधुर प्रकाश फैलने पर। उक्ति के भीतर अप्रस्तुत रूप में इस प्रकार का दबा हुआ रूपविधान (सप्रेस्ड इमैजरी) आधुनिक काव्याभिव्यंजन की दृष्टि से भी परम रमणीय माना जाता है।

'संदेहालंकार' का उदाहरण जायसी में नहीं मिलता। एक स्थान पर (नखशिख में) रोमावली के वर्णन में नह खंडित रूप में मिलता है—

मनहुँ चढ़ी भौरन्हु कै पाँती। चंदन खाँभ बास कै माती॥
की कालिंदी बिरह सताइ। चलि पयाग अरइल बिच आई॥

संदेह में दो कोटियाँ होनी चाहिए और दोनों कोटियों में समान रूप से ज्ञान होना चाहिए। यहाँ एक ही कोटि है, चौपाई के पिछले दो चरणों में। चौपाई के प्रथम दो चरणों में तो उत्प्रेक्षा है। अत: संदेह अलंकार सिद्ध नहीं है, खंडित है।

कुछ और अलंकारों के उदाहरण लीजिए—

(1) कहाँ छपाए चाँद हमारा। जेहि बिनु रैनि जगत अँधियारा॥
(विनोक्ति)

(2) बसा लंक बरनै जग झीनी। तेहि ते अधिक लंक वह खीनी॥
परिहस पियर भए तेहि बसा। लये डंग लोगन्ह कहँ डसा॥
(प्रत्यनीक)

सिंह न जीता लंक सरि, हारि लीन्हु बनवासु॥
तेहि रिस मानुस रकत पिय, खाइ मारि कै माँसु॥ *(प्रत्यनीक)*

(3) निति गढ़ बाँचि चलै ससि सूरू। नाहि त होइ बाजि रथ चूरू॥
(संबंधातिशयोक्ति)

(4) मिलिहहिं बिछुरे साजन अंकम भेंटि गहंत।
तपनि मृग जे सहहिं ते अद्रा पलुहंत॥ *(अर्थांतरन्यास)*

(5) का भा जोग कथनि के कथे। निकसै घिउ न बिना दधि मथे॥
(दृष्टांत)

(6) घट महँ निकट, बिकट होइ मेरू। मिलहिं न मिले परा तस फेरू॥
(विशेषोक्ति)

(7) ना जिउ जिए, न दसवँ अवस्था। कठिन मरन तें प्रेम बेवस्था॥
(विरोध)

(8) भूलि चकोर दीठि मुख लावा॥ *(भ्रम)*

(9) नैन नीर सौं पोता किया। तस मद चुवा बरा जस दिया॥ *(परिणाम)*

(10) जीभ नाहिं पै सब किछु बोला। तन नाहीं सब ठाहर डोला॥
(विभावना)

(11) पदमिनि ठगिनी भइ कित साथा। जेहिं तैं रतन परा पर हाथा॥
(परिकरांकुर)

(12) रतन चला भा घर अँधियारा॥ *(परिकरांकुर)*

नीचे पहली पंक्ति में तो विषादन अलंकार की पुरानी उक्ति है जिसका व्यवहार सूरदास ने भी किया है, पर आगे उसमें जायसी ने 'द्वितीय पर्यायोक्ति' का मेल बड़ी सफाई से किया है—

गहै बीन मकु रैनि बिहाई। ससि बाहन तहै रहै ओनाई॥ *(विषादन)*
पुनि धनि सिंघ उरेहे लागै। ऐसिहि बिथा रैनि सब जागै॥
(द्वितीय पर्यायोक्ति)

इतने उदाहरणों से यह स्पष्ट हो गया होगा कि जायसी ने बहुत से अलंकारों का विधान किया है और यह विधान अधिकतर भाव या विषय के अनुरूप तथा अर्थविस्तार से सहायता के दृष्टि से किया है। पर यह कहा जा चुका है कि उन्होंने परंपरा पालन का ध्यान भी बहुत रखा है। इससे कहीं कहीं भद्दी परंपरा के भी उदाहरण मिलते हैं। इस प्रकार का एक सांग रूपक और एक परिणाम नीचे दिया जाता है। एक में तो वीररस की सामग्री में शृंगार की सामग्री का आरोप है और दूसरे में शृंगार की सामग्री में वीर रस की सामग्री का। पहले स्त्री के रूप में तोप का यह वर्णन लीजिए—

कहौं सिंगार जैसि वै नारी। दारू पियहिं जैसि मतवारी॥
सेंदुर आगि सीस उपराहीं। पहिया तरिवन चमकत जाहीं॥
कुच गोला दुइ हिरदय लाई। अंचल धुजा रहै छिटकाई॥
रसना लूक रहहिं मुख खोले। लंका जरै सो उनके बोले॥
अलक जँजीर बहुत गिउ बाँधे। खींचहिं हस्ती, टूटहिं काँधे॥
बीर सिंगार दोउ एक ठाऊँ। सत्रुसाल गढ़भंजन नाऊँ॥

इसी प्रकार का उदाहरण नीचे 'परिणाम' अलंकार का भी है जो बादल की नवागत बधू के मुँह से कहलाया गया है—

जौ तुम चहहु जुझि, पिय बाजा। कीन्ह सिंगार जूझ मैं साजा॥
जोवन आइ सौंह होइ रोपा। पिघला बिरहु कामदल कोपा॥
भौंहे धनुष, नयन सर साधे। बरुनि बीच काजर विष बाँधे॥
अलक फाँस गिउ मेलि असूझा। अधर अधर सौं चाहहिं जूझा॥
कुंभस्थल कुच दोउ मैमंता। पेलौं सौंह, सँभारहु, कंता॥

इन दोनों उदाहरणों में प्रस्तुत रस के विरुद्ध सामग्री का आरोप है। यद्यपि साहित्य के आचार्यों ने साम्य से कहे हुए विरोधी रस या भाव को (विभाव आदि को भी) दोषाधायक नहीं माना है, पर इस प्रकार के आरोपों से रस की प्रतीति में व्याघात अवश्य पड़ता है, वाग्वैदग्ध्य द्वारा मनोरंजन चाहे कुछ हो जाय। काव्य में बिंबस्थापना (इमैजरी) प्रधान वस्तु है। वाल्मीकि, कालिदास आदि प्राचीन कवियों में यह पूर्णता को प्राप्त है। अँगरेजी कवि शेली इसके लिये प्रसिद्ध हैं। भाषा के दो पक्ष होते हैं—एक सांकेतिक (सिंबोलिक) और दूसरा बिंबाधायक (प्रेजेंटेटिव)। एक में तो नियत संकेत द्वारा अर्थबोध मात्र हो जाता है, दूसरे में वस्तु का बिंब या चित्र अंत:करण में उपस्थित होता है। वर्णनों में सच्चे कवि द्वितीय पक्ष का आलंबन करते हैं। वे वर्णन इस ढंग से करते हैं कि बिंबग्रहण हो। अत: रसात्मक वर्णनों में यह आवश्यक है कि ऐसी वस्तुओं का बिंबग्रहण कराया जाय, ऐसी वस्तुएँ सामने लाई जायें, जो प्रस्तुत रस के अनुकूल हों, उसकी प्रतीति में बाधक न हों। सादृश्य और साधर्म्य के आधार पर आरोप द्वारा भी जो वस्तुएँ लाई जायें, वे भी ऐसी होनी चाहिए। वीररस की अनुभूति के समय कुच, तरिवन, सिंदूर आदि सामने लाना या शृंगार रस की अनुभूति के अवसर पर मस्त हाथी, भाले, बरछे, सामने रखना रसानुभूति में सहायक कदापि नहीं।

बात की काटछाँटवाले अलंकार—जैसे, परिसंख्या—यद्यपि जायसी में कम हैं पर कई प्रसंगों में जहाँ किसी पात्र का वाक्चातुर्य दिखाना कवि को इष्ट है वहाँ श्लेष और मुद्रा अलंकार का आश्रय बहुत लिया गया है—यहाँ तक कि ऊबने लगता है। रत्नसेन पद्मावती के प्रथम समागम केअवसर पर जब सखियाँ पद्मावती को छिपा देती हैं तब राजा के रसायनी प्रलाप में धातुओं आदि के बहुत से नाम निकलते हैं जैसे—

सो न रूप जासौं दुख खोलौं। गएउ भरोस तहाँ का बोलौं॥
जहँ लोना बिरवा कै जाती। कहि कै सँदेस आन को पाती॥
जो एहि घरी मिलावै मोहीं। सीस देउँ बलिहारी ओही॥

राजा कहता है 'वह रूप (पद्मावती) सामने नहीं है जिसके आगे मैं अपना दु:ख खोलूँ।......जहाँ वह सलोनी लता (पद्मावती) है वहाँ सँदेसा कहकर उसका पत्र कौन लावे?' इत्यादि। इसमें श्लेष और मुद्रा दोनों अलंकार है। इसी प्रकार की एक उक्ति वियोगदशा में नागमती की है—

धौरी पंडुक कह पिउ नाऊँ। जौं चित रोख न दूसर ठाऊँ॥
जाहि बया होइ पिउ कंठ लवा। करै मेराव सोइ गौरवा॥

अर्थात्—सफेद और पीली (पांडुवर्ण) पड़कर भी मैं उस प्रिय का नाम लेती हूँ। (क्योंकि) यदि मैं चित्त में रोष करूँ तो मेरे लिये और दूसरा ठिकाना नहीं है। जा और (सँदेसा कहकर) आ,[1] जिसमें प्रिय कंठ से लगे। जो मिलाप करो वही गौरवान्वित है। (चौपाई के रेखांकित शब्द चिड़ियों के नाम भी हैं।)

इसी प्रकार रत्नसेन के सिंहलद्वीप से चलने की तैयारी करने पर पद्मावती कहती है—

मोहि असि कहाँ सो मालति बेली। कदम सेवतीं चंप चमेली॥

(कदम सेवतीं =(1) चरणों की सेवा करती हैं, (2) कंदंब और सेवती फूल)।

यहाँ तक अर्थालंकारों के नमूने हुए। शब्दालंकारों में जायसी ने वृत्यनुप्रास, यमक और श्लेष का प्रयोग किया है, पर संयम के साथ। अनुप्रास आदि पर ही लक्ष्य रखकर खेलवाड़ इन्होंने कहीं नही किया है। नीचे कुछ उदाहरण दिए जाते हैं—

(1) रसनहि रस नहिं एकौ भावा। *(यमक)*
(2) गइ सो पूजि, मन पूजि न आसा। *(यमक)*
(3) भूमि जो भोजि भएउ सब गेरू। *(अनुप्रास)*
(4) पपिहा पीउ पुकारत पावा। *(अनुप्रास)*
(5) रंग रकत रह हिरदय राता। *(अनुप्रास)*
(6) भइ बगमेल सेन घनघोरा। और गजपेल अकेल सो गोरा। *(अनुप्रास)*

श्लेष के बहुत से उदाहरण पहले आ चुके हैं।

अलंकार हैं क्या? वर्णन करने की अनेक प्रकार की चमत्कारपूर्ण शैलियाँ, जिन्हें काव्यों से चुनकर प्राचीन आचार्यों ने नाम रखे और लक्षण बनाए। ये शैलियाँ न जाने कितनी हो सकती है। अत: यह नहीं कहा जा सकता कि जितने अलंकारों के नाम ग्रंथों में मिलते हैं उतने ही अलंकार हो सकते हैं। बीच बीच में नये आचार्य नए अलंकार बढ़ाते आए हैं; जैसे, 'विकल्प' अलंकार को अलंकार सर्वस्वकार राजानक रुय्यक ने ही निकाला था। इसलिये यह न समझना चाहिए कि किसी कवि की रचना में उतनी ही चमत्कारपूर्ण शैलियों का समावेश होगा जितनी नाम रखकर गिना दी गई हैं। बहुत से स्थलों पर कवि ऐसी शैली का आलंबन कर जायगा जिसके प्रभाव या चमत्कार की ओर लोगों का ध्यान न गया होगा और जिसका कोई नाम न रखा गया होगा; यदि रखा भी गया होगा तो किसी दूसरे देश के रीतिग्रंथ में। उदाहरण के लिये यह पद्य लीजिए—

कँवलहि बिरह बिथा जस बाढ़ी। केसर बरन पीर हिय गाढ़ी॥

'केसर बरन पीर हिय गाढ़ी', इस पंक्ति का अर्थ अन्वयभेद से तीन ढंग से हो सकता है—(1) कमल केसरवर्ण (पीला) हो रहा है, हृदय में गाढ़ी पीर है। (2)

---

1. बया (फारसी) =आ।

हृदय केसरवर्ण हो रहा है। (3) हृदय में केसर वर्ण गाढ़ी पीर है। इनमें से पहला अर्थ तो ठीक नहीं होगा, क्योंकि कवि की उक्ति का आधार केवल कमल के हृदय का पीला होना है, सारे कमल का पीला होना नहीं। दूसरा अर्थ अलबत्ते सीधा और ठीक जँचता है,पर अन्वय इस प्रकार खींचतान करना पड़ता है—'गाढ़ी पीर हिय केसर बरन।' तीसरा अर्थ यदि लेते हैं तो 'पीर' का एक साधारण विशेषण 'केसर बरन' रखना पड़ता है। इस दशा में 'केसरवर्ण' का लक्षणा से अर्थ करना होगा केसरवर्ण करने वाली, पीला करने वाली' और पीड़ा का आतिशय्य लक्षणा का प्रयोजन होगा। पर योरोपीय साहित्य में इस प्रकार की शैली अलंकार रूप से स्वीकृत है और हाईपैलेज कहलाती है। इसमें कोई गुण प्रकृत गुणी से हटाकर दूसरी वस्तु में आरोपित कर दिया जाता है; जैसे यहाँ पीलेपन का गुण 'हृदय' से हटाकर 'पीड़ा' पर आरोपित किया गया है।

एक उदाहरण और लीजिए--'जस भुइँ दहि असाढ़ पलुहाई'। इस वाक्य में 'पलुहाई' की संगति के लिये 'भुइं' शब्द का अर्थ उस पर के घास पौधे अर्थात् आधार के स्थान पर आधेय लक्षणा से लेना पड़ता है। बोलचाल में भी इस प्रकार के रूढ़ प्रयोग आते हैं, जैसे 'इन दोनों घरों में झगड़ा।' यूरोपीय अलंकार शास्त्र में आधेय के स्थान पर आधार के कथन की प्रणाली को मेटनमी अलंकार कहेंगे। इसी प्रकार अंगी के स्थान पर अंग, व्यक्ति के स्थान पर जाति आदि का लाक्षणिक प्रयोग सिनेक्डोकी अलंकार कहा जाता है। सारांश यह कि चमत्कार प्रणालियाँ बहुत सी हो सकती है।

स्वभावचित्रण

आरंभ में ही हम यह कह देना अच्छा समझते हैं कि जायसी का ध्यान स्वभाव चित्रण की ओर वैसा न था। 'पद्मावत' में हम न तो किसी व्यक्ति के ही स्वभाव का ऐसा प्रदर्शन पाते हैं जिसमें कोई व्यक्तिगत विलक्षणता पूर्ण रूप से लक्षित होती है, और न किसी वर्ग या समुदाय की ही विशेषताओं का विस्तृत प्रत्यक्षीकरण हमें मिलता है। मनुष्य प्रकृति के सूक्ष्म निरीक्षण का प्रमाण हमें जायसी के प्रबंध के भीतर नहीं मिलता। राम, लक्ष्मण, भरत और परशुराम आदि के चरित्रों में जैसी व्यक्तिगत विशेषताएँ तथा कैकेयी, कौशल्या और मंथरा आदि के व्यवहारों में जैसी वर्गगत विशेषताएँ गोस्वामी तुलसीदास जी हमारे सामने रखते हैं, वैसी विभिन्न विशेषताएँ जायसी अपने पात्रों के द्वारा नहीं सामने लाते। इतना होने पर भी कोई यह नहीं कह सकता कि 'पद्मावत' में मानवी प्रकृति के चित्रण का एकदम अभाव है।

प्रबंध काव्य में भाव की व्यंजना पात्रों के वचन और कर्म द्वारा ही होती है, उनके स्वगत भावों और विचारों का उल्लेख बहुत कम मिलता है। 'पद्मावत' में प्रबंध के आदि से लेकर अंत तक चलने वाले पात्र तीन मिलते हैं—पद्मावती, रत्नसेन और नागमती। इनमें से किसी के चरित्र में कोई ऐसी व्यक्तिगत विशेषता कवि ने नहीं रखी है जिसे पकड़कर हम इस बात का विचार करें कि उस विशेषता का निर्वाह अनेक अवसरों पर हुआ है या नहीं। इन्हें हम प्रेमी और पति पत्नी के रूप में ही देखते हैं, अपनी किसी व्यक्तिगत विशेषता का परिचय देते नहीं पाते। अतः इनके संबंध में चरित्रनिर्वाह का एक प्रकार से प्रश्न ही नहीं रह जाता। राजा रत्नसेन में हम जो कष्टसहिष्णता. धीरता या साहस इत्यादि देखते हैं वे कोई व्यक्तिगत विशिष्ट लक्षण

नहीं जान पड़ते, बल्कि सब सच्चे प्रेमियों का आदर्श पूरा करते पाए जाते हैं। वियोग या विपत्ति की दशा में उसी रत्नसेन को आत्मघात करने को तैयार देखते हैं। पद्मावती भी चित्तौड़ आने से पहले तक तो आदर्श प्रेमिका के रूप में दिखाई पड़ती है और चित्तौड़ आने पर उसके सतीत्व का विकास आरंभ होता है। नागमती को भी हम सामान्य स्त्री स्वभाव से युक्त पतिपरायण हिंदू स्त्री के रूप में देखते हैं। आदि से अब तक चलने वाले इन तीनों पात्रों का व्यवहार या तो किसी आदर्श की पूर्ति करता है या किसी वर्ग की सामान्य प्रवृत्ति का परिचय कराता है।

चरित्र का विधान चार रूपों में हो सकता है—(1) आदर्श रूप में, (2) जाति-स्वभाव के रूप में, (3) व्यक्तिस्वभाव के रूप में, और (4) सामान्य स्वभाव के रूप में। अत: जिन पात्रों के चरित्र का हम विवेचन करेंगे उनके संबंध में पहले यह देखेंगे कि उनके चरित्रों का चित्रण किन किन रूपों में हुआ है। जो चार रूप पीछे कहे गये हैं, उनमें स्वरूप का चित्रण तो चरित्र-चित्रण के अंतर्गत नहीं, वह सामान्य प्रकृतिवर्णन के अंतर्गत है, जिसे पुराने ढंग के आलंकारिक 'स्वभावोक्ति' कहेंगे। आदर्श चित्रण के संबंध में एक बात ध्यान देने की यह है कि जायसी का आदर्श चित्रण एकदेशव्यापी है। तुलसीदास जी के समान किसी सर्वांगपूर्ण आदर्श की प्रतिष्ठा का प्रयत्न उन्होंने नहीं किया है। रत्नसेन प्रेम का आदर्श, गोरा बादल वीरता के आदर्श हैं, पर एक साथ ही शक्ति, वीरता, दया, क्षमा, शील, सौंदर्य आदि विनय इत्यादि सबका कोई एक आदर्श जायसी के पात्रों में नहीं है। गोस्वामी जी का लक्ष्य था मनुष्यत्व के सर्वतोमुख उत्कर्ष द्वारा भगवान् के लोकपालक स्वरूप का आभास देना। जायसी का लक्ष्य था प्रेम का वह उत्कर्ष दिखाना जिसके द्वारा साधक अपने विशेष अभीष्ट की सिद्धि प्राप्त कर सकता है। रत्नसेन प्रेममार्ग के भीतर तो अपना सुखभोग क्या प्राण तक त्याग करने को तैयार है; पर वह ऐसा नहीं है कि प्रेममार्ग के बाहर भी उसे द्रव्य आदि का लोभ कभी स्पर्श न कर सके। प्रेममार्ग के भीतर तो उसे लड़ाई भिड़ाई अच्छी नहीं लगती, अपने साथियों के कहने पर भी वह गंधर्वसेन की सेना से लड़ना नहीं चाहता, पर अलाउद्दीन का पत्र पढ़कर वह युद्ध के उत्साह से पूर्ण हो जाता है। इसी प्रकार पद्मावती को देखिए। जहाँ तक रत्नसेन से संबंध है वहाँ तक वह त्याग की मूर्ति है, पर इसका मतलब यह है कि सपत्नी के प्रति स्वप्न में वह भी वह ईर्ष्या का भाव नहीं रखती।

यह तो स्पष्ट ही है कि कथा का नायक रत्नसेन और नायिका पद्मावती है। अत: पहले इन्हीं दोनों चरित्रों को लेते हैं—

रत्नसेन—नायक होने से प्राचीन पद्धति के अनुसार रत्नसेन के चरित्र में आदर्श की प्रधानता है। यद्यपि उसके व्यक्तिगत स्वभाव (जैसे, बुद्धि की अतत्परता, अदूरदर्शिता) तथा जातिगत स्वभाव (जैसे राजपूतों की प्रतिकार वासना) की भी कुछ झलक मिलती है, पर प्रधानता आदर्श प्रतिष्ठापक व्यवहारों की ही है। आदर्श प्रेम का है, और गहरे सच्चे प्रेम का। अत: उस प्रबल प्रेम के आवेग में जो कुछ करणीय अकरणीय रत्नसेन ने भी किया है उसका विचार साधारण कर्मनीति की दृष्टि से न करना चाहिए। प्रसिद्ध पाश्चात्य भाववेत्ता मनोविज्ञानी शैंड ने बहुत ठीक कहा है—'प्रत्येक भाव (रति, शोक, जुगुप्सा आदि) के कुछ अपने निज के गुण होते हैं, जिनमें

से लोकनीति के अनुसार कुछ सद्गुण कहे जाते हैं, और कुछ दुर्गुण—जो उस भाव की लक्ष्यपूर्ति के लिये आवश्यक होते हैं।[1] इन गुणों का विकास भावोत्कर्ष की दृष्टि से करना चाहिए, लोकनीति की दृष्टि से नहीं। रत्नसेन अपनी विवाहिता पत्नी नागमती की प्रीति का कुछ विचार न करके घर से निकल पड़ता है और सिंघलगढ़ के भीतर चोरों की तरह सेंध देकर घुसना चाहता है। पहली बात चाहे हिंदुओं में प्रचलित रीति के कारण बुरी न लगे पर दूसरी बात लोकदृष्टि में निंद्य अवश्य जान पड़ेगी। बात बात में अपने सदाचार का दंभ दिखाने वाले तो इसे 'बहुत बुरी बात' कहेंगे। पर प्रेममार्ग की नीति जानने वाले चोरी से गढ़ में घुसने वाले रत्नसेन को कभी चोर न कहेंगे। वे इस बात का विचार करेंगे कि वह प्रेम के लक्ष्य से कहीं च्युत तो नहीं हुआ। उनकी व्यवस्था के अनुसार रत्नसेन का आचरण उस समय निंदनीय होता जब वह अप्सरा के वेश में हुई पार्वती और लक्ष्मी के रूपजाल और बातों में फँसकर मार्गभ्रष्ट हो जाता। पर उस परीक्षा में वह पूरा उतरा।

उपर्युक्त विवेचन का तात्पर्य यह है कि प्रेम के साधनकाल में रत्नसेन में जो साहस, कष्ट सहिष्णुता, नम्रता, कोमलता, त्याग आदि गुण तथा अधीरता, दुराग्रह और चौर्य आदि दुर्गुण दिखाई पड़ते हैं वे प्रेमजन्य हैं, वे स्वतंत्र गुण या दोष नहीं माने जा सकते। यदि वे बातें प्रेमपथ के अतिरिक्त जीवन के दूसरे व्यवहारों में भी दिखाई गई होती तो इन्हें हम रत्नसेन के व्यक्तिगत स्वभाव के अंतर्गत ले सकते हैं।

इसी प्रकार सिंहलद्वीप से लौटते समय रत्नसेन का जो अर्थलोभ कवि ने दिखाया है वह भी रत्नसेन के व्यक्तिगत स्वभाव के अंतर्गत नहीं आता। किसी विशेष अवसर पर असाधारण सामग्री के प्रति लोभ प्रकट करते देख हम किसी लोभी नहीं कह सकते। हाँ, उस असाधारण सामग्री के तिरस्कार से उसे निर्लोभ अवश्य कह सकते हैं। दोनों अवस्थाओं में अंतर यह है कि एक में लोभ करना साधारण बात है और दूसरी में त्याग करना असाधारण बात है। किसी एक अवसर पर प्रदर्शित मनोवृत्ति स्वभाव के अंतर्गत तभी समझी जा सकती है जब वह या साधारण से अधिक मात्रा में हो अथवा वह ऐसे शब्दों में व्यक्त की जाय जिससे उसका स्वभावगत होना पाया जाय। जैसे 'चाहे लोग कितना ही बुरा कहें मैं इतना धन छोड़ नहीं सकता अथवा 'चार पैसे के लिए तो मैं कोस भर दौड़ जाऊँ, इसमें से चार पैसे तुम्हें कैसे दे दूँ?' पर रत्नसेन के लोभ में इन दोनों में से एक बात भी नहीं पाई जाती। वह लोभवाला प्रसंग केवल इस उपदेश के निमित्त जोड़ा गया है कि बहुत अधिक संपत्ति देखकर बड़े बड़े त्यागियों को भी लोभ हो जाता है।

रत्नसेन की व्यक्तिगत विशेषता की झलक हमें उस स्थान पर मिलती है जहाँ गोरा बादल के चेताने पर भी अलाउद्दीन के छल को नहीं समझता और उसके साथ गढ़ के बाहर तक चला जाता है। दूसरे पर दल का संदेह न करने में राजा के हृदय की

---

1. एवी संटिमेंट टेंड्स टु ऐक्वायर द वरच्यूज ऐंड वाइसेज दैट आर रिक्वायर्ड बाई इट्स सिस्टम.....दोज वरच्यूज ऐंड वाइसेज आर एकाउंटेड सच फ्राम टू डिफरेंट प्लाइंटस आव व्यू, फ्राम द प्वाइंट आव व्यू आव सोसाइटी; सेकेंडली, फ्राम द प्वाइंट आव व्यू आव द सेंटिमेंट इटसेल्फ एकार्डिग टु ए स्टैंडर्ड हिच इट इटसेल्फ फर्निशेज। —फाउंडेशन्स आव कैरेक्टर

उदारता और सरलता तथा नीति को दृष्टि से अपनी रक्षा का पूरा ध्यान न रखने में अदूरदर्शिता प्रकट होती है।

जातिगत स्वभाव का आभास इस घटना से मिलता है। दिल्ली से छूटकर जिस दिन राजा चित्तौड़ आया है उसी दिन रात को पद्मिनी से देवपाल की दुष्टता का हाल सुनकर क्रोध से भर जाता है और सबेरा होते ही बिना पहले से किसी प्रकार की तैयारी किए देवपाल को बाँधने की प्रतिज्ञा करके कुंभलनेर पर जा टूटता है। पेट में साँग घुसन पर श्री वह मरने के पहले देवपाल को मारकर बाँधता है। प्रतिकार की यह प्रबल वासना राजपूतों का जातिगत लक्षण है। वीर लड़ाकू जातियों में प्रतिकारवासना बड़ी प्रबल हुआ करती है।

पद्मावती—नायिका होने से पद्मावती के चरित्र में भी आदर्श ही की प्रधानता है। चित्तौड़ आने के पूर्व वह सच्ची प्रेमिका के रूप में दिखाई पड़ती है। जब रत्नसेन को सूली की आज्ञा होती है तब वह भी प्राण देने को तैयार होती है। इसके उपरांत सिंहल से चित्तौड़ के मार्ग में ही उसमें चतुर गृहिणी के गुण का स्फुरण होने लगता है। समुद्र में जहाज नष्ट हो गए और राजा रानी बहकर दो घाट लगे। राजा का खजाना और हाथी घोड़े सब डूब गए। समुद्र के यहाँ से जब राजा रानी विदा होकर चलने लगे तब राजा को समुद्र ने हंस, शार्दूल आदि पाँच अलभ्य वस्तुएँ दीं और रानी को लक्ष्मी न पान के बीड़े के साथ कुछ रत्न दिए। जगन्नाथपुरी में आने पर राजा ने जब देखा कि उसके पास उन पाँच वस्तुओं के सिवा कुछ द्रव्य नहीं है तब वह मार्गव्यय की चिंता में पड़ गया।[1] उसी समय पद्मावती ने वे रत्न बेचने के लिए निकाले जो लक्ष्मी ने विदा होते समय छिपाकर दिए थे। इस बात से पद्मावती की उस संचयबुद्धि का आभास मिलता है जो उत्तम गृहिणी में स्वाभाविक होती है।

अपनी व्यक्तिगत दूरदर्शिता और बुद्धिमत्ता का परिचय पद्मावती ने निकाले हुए राघवचेतन को दान द्वारा संतुष्ट करने के प्रयत्न में दिया है। राघव को निकालने का परिणाम उसे अच्छा नहीं दिखाई पड़ा—

'ज्ञान दिस्टि धनि अगम विचारा। भल न कीन्ह अस गुनी निकारा॥

बुद्धिमानी का दूसरा परिचय पद्मिनी ने राजा के बंदी होने पर गोरा बादल के पास जाने में दिया है। यद्यपि से राजा से रूठे थे पर पद्मिनी ने उन्हीं को सच्चे हितैषी और सच्चे वीर पहचाना।

जातिगत स्वभाव उस स्त्रीसुलभ प्रेमगर्व और सपत्नी के प्रति उस ईर्ष्या में मिलता है जो नागमती के साथ विवाद का कारण है। नागमती के बगीचे में बड़ी चहल पहल है और राजा भी वहीं है, यह सुनते ही पद्मावती को इतना बुरा लगता है कि वह तुरंत वहाँ जा पहुँचती है और विवाद छेड़ती हैं। उस विवाद में वह राजा के प्रेम का गर्व भी

---

1. यद्यपि समुद्र से विदा होते समय 'और दीन्ह बहु रतन पखाना' कवि ने कहा है पर जगन्नाथपुरी में आने पर राजा के पास कुछ भी नहीं रहा गया था, यह स्पष्ट लिखाहै—'राजै पदमावति सौं कहा। साँठि नाठि,किछु गाँठि न रहा॥' अब या तो यह मानें कि समुद्र का दिया हुआ रत्न द्रव्य सब रास्ते में खर्च हो गया अथवा यह मानें कि समुद्र से उन पाँच वस्तुओं के अतिरिक्त द्रव्य मिलने का प्रसंग प्रक्षिप्तहै।

प्रकट करती हैं। यह ईर्ष्या और प्रेमगर्व स्त्री जाति के सामान्य स्वभाव के अंतर्गत माना जाता है। इसी से इनके वर्णन में रसिकों को एक विशेष प्रकार का आनंद आया करता है। ये भाव व्यक्तिगत दुष्ट प्रकृति के अंतर्गत नहीं कहे जा सकते। पुरुषों ने अपनी जबरदस्ती से स्त्रियों के कुछ दु:खात्मक भावों को भी अपने विलास और मनोरंजन की सामग्री बना रखा है। जिस दिलचस्पी के साथ वे मेढ़ों की लड़ाई देखते हैं उसी दिलचस्पी के साथ अपनी कई स्त्रियों के परस्पर कलह को। नवोढ़ा का 'भय और कष्ट' भी नायिका भेद और रसिकों के आंनद के प्रसंग हैं। इसी परिपाटी के अनुसार स्त्रियों की प्रेमसंबंधिनी ईर्ष्या का भी शृंगार रस में एक विशेष स्थान है। यदि स्त्रियाँ भी इसी प्रकार पुरुषों की प्रेमसंबंधिनी ईर्ष्या को अपने खेलवाड़ की चीज बनावें तो कैसा?

सबसे उज्ज्वल रूप जिसमें हम पद्मिनी को देखते हैं वह सती का है। यह हिंदू नारी का चरम उत्कर्ष को पहुँचा हुआ रूप है। जायसी ने उसके सतीत्व की परीक्षा का भी आयोजन किया है। पर जैसा पहले कहा जा चुका है, जायसी ने ऐसे लोकोत्तर दिव्य प्रेम की परीक्षा के लिये जो कसौटी तैयार की है, वह कदापि उसके महत्व के उपयुक्त नहीं है।

राजपूतों में जौहर की प्रथा थी। पर पद्मावती का सती होना 'जौहर' के रूप में नहीं कहा जा सकता। जौहर तो उस समय होता था जब वह शत्रुओं से घिरे गढ़ के भीतर सैनिक गढ़रक्षा की आशा न देख शस्त्र लेकर बाहर निकल पड़ते थे और उनके पराजित होने या मारे जाने का समाचार गढ़ के भीतर पहुँचने पर स्त्रियाँ शत्रु के हाथ में पड़ने के पहले अग्नि में कूद पड़ती थी। पर जायसी ने मुसलमान सेना के आने के पहले ही रत्नसेन की मृत्यु दिखाकर पद्मिनी और नागमती का विधिपूर्वक पति की चिता में बैठकर 'सती होना' दिखाया है। इसके उपरांत और सब क्षत्राणियों का 'जौहर' कहा गया है।

जातिगत स्वभाव के भीतर क्षत्रिय नारी के उपयुक्त पद्मिनी के उस साहसपूर्ण उद्योग को भी लेना चाहिए जो उसने अपने पति के छुटकारे के लिये किया। उसने कैसे ओज भरे शब्दों में गोरा बादल को बढ़ावा दिया है।

नागमती—सती नागमती को पहले हम 'रूपगर्विता' के रूप में देखते हैं। यह रूपगर्व स्त्रियों के जातिगत सामान्य के अंतर्गत समझिए। ऐसा ही सपत्नी के प्रति उसकी ईर्ष्या को भी समझना चाहिए। इस जातिगत ईर्ष्या की मात्रा सामान्य से अधिक बढ़ी हुई हम नहीं पाते हैं, जिससे विशेष ईर्ष्यालु प्रकृति का अनुमान कर सकें। नागमती पद्मिनी के विरुद्ध कोई भीषण षड्यंत्र आदि नहीं रचती। कहीं कहीं तो उसकी ईर्ष्या भी पति की हितकामना के साथ मिश्रित दिखाई पड़ती है। राजा रत्नसेन के बंदी होने पर नागमती इस प्राकर विलाप करती है—

पदमिनि ठगिनी भइ कित साथा। जेहि तैं रतन परा पर हाथा॥

इस जातिगत स्वभाव से आगे बढ़कर हम नागमती के आदर्श पक्ष पर आते हैं। पति पर उसका कैसा गूढ़ और गंभीर प्रेम है—यह उसकी वियोगदशा द्वारा व्यक्त होता है। पारिवारिक जीवन की दृष्टि से यह पक्ष अत्यंत गंभीर और मधुर

है। पतिपरायणता नागमती जीवनकाल में अपनी प्रेमज्योति से गृह को आलोकित करके अंत में सती की दिगंतव्यापिनी प्रभा से दमककर इस लोक से अदृश्य हो जाती है।

रत्नसेन और बादल की माता—ये दोनों सामान्य माता के रूप में हमारे सामने आती हैं, क्षत्रिय माता के रूप में नहीं। इनके वात्सल्य की व्यंजना में हम उस स्नेह की झलक पाते हैं जो पुत्र के प्रतिमाता में सामान्यत: होता है। दोनों में किसी प्रकार की व्यक्तिगत विशेषता नहीं दिखाई पड़ती है। वर्ग विशेष की किसी प्रवृत्ति का भी पता उनमें नहीं है। रण में जाते हुए पुत्र को रोकने का प्रयत्न करके बादल की माता सामान्य माता का रूप दिखाती है, क्षत्राणी या क्षत्रिय माता का नहीं।

राघव चेतन—इस पात्र का स्वरूप समाज की उस भावना का पता देता है जो लोकप्रिय वैष्णव धर्म के कई रूपों में प्रचार के कारण शाक्तों, तांत्रिकों या वाममार्गियों के विरुद्ध हो रही थी। इस सामाजिक दृष्टि से यदि हम देखते हैं, तो राघव चेतन वर्ग विशेष का उसी प्रकार प्रतिनधि ठहरता है जिस प्रकार शेक्सपियर के 'वेनिस नगर का व्यापारी' का शाइलाक। यह भूत, प्रेत, यक्षिणी की पूजा करता था। उसी वृत्ति उग्र और हिंसा पूर्ण थी, कोमल और उदात्त भावों से उसका हृदय शून्य था। विवेक का उसमें लेश न था। वह इस बात का मूर्तिमान प्रमाण थे कि उत्तम संस्कार और बात है, पांडित्य और बात। हृदय के उत्तम संस्कार के बिना श्रेष्ठ आचरण का विधान नहीं हो सकता। उसकी संप्रदायगत प्रवृत्ति के अतिरिक्त उसकी व्यक्तिगत अहंकार वृत्ति का भी कुछ पता इस बात से मिलता है कि वह अपने को औरों से भिन्न और श्रेष्ठ प्रकट करना चाहता था। जो बात सब लोग कहते उसके प्रतिकूल कहकर वह अपनी धाक जमाने की फिक्र में रहता था। सब पंडित ने अमावस्या बताई तब उसने द्वितीया कहकर सिद्धि यक्षिणी के बल से अपनी बात रखनी चाही।

जिस राजा रत्नसेन के यहाँ वह जीवन भर रहा, उसके प्रति कृतज्ञता का कुछ भाव उसके हृदय में हम नहीं पाते। देश से निकाले जाने की आज्ञा होते ही उसे बदला लेने की धुन हुई। पद्मिनी ने अत्यंत अमूल्य दान देकर उसे संतुष्ट करना चाहा पर उस कृपा का उस पर उल्टा प्रभाव पड़ा। पहले तो अपने स्वामी की पत्नी को बुरे भाव से देख उसने घोर अविवेक का परिचय दिया, फिर उसके हृदय में हिंसावृत्ति और प्रतिकारवासना के साथ ही साथ लोभ का उदय हुआ। वह सोचने लगा कि दिल्ली का बादशाह अलाउद्दीन अत्यंत प्रबल और लंपट है, उसके यहाँ चलकर पद्मिनी के रूप का वर्णन करूँ तो वह चित्तौड़ पर अवश्य चढ़ाई कर देगा जिससे पूरा बदला भी चुक आयगा और धन भी बहुत प्राप्त होगा। निर्लज्ज भी वह परले सिरे का दिखाई पड़ता है। जिस स्वामी के साथ वह उसने इतनी कृतघ्नता की, चित्तौड़गढ़ के भीतर बादशाह के साथ जाकर, उसको मुँह दिखाते कुछ भी लज्जा न आई। अपनी नीचता की हद को वह उस समय पहुँचता है जब राजा रत्नसेन के गढ़ के बाहर निकलने पर वह उन्हें बंदी करने का इशारा करता है।

सारांश यह कि अहंकार, अविवेक, कृतघ्नता, लोभ, निर्लज्जता और हिंसा द्वारा ही उसका हृदय संघटित रहता है। यदि पद्मावती के कथानक की रचना सदसत् के लौकिक परिणाम की दृष्टि से की गई होती तो राघव का परिणाम अत्यंत भयंकर दिखाया गया होता। पर कवि ने उसके परिणाम की कुछ भी चर्चा नहीं की है।

गोरा बादल— क्षत्रिय वीरता के ये दो अत्यंत निर्मल आदर्श जायसी ने सामने रखे हैं। अबलाओं की रक्षा से जो माधुर्य यूरोप के मध्य युग के नाइटों की वीरता में दिखाई पड़ता था उसकी झलक के साथ स्वामिभक्ति का अपूर्व गौरव इनकी वीरता में देख मन मुग्ध हो जाता है। जायसी के अंतर्दृष्टि धन्य है जिसने भारत के इस लोकरंजनकारी क्षात्र तेज को पहचाना।

पहले हम इन दोनों वीरों के खरेपन, दूरदर्शिता, आत्मसम्मान और स्वामिभक्ति, इन व्यक्तिगत गुणों की ओर ध्यान देते हैं। गढ़ के भीतर बादशाह को घूमते देख इनसे न रहा गया। इन्हें बादशाह के रंग ढंग से दल का संदेह हुआ और इन्होंने राजा को तुरंत सावधान किया। जब राजा ने इनकी बात न मानी तब से आत्मसम्मान के विचार से रूठकर घर बैठे रहे। मंत्रणा के कर्तव्य से मुक्त होकर शस्त्र ग्रहण के कर्तव्य का अवसर देखने लगे। वह अवसर भी आया। रानी पद्मिनी पैदल इनके घर आई और रो रोकर उसने राजा को छुड़ाने की प्रार्थना की। कठोरता के अवसर पर कठोर होने वाला और कोमलता के अवसर पर कोमल से कोमल होने वाला हृदय ही प्रकृत क्षत्रिय हृदय है। अत्याचार से द्रवीभूत होने वाले हृदय की उग्रता ही लोकरक्षा के उपयोग में आ सकती है। रानी की दशा देखते ही—

गोरा बादल दुवौ पसीजै। रोवत रुहिर सीस लहि भीजै॥

दोनों को तेज भरी प्रतिज्ञा सुनकर पद्मिनी ने जो साधुवाद दिया उसके भीतर क्षात्र धर्म की ओर स्पष्ट संकेत है—

तुम टारन भारन्ह जग जाने। तुम सुपुरुष औ करन बखाने॥

संसार का भार टालना, विपत्ति से उद्धार करना, अन्याय और अत्याचार का दमन करना ही क्षात्र धर्म है।

इस क्षात्र धर्म का अत्यंत उज्ज्वल स्वरूप इन दोनों वीरों के आचरण में झलकता है। कवि ने बादल की छोटी अवस्था दिखाकर उसकी नवागत वधू को लाकर कर्तव्य की एक बड़ी से बड़ी कसौटी सामने रखने के साथ संपूर्ण प्रसंग को अत्यंत मर्मस्पर्शी बना दिया। बादल युद्धयात्रा के लिये तैयार होता है। उसकी माता स्नेहवश युद्ध की भीषणता दिखाकर रोकना चाहती हैं। इस पर वह अपने बल के विश्वास की दृढ़ता दिखाता है। इसके पीछे उसकी तुरंत की आई हुई वधू सामने आकर खड़ी होती है, पर वह हृदय को कठोर करके मुँह फेर लेता है—

तब धनि कीन्हि बिहँसि चख दीठी। बादल तबहि दीन्हि फिरि पीठी॥
मुख फिराइ मन अपने रीसा। चलत न तिरिया कर मुख दीसा॥

यह कर्तव्य की कठोरता है। फिर स्त्री फेंटा पकड़ती है; पर बादल छुड़ाकर अपना कर्तव्य समझाता है—

जौ तुइँ गवन आइ गजगामी। गवन मोर जहँवा मोर स्वामी॥

कर्तव्य की यह कठोरता कितनी सुंदर और कितनी मर्मस्पर्शिनी है।

इस आदर्श क्षत्रिय वीरता के अतिरिक्त दोनों में युक्तिपटुता का व्यक्तिगत गुण भी हम पूरा पूरा पाते हैं। सोलह सौ पालकियों के भीतर राजपूत योद्धाओं को बिठाकर दिल्ली ले जाने के युक्ति इन्हीं दोनों वीरों की सोची हुई थी, जो पूरी उतरी।

युद्ध वीर गोरा ने अपने पुत्र बादल को 600 सरदारों के साथ छूटे हुए राजा को पहुँचाने चित्तौड़ की ओर भेजा और आप केवल एक हजार सरदारों को लेकर बादशाही फौज को तब तक रोके रहा जब तक राजा चित्तौड़ नहीं पहुँच गया। अंत में उसी युद्ध में वह वीरगति को प्राप्त हुआ। उसके पेट में साँग धँसी और आँते जमीन पर गिर पड़ी पर आँतों को बाँधकर वह फिर घोड़े पर सवार हो लड़ने लगा। उसी समय चारण ने साधुवाद किया—

भाँट कहा, धनि गोरा! तू भी रावन राव।
आँति समेटी बाँधि कै, तुरयं देत है पाव॥

बादल भी रत्नसेन की मृत्यु के पीछे चित्तौड़गढ़ की रक्षा में फाटक पर मारा गया।

बादल की स्त्री—बादल की स्त्री का चित्रण बराबर तो सामान्य स्त्री के रूप में है पर अंत में वह अपना वीर पत्नी और क्षत्राणी का रूप प्रकट करती है। जब उसने देखा कि पति किसी प्रकार युद्ध से विमुख न होंगे, तब वह कहती है—

जौ तुम कंत! जूझ जिउ काँधा। तुम, पिउ! साहस, मैं सत बाँधा॥
रन संग्राम जूझि जिति आवहु। लाज होइ जो पीठि देखावहु॥

इसके उपरांत अपनी दृढ़ता और छात्र गौरव की व्यंजना देखिए कैसे अर्थगर्भित वाक्य द्वारा वह करती है—

तुम, पिउ! साहस बाँधा, मैं दिय माँग सेंदूर॥
दोउ सँभारे होइ सँग, बाजै मादर तूर॥

तुम युद्ध का साहब बाँधते हो और मैं सती का बाना लेती हूँ। इन दोनों बातों का जब दोनों ओर से निर्वाह होगा तभी फिर हमारा तुम्हारा साथ हो सकता है। यदि तुम युद्ध में वीरगति को प्राप्त हुए और मैं सती न हुई तो साथ न होगा; यदि तुम पीठ दिखाकर भाग आए तब भी मैं तुमसे न मिल सकूँगी। यदि दोनों ने अपने अपने पक्ष का निर्वाह किया, जय और पराजय दोनों अवस्थाओं में मिलाप हो सकता है—तुम जीतकर आए तो इसी लोक में और मारे गए तो उस लोक में।

देवपाल की दूती—इसका चित्रण दूतियों का सामान्य लक्षण लेकर ही हुआ है। दूतियों में जैसा आडंबर, धूर्तता, प्रगल्भता, वाक्‌चातुर्य दिखाने की परिपाटी है, जैसा ही कवि ने दिखाया है। पहले तो अपने ऊपर कुछ स्नेह और विश्वास

उत्पन्न करने के लिये वह पद्मिनी के मायके की बनती है, फिर उसके रूप, यौवन आदि का वर्णन करके उसके हृदय में विषयवासना उद्दीप्त करना चाहती है। परपुरुष की चर्चा छेड़ने पर जब पद्मिनी चौंककर कहती है कि तू मेरे ऊपर मसि या कालिमा लगाना चाहती है तब वह 'मसि' शब्द पर इस प्रकार तर्क करती है—

पद्मिनी! पुनि मसि बोलु न बैना। सो मसि देखु दुहूँ तोरे नैना॥
मसि सिँगार, काजर सब बोला। मसि क बुंद तिल सोह कपोला॥
लोना सोइ जहाँ मसि रेखा। मसि पुतरिन्ह जिन्हसों जग देखा॥
मसि के सहित, मसि भौंह उरेही। मसि बिनु दसन सोभ नहिं देही॥
सो कस सेत जहाँ मसि नाहीं। सो कस पिंड न जहँ परछाँहीं?॥

देखिए, 'लोना सोइ जहाँ मसि रेखा' कहकर दूती किस प्रकार मसि भीनते हुए जवान की ओर इशारा करके कामवासना उत्पन्न करना चाहती है। फिर अंत में श्वेत और कृष्ण—सफेद और स्याह—को जगत् में सापेक्ष दिखाकर पद्मिनी का संकोच दूर करना चाहती है। अंतिम युक्ति तो दार्शनिकों की सी है।

अलाउद्दीन—अपने बल, प्रताप और श्रेष्ठता के अभिमान में अलाउद्दीन इस बात को सहन नहीं कर सकता है कि और किसी के पास कोई ऐसी वस्तु रहे जैसी उसके पास न हो। जब राघव चेतन पद्मिनी की प्रशंसा करता है तब पहले तो उसे यह समझाकर बुरा लगता है कि मेरे हरम में एक एक बढ़कर सुंदरी स्त्रियाँ हैं, उन सबसे बढ़कर सुंदरी का होना यह एक राजा के यहाँ बतला रहा है। पर जब राघव चेतन स्त्रियों के चार भेद बतलाकर पद्मिनी के रूप का विस्तृत वर्णन करता है तब उसे रुपलोभ आ धरता है और वह चित्तौड़ दूत भेजता है। रत्नसेन के क्रोधपूर्ण उत्तर पर चढ़ाई कर देता है। इस चढ़ाई के कारण लोभ और अभिमान ही कहे जायँगे, क्रोध तो लोभ और अभिमान की तुष्टि के मार्ग में बाधा पड़ने के कारण उत्पन्न हुआ। अलाउद्दीन वीर था। अतः वीरों का सम्मान उसके हृदय में था। बादशाह का संधि संबंधी प्रस्ताव जब राजा रत्नसेन ने स्वीकार कर लिया तब इस बात की सूचना बादशाह को देते समय सरजा ने चापलूसी के ढंग पर राजपूतों को 'काग' कह दिया। इस पर अलाउद्दीन ने उसको यह कहकर फटकारा कि 'वे काग नहीं हैं, काग हो तुम जो धूर्तता करते हो और इधर का संदेशा उधर कहते फिरते हो। काग धनुष पर बाण चढ़ा हुआ देखते ही भाग खड़े होते हैं, पर वे राजपूत यदि हमारी ओर धनुष पर बाण चढ़ा देखें तो तुरंत सामना करने के लिये लौट पड़ें।'

'पद्मावत' के पात्रों में राघव और अलाउद्दीन ही ऐसे हैं जिनके प्रति अरुचि या विरक्ति का भाव पाठकों के मन में उत्पन्न हो सकता है। इनमें से राघंव के प्रति तो जायसी ने अपने अरुचि का आभास दिया है, पर कथा के बीच में अलाउद्दीन के प्रति उनके किसी भाव की झलक नहीं मिलती। हाँ, ग्रंथ के अंत में 'माया अलादीन सुलतानू' कहकर उसके असत् रूप का आभास दिया गया है। अलादद्दीन का आचरण अच्छा कभी नहीं कहा जा सकता।

किसी की ब्याही स्त्री माँगना धर्म और शिष्टता के विरुद्ध है। उसके आचरण के प्रति कवि की यह उदासीनता कैसी है? पक्षपात तो हम कह नहीं सकते, क्योंकि जायसी ने कही इसका परिचय नहीं दिया है। उसके बल और प्रताप को कवि ने जो रत्नसेन के बल प्रताप से अधिक दिखाना है वह उचित ही है क्योंकि अलाउद्दीन एक बड़े भूखंड का बादशाह था। पर राजपूतों की वीरता बादशाह के बल और प्रताप के ऊपर दिखाई पड़ती है। आठ वर्ष तक चित्तौड़गढ़ को घेर रहने पर भी अलाउद्दीन उसे न तोड़ सका। इसके अतिरिक्त कवि ने अलाउद्दीन की दूसरी चढ़ाई में रत्नसेन का मारा जाना। जैसा कि इतिहास में प्रसिद्ध है स्वाभिमान न दिखाकर उसके पहले ही एक राजपूत के हाथ से मारा जाना दिखाया है। यदि कवि बादशाह द्वारा राजा का गर्व चूर्ण होना दिखाया चाहता है तो ऐसा कभी न करता। उसने रत्नसेन के मान की रक्षा की है। अतः कवि की उदासी तो या मौन का कारण पक्षपात नहीं है, बल्कि मुसलमान बादशाहों की बराबर चली आती हुई चाल है जो कुचाल होने पर भी व्यक्तिगत नहीं कहीं जा सकती।

इस प्रकरण के आंरभ में ही स्वभाव चित्रण हमने चार प्रकार के कहे थे। इनमें से जायसी के सामान्य मानवीय प्रकृति के चित्रण के संबंध में अभी तक कुछ विशेष नहीं कहा गया। कारण यह कि इसका संनिवेश 'पद्मावत' में बहुत कम मिलता है। गोस्वामी तुलसीदास जी जिस प्रकार स्थान-स्थान पर मनुष्य मात्र में सामान्यतः पाई जाने वाली अंतर्वृत्ति की झलक दिखाई है, उस प्रकार जायसी ने नहीं। एक उदाहरण लीजिए। गौरी के मदिर में जाकर इच्छा रहते भी जानकी का राम की ओर न ताककर आँख मूँदकर ध्यान करने लगना है उस कृत्रिम उदासीनता की व्यंजना करता है जो ऐसे अवसरों पर स्वाभाविक होती है। सखियों ने उस अवसर पर जो परिहास की स्वच्छंदता दिखाई है वह भी सामान्य स्वभावगत है। पर जायसी की पद्मावती महादेव के मंडप में सीधे जोगी रत्नसेन के पास जा पहुँचती है और उसकी सखियों में ऐसे अवसर पर स्वाभाविक परिहास का उदय भी नहीं दिखाई पड़ता है।

रूप और शील के साक्षात्कार से मनुष्य मात्र की अंतर्वृत्ति जिस रूप की हो जाती है उसकी बहुत सुंदर झाँकी गोस्वामी जी ने उस समय दिखाई है जिस समय वनवागीराम को जनपदवासी कुछ दूर तक पहुँचा आते हैं और उनकी वाणी सुनने के लिये कुछ प्रश्न करते हैं। कैकेयी और मंथरा के संवाद में भी मनोवृत्तियों का बहुत ही सूक्ष्म निरीक्षण है। जायसी भिन्न-भिन्न मनोवृत्तियों की परख में ऐसी दक्षता नहीं दिखलाते।

कहने का मतलब यह नहीं कि जायसी ने इस बात की ओर ध्यान कुछ नहीं दिया है। गोरा बादल के प्रतिज्ञा करने पर कृतज्ञतावश पद्मिनी के हृदय में उन दोनों वीरों के प्रति जो महत्त्व की भावना जाग्रत होती है वह बहुत ही स्वाभाविक है। पर ऐसे स्थल बहुत कम है। सामान्यतः यही कहा जा सकता है कि भिन्न-भिन्न परिस्थितियों की अंतर्वृत्ति का सूक्ष्म निरीक्षण जायसी में बहुत कम है।

मत और सिद्धांत

यह आरंभ में ही कहा जा चुका है कि मुसलमान फकीरों की एक प्रसिद्ध गद्दी की शिष्यपरंपरा में होते हुए भी, तत्वदृष्टि संपन्न होने के कारण, जायसी के भाव अत्यंत उदार थे। पर विधि-विरोध, विद्वानों की निंदा, अनधिकार चर्चा, समाज विद्वेष आदि इनकी उदारता के भीतर नहीं थे। व्यक्तिगत साधना की उच्च भूमि पर पहुँचकर भी लोकरक्षा और लोकरंजन के प्रतिष्ठित आदर्शों को ये प्रेम और सम्मान की दृष्टि से देखते थे। न्यायनिष्ठ राजशक्ति, सच्ची वीरता, सुख विधायक प्रभुत्व, अनुरंजनकारी ऐश्वर्य, ज्ञानवर्धक पांडित्य में ये भगवान् की लोकरक्षिणी कला का दर्शन करते थे और उनकी स्तुति करना वाणी का सदुपयोग मानते थे। साधारण धर्म और विशेष धर्म दोनों के तत्व को ये समझाते थे। लोक मर्यादा के अनुसार जो सम्मान की दृष्टि से देखे जाते हैं उनके उपहास और निंदा द्वारा निम्न श्रेणी के जनता की ईर्ष्या और अहंकार वृत्ति को तुष्ट करके यदि चाहते तो ये भी एक नया 'पंथ' खड़ा कर सकते थे। पर इनके हृदय में यह वासना न थी। पीरों, पैगंबरों, मुल्लों और पंडितों की निंदा करने के स्थान पर इन्होंने ग्रंथारंभ में इनकी स्तुति की है और अपने को 'पंडितों का पछलगा' कहा है।

विधि पर इनकी पूरी आस्था थी। 'वेद, पुराण' और 'कुरान' आदि को ये लोककल्याण मार्ग प्रतिपादित करने वाले वचन मानते थे। जो वेद प्रतिपादित मार्ग पर न चलकर मनमाने मार्ग पर चलते हैं उन्हें जायसी अच्छा नहीं समझते—

राघव पूज जाखिनी, दुइज देखाएसि साँझ।
वेदपंथ जे नहिं चलहिं, ते भूलहिं बन माँझ॥

झूठ बोल थिर रहै न राँचा। पंडित सोइ वेदमत साँचा॥
वेद वचन मुख साँच जो कहा। सो जुग जुग अहथिर होइ रहा॥

आरंभ में ही कहा जा चुका है कि वल्लभाचार्य, रामानंद, चैतन्य महाप्रभु आदि के प्रभाव से जिस शांतिपूर्ण और अहिंसामय वैष्णव धर्म के प्रवाह ने सारे देश को भक्तिरस में मग्न किया उसका सबसे अधिक विरोध उग्र हिंसापूर्ण शाक्त मत और वाममार्ग से दिखाई पड़ा। मंत्र तंत्र के प्रयोग करने वाले, भूत, प्रेत और यक्षिणी आदि सिद्ध करने वाले तांत्रिकों और शाक्तों के प्रति उस समय समाज के भाव कैसे हो रहे थे, इसका पता राघव चेतन के चरित्र-चित्रण से मिलता है। शाक्तमत विहित मंत्र तंत्र और प्रयोग आदि वेद विरुद्ध अनाचार के रूप में समझे जाने लगे थे। गोस्वामी तुलसीदास ने भी कई जगह समाज की प्रवृत्ति का आभास दिया है; जैसे—

जे परिहरि हरिहर चरन, भजहिं भूतगन घोर।
तिनकी गति मोहिं देहु विधि जो जननी मत मोर॥

प्रेम प्रधान वैष्णव मत के इस पुनरुत्थान में अहिंसा का भाव यों तो सारी जनता में आदर लाभ कर चुका था पर साधुओं और फकीरों के हृदय में विशेष रूप से बद्धमूल हो गया था। क्या हिन्दू, क्या मुसलमान, क्या सगुणोपासक,

क्या निर्गुणोपासक, सब प्रकार के साधु और फकीर इसका महत्व स्वीकार कर चुके थे। कबीरदास का यह दोहा प्रसिद्ध ही है—

बकरी पाती खाति है ताकी काढ़ी खाल।
जो नर बकरी खात है तिनको कौन हवाल॥

इसी प्रकार और बहुत जगह कबीरदास जी ने पशु हिंसा के विरुद्ध वाणी सुनाई है, जैसे—

दिन को रोजा रहत है, राति हनत हैं गाय।
यह तो खून, वह बंदगी, कहु क्यों खुसी खुदाय॥
खुस खाना है खीचरी, माँझ परा टुक लोन।
माँस पराया खाय कै, गला कटावै कौन?॥

इस साधु प्रवृत्ति के अनुसार जायसी ने पशु हिंसा के विरुद्ध अपने विचार, युद्धस्थल के वर्णन में, इस प्रकार प्रकट किए हैं—

जिन्ह जस माँसू भखा परावा। तस तिन्ह कर लेइ औरन खावा॥

जायसी मुसलमान थे इससे उनकी उपासना निराकारोपासना ही कही जायगी। पर सूफी मत की ओर पूरी तरह झुकी होने के कारण उनकी उपासना में साकारोपासना की सी ही सहृदयता थी। उपासना के व्यवहार के लिये सूफी परमात्मा को अनंत सौंदर्य, अनंत शक्ति और अनंत गुणों का समुद्र मानकर चलते हैं। सूफियों के अद्वैतवाद ने एक बार मुसलमानी देशों में बड़ी हलचल मचाई थी। ईरान, तूरान, आदि में आर्य संस्कार बहुत दिनों तक दबा न रह सका। शामी कट्टरपन के प्रवाह के बीच भी उसने अपना सिर उठाया। मंसूर हल्लाज खलीफा के हुक्म से सूली पर चढ़ाया गया पर 'अनहलक' (मैं ब्रह्म हूँ) की आवाज बंद न हुई। फारस के पहुँचे हुए शायरों की प्रवृत्ति इसी अद्वैतपक्ष की ओर रही।

पैगंबरी एकेश्वरवाद (मोनोथेइज्म) और इस अद्वैतवाद (मोनिज्म) में बड़ा सिद्धांत-भेद था। एकेश्वरवाद और बात है, अद्वैतवाद और बात। एकेश्वरवाद स्थूल देववाद है और अद्वैतवाद सूक्ष्म आत्मवाद या ब्रह्मवाद। बहुत से देवीदेवताओं को मानना और सबके दादा एक बड़े देवता (ईश्वर) को मानना एक ही बात है। एकेश्वरवाद भी देववाद ही है। भावना में कोई अंतर नहीं है। पर अद्वैतवाद गूढ़ दार्शनिक चिंतन का फल है, सूक्ष्म अंतर्दृष्टि द्वारा प्राप्त तत्व है, जिसको अनुभूतिमार्ग में लेकर सूफी आदि अद्वैती भक्त संप्रदाय चले। एकेश्वरवाद का मतलब यह है कि एक सर्वशक्तिमान् सबसे बड़े देवता है और जो सृष्टि की रचना, पालन और नाश करता है। अद्वैतवाद का मतलब है कि दृश्य जगत् की तह में उसका आधारस्वरूप एक ही अखंड नित्य तत्व है और वही सत्य है। उससे स्वतंत्र और कोई अलग सत्ता नहीं है और न आत्मा परमात्मा में कोई भेद है। दृश्य जगत् के नाना रूपों को उसी अव्यक्त ब्रह्म के व्यक्त आभास मानकर सूफी लोग भावमग्न हुआ करते हैं।

अतःस्थूल एकेश्वरवाद और ब्रह्मवाद में भेद यह हुआ कि एकेश्वरवाद के भीतर ब्राह्मर्थवाद छिपा है क्योकि यह जीवात्मा, परमात्मा और जड़ जगत् तीनों

को अलग-अलग तत्व मानता है पर ब्रह्मवाद में शुद्ध परमात्मा के अतिरिक्त और सत्ता नहीं मानी जाती, आत्मा और परमात्मा में भी कोई भेद नहीं माना जाता। अतः स्थूल दृष्टिवाले पैगंबरी एकेश्वरवादियों के निकट यह कहना है कि 'आत्मा और परमात्मा एक ही है' अथवा 'मैं ही ब्रह्म हूँ' कुफ्र की बात है। इसी से सूफियों को कट्टर मुसलमान एक तरह के काफिर समझते थे। सूफी मजहबी दस्तूर (कर्मकांड और संस्कार) आदि के संबंध में भी कुछ आजाद दिखाई देते थे और मोक्ष के लिये किसी पैगंबर आदि मध्यस्थ की जरूरत नहीं बताते थे। इस प्रकार के भावों का प्रचार वे कथाओं द्वारा भी किया करते थे। जैसे कयामत के दिन जब मुहम्मद साहब खुदा के सामने सबको पेश करने लगेंगे तब कुछ लोग भीड़ से अलग दिखाई देंगे। मुहम्मद साहब कहेंगे 'ऐ खुदाबंद! ये लोग कौन हैं, मैं नहीं जानता।' खुदा उस वक्त कहेगा 'ऐ मुहम्मद! जिनको तुमने पेश किया वे तुम्हें जानते, मुझे नहीं जानते है। ये लोग मुझे जानते हैं, तुम्हें नहीं जानते'। फारस के शिक्षित समाज का झुकाव इसी सूफी मत की ओर बहुत कुछ रहा। जायसी ने सूफियों के उदार प्रेममार्ग के प्रति अपना अनुराग प्रकट किया है--

प्रेम पहार कठिन विधि गढ़ा। सो पै चढ़ै जो सिर सौं चढ़ा॥
पंथ सूरि कर उठा अँकूरू। चोर चढ़ै की चढ़ मंसूरू॥

यहाँ पर संक्षेप में सूफी मत का कुछ परिचय दे देना आवश्यक जान पड़ता है। आरंभ में सूफी एक प्रकार के फकीर या दरवेश थे जो खुदा की राह पर अपना जीवन ले चलते थे, दीनता और नम्रता के साथ बड़ी फटी हालत में दिन बिताते थे, ऊन के कंबल लपेटे रहते थे, भूख प्यास सहते थे, और ईश्वर के प्रेम में लीन रहते थे। कुछ दिनों तक तो इस्लाम की साधारण धर्मशिक्षा के पालन में विशेष त्याग और आग्रह के अतिरिक्त इनमें कोई नई बात या विलक्षणता नहीं दिखाई पड़ती थी। पर ज्यों ज्यों ये साधना के मानसिक पक्ष की ओर अधिक प्रवृत्त होते गए, त्यों त्यों इस्लाम के बाह्य विधानों से उदासीन होते गए। फिर तो धीरे धीरे अंतःकरण की पवित्रता और हृदय के प्रेम को ही मुख्य कहने लगे और बाहरी बातों को आडंबर। मुहम्मद साहब के लगभग ढाई सौ वर्ष पीछे इनकी चिंतन पद्धति का विकास हुआ और ये इसलाम के एकेश्वरवाद (तौहीद) से अद्वैतवाद पर जा पहुँचे। जिस प्रकार हमारे यहाँ अद्वैतवादी, विशिष्टाद्वैतवादी, विशुद्धाद्वैतवादी और द्वैतवादी सब श्रुतियों को ही आधार मानकर उन्हीं के वचनों को प्रमाण में लाते उसी प्रकार वे कुरान के वचनों की अपने ढंग पर व्याख्या करते थे। कहते हैं कि अद्वैतवाद का बीज इन्हें कुरान के कुछ वचनों में ही मिला, जैसे 'अल्लाह के मुख के सिवा सब वस्तुएँ नाशवान् (हालिक) हैं; चाहे तू जिधर फिरे अल्लाह का मुँह उधर ही पावेगा।' चाहे जो हो, कुरान का अल्लाह रूप 'पुरुषविशेष' सूफियों के यहाँ आकर अद्वैत पारमार्थिक सत्ता हुआ।

इसमें संदेह नहीं कि सूफियों को अद्वैतवाद पर लाने वाले प्रभाव अधिकतर बाहर के थे। खलीफा लोगों के जमाने में कई देशों के विद्वान् बगदाद और बसरे

में आते जाते थे। आयुर्वेद, दर्शन, ज्योतिष, विज्ञान आदि अनेक भाषाओं के ग्रंथों का अरबी में भाषांतर भी हुआ। यूनानी भाषा के किसी ग्रंथ का अनुवाद 'अरस्तू के सिद्धांत' के नाम से अरबी भाषा में हुआ जिसमें अद्वैत का दार्शनिक रीति पर प्रतिपादन था। इसके अतिरिक्त भारतवर्ष के वेदांत केसरी का गर्जन भी दूर दूर तक गूँज गया था। मुहम्मद बिन कासिम के साथ आए कुछ अरब सिंध में रह गए थे। इतिहासों में लिखा है कि वे और उनकी संतति ब्राह्मणों के साथ बहुत मेल-जोल में रही। इन अरबों में कुछ सूफी भी थे जिन्होंने हिंदुओं के अद्वैतवाद का ज्ञान प्राप्त किया और साधाना की बातें भी सीखी। सिंध के अबूअली प्राणायाम की विधि (पास-ए-अनफास) जानते थे। उन्होंने बायजीद को 'फना' (गुजर जाना अर्थात् अहं भाव का सर्वथा त्याग और विषयवासना की निवृत्ति) का सिद्धांत बताया। कहने की आवश्यकता नहीं कि 'फना' बौद्धों के निर्वाण की प्रतिध्वनि थी। बल्ख और तुर्किस्तान आदि देशों में बौद्ध सिद्धांतों की गूँज तब तक कुछ बनी हुई थी। बहुत से शक और तुरुष्क उस समय तक बौद्ध बने थे और पीछे भी कुछ दिनों तक रहे। चंगेज खाँ बौद्ध ही था। अलाउद्दीन के समय में कुछ ऐसे मंगोल भारतवर्ष में भी आकर बसे थे जो 'नए बने हुए मुसलमान कहे गये हैं।

अब सूफियों की सिद्धांत संबंधिनी कुछ खास बातों का थोड़े में उल्लेख करता हूँ जिससे जायसी के दोनों ग्रंथों का तात्पर्य समझने में सहायता मिलेगी। सूफी लोग मनुष्य के चार विभाग मानते हैं—(1) नफ्स (विषयभोग वृत्ति या इंद्रिय), (2) रूह (आत्मा या चित्), (3) कल्ब (हृदय) और (4) अक्ल (बुद्धि)।

नफ्स के साथ युद्ध साधक का प्रथम लक्ष्य होना चाहिए। कल्ब (हृदय) और रूह (आत्मा) द्वारा ही साधक अपनी साधना करते हैं। कुछ लोग हृदय का एक सबसे भीतरी तल 'सिर' भी मानते हैं। कल्ब और रूह का भेद सूफियों में बहुत स्पष्ट नहीं है। हमारे यहाँ मन (अंतःकरण) और आत्मा में प्राकृतिक अप्राकृतिक का जैसा भेद है वैसा कोई भेद नहीं है। 'कल्ब' भी एक भूतातीत पदार्थ कहा गया है, प्रकृति का विकार या भौतिक पदार्थ नहीं। उसके द्वारा ही सब प्रकार का वस्तुज्ञान होता है अर्थात् उसी पर वस्तु का प्रतिबिंब पड़ता है, ठीक वैसे जैसे दर्पण पर पड़ता है। शाहजहाँ के पुत्र दाराशिकोह ने अपनी छोटी सी पुस्तक 'रिसालए हकनुमा' में चार जगत् कहे हैं—(1) आलमे नासूत—भौतिक जगत्, (2) आलमे मलकूत या आलमे अरवाह—चित् जगत या आत्म जगत् (3) आलमे जबरूत—आनंदमय जगत् जिसमें सुख दुख आदि द्वंद नहीं और (4) आलमे लाहूत—सत्य जगत् या ब्रह्म। 'कल्ब' रूह (आत्मा) और रूपात्मक जगत् के बीच का एक साधन रूप पदार्थ है। इसका कुछ स्पष्टीकरण दाराकिशोह के इस विवरण से होता है—

'दृश्य जगत् में जो नाना रूप दिखाई पड़ते हैं वे तो अनित्य हैं पर उन रूपों की जो भावनाएँ होती है वे अनित्य नहीं है। वे भावचित्र नित्य हैं। उसी भावचित्र जगत् (आलमे मिसाल) से हम आत्मजगत् को जान सकते हैं जिसे 'आलमे गैब' और 'आलमे रूवाब' भी कहते हैं। आँख मूँदने पर जो रूप दिखाई पड़ता है वही उस रूप की आत्मा या सारसत्ता है। अत: यह स्पष्ट है कि मनुष्य की आत्मा उन्हीं रूपों की है जो रूप बाहर दिखाई पड़ते हैं, भेद इतना ही है कि अपनी सारसत्ता में स्थित रूप पिंड या शरीर से मुक्त होते हैं। सारांश यह है कि आत्मा और ब्राह्य रूपों का बिंब प्रतिबिंब संबंध है। स्वप्न की अवस्था में आत्मा का यही सूक्ष्म रूप दिखाई पड़ता है, जिसमें आँख, कान, नाक आदि सबकी वृत्तियाँ रहती हैं पर स्थूल रूप नहीं रहते।'

इस विवरण से यह आभास मिलता है कि सूफियों के अनुसार 'ज्ञान' या 'प्रत्यय' तो आत्मा और जिस पर विविध ज्ञान या भावचित्र अंकित होते हैं वह है 'कल्ब' वा हृदय। ऊपर जो चार जगत् कहे गये हैं उपर ध्यान देने से प्रथम को छोड़ शेष तीन जगत् हमारे यहाँ के 'सच्चिदानंद' के विश्लेषण प्रतीत होंगे। सूफियों के अनुसार 'सत्' ही चरम पारमार्थिक सत्ता है। वह सत्य या ब्रह्म चित् या आत्मजगत् से भी परे हैं। हमारे यहाँ बहुत से वेदांती भी ब्रह्म को आत्मस्वरूप या परमात्मा कहते हुए भी चिद्रूप कहना ठीक नहीं समझते। उनका कहना है कि आत्मा के सान्निध्य से जड़ बुद्धि में उत्पन्न धर्म ही चित् अर्थात् ज्ञान कहलाता है। अत: बुद्धि के इस धर्म का आरोप आत्मा या ब्रह्म पर उचित नहीं। ब्रह्म को निर्गुण और अज्ञेय ही कहना चाहिए।

पारमार्थिक वस्तु या सत्य के बोध के लिये 'कल्ब' का स्वच्छ निर्मल होना आवश्यक है। उसकी शुद्धि जिक्र (स्मरण) और मुराकबत (ध्यान) से होती है। स्मरण और ध्यान से ही 'मंजु मन मुकुर' का मल छूट सकता है। जिक्र या स्मरण की प्रथमावस्था है अहंभाव का त्याग अर्थात् अपने को भूल जाना और परमावस्था है ज्ञाता और ज्ञान दोनों की भावना का नाश अर्थात् यह भावना न रहना कि हम ज्ञाता हैं और यह किसी वस्तु का ज्ञान है बल्कि अर्थ या विषय के आकार का ही रह जाना। कहने की आवश्यकता नहीं कि यह योग की निर्विकल्प या असंप्रज्ञात समाधि है।

सूफी मत की भक्ति का स्वरूप प्राय: वही है जो हमारे यहाँ की भक्ति का। नफ्स के साथ जिहाद (धर्मयुद्ध) विरति पक्ष है और जिक्र और मुराकबत (स्मरण और ध्यान) नबधा भक्ति पक्ष। रति और विरति इन दोनों पक्षों को लिए अनन्य भक्ति की साधना हो नहीं सकती। हम व्यावहारिक सत्ता के बीच अपने होने का अनुभव करते हैं। जगत् केवल नामरूप और असत् सही पर ये नामरूपात्मक दृश्य जब तक ध्यान की परमावस्था द्वारा एकदम मिटा न दिए जाएँ, तब तक हमें इनका कुछ इंतजाम करके चलना चाहिए। जबकि हम अपने रतिभाव को पूर्णतया दूसरे (अदृश्य) पक्ष में लगाना चाहते हैं तब पहले उसे दृश्य पक्ष से धीरे-धीरे सुलझाकर अलग करना पड़ेगा। साधना के व्यवहार क्षेत्र में हमें ईश्वर और जगत्, ये दो पक्ष मानकर चलना ही पड़ेगा। तीसरे हम ऊपर

से होंगे। इसी से भक्ति के साथ एक ओर तो वैराग्य दिखाई पड़ता है, दूसरी ओर योग।[1]

'कल्ब' क्या है, इस पर कुछ विचार हो चुका। जबकि कल्ब पर पड़े हुए प्रतिबिंब का ही आत्मा को बोध होता है तब वह शुद्ध वेदांत की दृष्टि से आत्मा के साथ लगा हुआ अंत:करण ही है और जड़ प्रकृति का ही विकार है। प्रकृति का विकार होने से वह भी 'जगत्' के अंतर्भूत है। इस पद्धति पर चलने से हम वेदांत के 'प्रतिबिंबवाद' पर पहुँचते हैं। जायसी ने इसी भारतीय पद्धति का अनुसरण करके जगत् को दर्पण कहा है जिसमें ब्रह्म का प्रतिबिंब पड़ता है।

'कल्ब' या हृदय को भी सूफियों ने जो रूह् (आत्मा) के समान अभौतिक माना है वह अपने प्रेम मार्ग या भक्तिमार्ग की भावना के अनुसार उसे परमात्मा के नित्य स्वरूप के अंतर्भूत करने के लिए। जैसा कि गोस्वामी तुलसीदास जी की आलोचना में हम कह चुके हैं, परोक्ष, 'चित्' और परोक्ष 'शक्ति' मात्र की भावना से मनुष्य की वृत्ति पूर्णतया तुष्ट न हुई, इससे वह परोक्ष 'हृदय' की खोज में बराबर रहा। भक्तिमार्ग में जाकर परमात्मा का 'हृदय' मनुष्य को मिला और मनुष्य की संपूर्ण सत्ता का एक परोक्ष आधार प्रतिष्ठित हो गया। मनुष्य का हृदय मानों उस परोक्ष हृदय के बिना अकेले ऊबता सा था। किस प्रकार उस 'परोक्ष हृदय' का आभास ईसाई मत ने पहलेपहल संसार की भिन्न-भिन्न जातियों को दिया, इसका वर्णन अंग्रेज कवि ब्राउनिंग ने मार्मिक ढंग से किया है। कारस्शि नामक एक विद्वान् अरब हकीम की भेंट लाजरस नामक एक यहूदी से होती है और जो अपनी जाति के एक ईसाई हकीम द्वारा अपने मरकर जिलाए जाने की बात कहता है और ईसाई मत के प्रेमतत्व का संदेश भी सुनाता है। अरब हकीम उस यहूदी से मिलने का वृतांत अपने एक मित्र को लिखते हुए उक्त प्रेममार्ग की चर्चा इस प्रकार करता है—

'द वैरी गाड! थिंक अबीब डास्ट दाऊ थिंक?
सो द आल-ग्रेट वेयर द आल-लविंग टू—
सो, थ्रू द थन्डर कम्स ए ह्यूमन वाएस,
सेइंग, 'ओ हार्ट आई मेड, ए हार्ट बीट्स हियर!
फेस, माइ हैन्डस फैशन्ड, सी इट इन माइसेल्फ!
दाऊ हैस्ट नो पावर, नार मेएस्ट कन्सीव आव् माइन।
बट लव आइ गेव दी, विद माइसेल्फ टु लव,
ऐंड दाऊ मस्ट लव मी हू हैव डाइड फार दी'।[2]

---

1. यहां 'योग' शब्द का व्यवहार उसी अर्थ में है जो 'याज्ञवल्क्य स्मृति' में है—संयोगों योग इत्युक्तो जीवात्मपरमात्मन:।
2. ऐन एपिसल कंटेनिंग ट स्ट्रेंज मेडिकल एक्स्पीरिएंस आव् कारसिश दि अरब फिजीशियन।

(**भावार्थ**—हबीब! सोचो तो; वही सर्वशक्तिमान् ईश्वर प्रेममय भी है। मेघ गर्जन के बीच से मनुष्य का सा यह स्वर सुनाई पड़ता है—'हे मेरे बनाए हुए हृदय! इधर भी हृदय है। हे मेरे बनाए हुए मुखड़े! मुझमें भी मुखड़ा देख। तुझमें शक्ति नहीं है और न तू मेरी शक्ति का अनुमान कर सकता है। पर प्रेम मैंने तुझको दिया है कि तू मुझसे प्रेम जो तेरे लिये मर चुका है'।)

तत्वज्ञान संपन्न प्राचीन यूनानी (यवन) जाति के बीच 'पाल' नामक यहूदी स्थूल सीधे सादे प्रेममय ईसाई मत का ही प्रचार करने गया तब किस प्रकार ज्ञान गर्व से भरे यूनानियों ने उस 'असभ्य यहूदी' की बातों की पहले उपेक्षा की, पर पीछे उसके शांतिदायक संदेश पर मुग्ध हुए, यह बात वर्णन करने के लिए ब्राउनिंग ने इसी प्रकार के एक और पत्र की रचना की है।

ब्राउनिंग के समान ही और योरोपियनों की भी यही धारण थी कि प्रेमतत्व या भक्तिमार्ग का आविर्भाव पहले-पहल ईसाई मत में हुआ और ईसाई उपदेशकों द्वारा भिन्न-भिन्न देशों में फैला। भारतवर्ष के 'भागवत संप्रदाय' की प्राचीनता पूर्णतया सिद्ध हो जाने पर भी बहुतेरे अब तक उस प्रिय धारणा को छोड़ना नहीं चाहते। सच पूछिये तो 'भगवान्' के हृदय की पूर्ण भावना भारतीय भक्तिमार्ग में ही हुई। ईसाई मत को पीछे से भगवान् के हृदय का वहाँ तक आभास मिला जहाँ तक उपास्य उपासक का संबंध है। व्यक्तिगत साधाना के क्षेत्र के बाहर उस हृदय की खोज नहीं की गयी। केवल इतने ही से संतोष किया गया कि ईश्वर शरणागत भक्तों के पापों को क्षमा करता है और सब प्राणियों से प्रेम रखता है। इतने से ईश्वर और मनुष्य के बीच व्यवहार में तो हृदय दिखाई पड़ा पर मनुष्य-मनुष्य के बीच के व्यवहार में अभिव्यक्ति होने वाले तथा लोकरक्षा और लोकरंजन करने वाले हृदय की ओर ध्यान न गया। लोक में जिस हृदय से दीनदुखियों की रक्षा की जाती है, गुरुजनों का आदर सम्मान किया जाता है, भारी भारी अपराध क्षमा किए जाते हैं, अत्यंत प्रबल और असाध्य अत्याचारियों का ध्वंस करने में अद्‌भुत पराक्रम दिखाया जाता है, नाना कर्तव्यों और स्नेह संबंधों का अत्यंत भव्य निर्वाह किया जाता है, सारांश यह है कि जिससे लोक का सुखद परिपालन होता है, वह भी उसी एक 'परमहृदय' की अभिव्यक्ति है, इसकी भावना भारतीय भक्ति पद्धति में ही हुई।

जिस समय 'निर्गुनिए' भक्तों की लोकधर्म से उदासीन या विमुख करने वाली वाणी सर्वसाधारण के कानों में गूँज रही थी उस समय गोस्वामी तुलसीदास जी ने किस प्रकार भक्ति के उपयुक्त स्वरूप को जनसाधारण के बीच प्रतिष्ठा की, गोस्वामी जी की आलोचना में हम दिखा चुके हैं।

सूफी लोग साधक की क्रमशः चार अवस्थाएँ कहते हैं—(1) 'शरीअत'—अर्थात् धर्मग्रंथों के विधिनिषेध का सम्यक् पालन। यह है हमारे यहाँ का कर्मकांड। (2) 'तरीकत'—अर्थात् बाहरी क्रिया कलाप से परे होकर केवल हृदय की शुद्धता द्वारा भगवान् का ध्यान। इसे उपासना कांड कह सकते है। (3) 'हकीकत'—भक्ति और उपासना के प्रभाव से सत्य का सम्यक बोध जिससे साधक तत्वदृष्टि संपन्न और त्रिकालज्ञ हो जाता है। इसे ज्ञानकाण्ड

समझिए। (4) 'मारफत'—अर्थात् सिद्धावस्था जिसमें कठिन उपवास और मौन आदि की साधना द्वारा अंत में साधक की आत्मा परमात्मा में लीन हो जाती है और वह भगवान् की सुंदर प्रेममयी प्रकृति (जमाल) का अनुसरण करता हुआ प्रेममय हो जाता है।

जायसी ने इन अवस्थाओं का उल्लेख 'अखरावट' में इस प्रकार किया है—

कही 'सरीअत' चिस्ती पीरू। उधरित असरफ औ जहँगीरू॥
राह 'हकीकत' परै न चूकी। पैठि 'मारफत' मार बुड़ूकी॥

यह कह आए हैं कि जायसी को विधि पर पूरी आस्था थी। वे उसको साधना की पहली सीढ़ी कहते हैं जिस पर पैर रखे बिना आगे बढ़ नहीं सकता—

साँची राह 'सरीअत' जेहि बिंसवास न होइ॥
पाँव रखै तेहि सीढ़ी, निभरम पहुँचे सोइ॥

साधक के लिये कहा गया है कि वह प्रकट में तो लोकव्यवहार करता रहे, सैकड़ों लोगों के बीच अपना काम करता रहे, पर भीतर हृदय में भगवान् की भावना करता रहे, जैसा कि जायसी ने कहा है—

परगट लोक चारकहु आता। गुपुत भाउ मन जासौं राता॥

इसे 'खिलवत दर अंजुमन' कहते हैं।

नफ्स के साथ जिहाद करते हुए—इंद्रियदमन करते हुए—उस परमात्मा तक पहुँचने का जो मार्ग बताया गया है वह 'तरीकत' कहलाता है। इस मार्ग का अनुसरण करने वाले को क्षुत्पिपासा सहन, एकांतवास और मौन का आश्रय लेना चाहिए। इस मार्ग में कई पड़ाव हैं जो 'मुकामात' कहलाते हैं। इनमें से पहला 'मुकाम' है तौबा। जायसी ने जो चार टिकान या बसेरे कहें हैं (चारि बसेरे सौं चढ़ै, तसौं उतरै पार) वे या तो ऊपर कही हुई चार अवस्थाएँ हैं अथवा ये ही मुकामात हैं। ये 'मुकामात' या अवस्थाएँ उन आभ्यांतर अवस्थाओं के अधीन हैं जो परमात्मा के अनुग्रह से कल्ब या हृदय के बीच उपस्थित होती हैं और 'अहवाल' कहलाती हैं। इसी 'अहवाल' की अवस्था का प्राप्त होना 'हाल आना' कहलाता है जिसमें भक्त अपने को बिल्कुल भूल जाता है और ब्रह्मनंद में झूमने लगता है। जायसी ने इन पद्यों में इसी अवस्था की ओर संकेत किया है—

कया जो परम तंत मन लावा। घूम माति, सुनि और न भावा॥
जस मद पिए घूम कोइ नाद सुनै पै धूम।
तेहि तैं बरजे नींक है, चढ़ै रहसि कै दूम॥

इस 'हाल'[1] या प्रलयावस्था के दो पक्ष हैं—त्यागपक्ष और प्राप्तिपक्ष। त्यागपक्ष के अंतर्गत हैं—(1) फना (अपनी अलग सत्ता की प्रतीति के परे हो

---

1. यह 'हाल' समाधि की अवस्था जिसको प्राप्ति सूफी एकमात्र 'ईश्वरप्रणिधान' द्वारा ही मानते हैं।

जाना), (2) फकद (अहंभाव का नाश) और सुक्र (प्रेममद)। प्राप्तिपक्ष के अंतर्गत है—(1) बका (परमात्मा में स्थिति), (2) वज्द (परमात्मा की प्राप्ति) और (3) शह्व (पूर्ण शांति)

बसरा और बगदाद बहुत दिनों तक सूफियों के प्रधान स्थान रहे। बसरे में 'राबिया' और बगदाद में 'मंसूर हल्लाज' प्रसिद्ध सूफी हैं। मंसूर हल्लाज की पुस्तक 'किताबे तबासीफ' सूफियों का सिद्धांत ग्रंथ माना जाता है। अतः उसके अनुसार ईश्वर और सृष्टि के संबंध में सूफियों का सिद्धांत नीचे दिया जाता है—

परमात्मा की सत्ता का सार है प्रेम। सृष्टि के पूर्व परमात्मा का प्रेम निर्विशेष भाव से अपने ऊपर था इससे वह अपने को—अकेले अपने आपको ही—व्यक्त करता रहा। फिर अपने उस एकांत अद्वैत प्रेम को, उस अपरत्वरहित प्रेम को, बाह्य विषय के रूप में देखने की इच्छा से उस शून्य से अपना एक प्रतिरूप या प्रतिबिंब उत्पन्न किया, जिसमें उसी के गुण और नामरूप थे। यही प्रतिरूप 'आदम' कहलाया जिसमें और जिसके द्वारा परमात्मा ने अपने को व्यक्त किया—

आपुहि आपुहि चाह देखावा। आदम रूप भेस धरि आवा॥

हल्लाज ने ईश्वरत्व और मनुष्यत्व में कुछ भेद रखा है। वह 'ब्रह्मैव भवति' तक नहीं पहुँचता है। साधना और ईश्वर की प्राप्ति हो जाने पर भी, ईश्वर की सत्ता में लीन हो जाने पर भी, कुछ विशिष्ठता बनी रहती है। ईश्वरतत्व (लाहूत) मनुष्यतत्व (नासूत) में वैसे ही ओतप्रोत हो जाता है बिल्कुल एक नहीं हो जाता—जैसे शराब में पानी। इसी से ईश्वर दशा प्राप्त मनुष्य कहने लगता है अनहलक'—मैं ही ईश्वर हूँ। ईश्वरतत्व का इस प्रकार मनुष्य में ओतप्रोत हो जाना—हल हो जाना—'हुलूल' कहलाता है। इस हुलूल में अवतारवाद की झलक है, इससे मुल्लाओं ने इसका घोर विरोध किया है। जो कुछ हो, हल्लाज ने यह प्रतिपादित किया कि अद्वैत परमसत्ता में भी भेद-विधान है, उसमें भी विशिष्टता है, जैसे कि रामानुजाचार्य जी ने किया था।

इब्न अरबी ने 'लाहूत और 'नासूत' की यह व्याख्या की है कि दोनों एक ही परमसत्ता के दो पक्ष हैं। लाहूत नासूत हो सकता है और नासूत लाहूत। इस प्रकार उसने ईश्वर और जीव दोनों के परे ब्रह्म को रखा और वेदांतियों के उस भेद पर आ पहुँचा जो वे ब्रह्म और ईश्वर अर्थात निर्गुण ब्रह्म और सगुण ब्रह्म में करते हैं। वेदांत में भी एक ही ब्रह्म शुद्ध तत्व में प्रतिबिंबित होने पर ईश्वर और अशुद्ध सत्व में प्रतिबिंबित होने पर जीव कहलाता है। परब्रह्म के नीचे एक और ज्योतिस्वरूप की भावना पश्चिम की पुरानी जातियों में भी थी—जैसे, प्राचीन मिस्रियों में 'लोगस' की, यहूदियों में 'कबाला' की और पारसियों में 'बहमन' की। ईसाइयों में भी पवित्रात्मा' के रूप में वह बना हुआ है।

सूफियों के एक प्रधान वर्ग का मत है कि नित्य पारमार्थिक सत्ता एक ही है। यह अनेकत्व जो दिखाई पड़ता है वह उसी एक का ही भिन्न-भिन्न रूपों में आभास है। यह नामरूपात्मक दृश्य जगत् उसी एक सत् की बाह्य अभिव्यक्ति

है। परमात्मा का बोध इन्हीं नामों और गुणों के द्वारा हो सकता है। इसी बात को ध्यान में रखकर जायसी ने कहा—

दीन्ह रतन बिधि चारि, नैन,बैन, सरवन्न, मुख।
पुनि जब मेटिहि मारि, मुहमद तब पछिताब मैं॥

(अखरावट)

इस परम सत्ता के दो स्वरूप हैं—नित्यत्व और अनंतत्व; दो गुण हैं--जनकत्व और जन्यत्व। शुद्ध सत्ता में न तो नाम है, न गुण। जब वह निर्विशेषत्व या निर्गुणत्व से क्रमश: अभिव्यक्ति के क्षेत्र में आती है तब उस पर नाम और गुण लगे प्रतीत होते हैं। इन्हीं नाम-रूपों और गुणों की समष्टि का नाम जगत् है। सत्ता और गुण दोनों मूल में जाकर एक ही हैं। दृश्य जगत् भ्रम नहीं है, उस परम सत्ता की आत्माभिव्यक्ति या अपर रूप में उसका अस्तित्व। वेदांत की भाषा में वह ब्रह्म का ही 'कनिष्ठ' स्वरूप है। हल्लाज के मत की अपेक्षा यह मत वेदांत के अद्वैतवाद के अधिक निकट है।

सूफियों के मत का जो थोड़ा-सा दिग्दर्शन ऊपर कराया गया उससे इस बात पर ध्यान गया होगा कि उनके अद्वैतवाद में दो बातें स्फुट नहीं हैं—(1) परम सत्ता चित्स्वरूप ही है, (2) जगत अध्यास मात्र है। पर जैसा कि पाठकों को पढ़ने से ज्ञात होगा, जायसी सूफियों के अद्वैतवाद तक ही नहीं रहे, वेदांत के अद्वैतवाद तक भी पहुँचे हैं। भारतीय मतमतांतरों की उनमें अधिक झलक है।

ज्ञानकांड के निर्गुण ब्रह्म को यदि उपासना क्षेत्र में ले जायँगे तो उसे सगुण करना ही पड़ेगा। जिन्होंने मूर्ति के निषेध को ठीक खुदा के पास तक पहुँचा देने वाला रास्ता समझा था,वे भी उसी देश-काल संबंध शून्य भावना नहीं कर सके थे। खुदा का कयामत के दिन एक जगह बैठना, चारों ओर सब जीवों का इकट्ठा होना, बगल में हजरत मुहम्मद या ईसा का होना, यह द्रव्य लेकर अपनी ही सूरत शक्ल का पुतला बनाना और उसमें रूह फूकना, छह दिन काम करके सातवें दिन आराम करना, ये सब बातें अव्यक्त और निर्गुण की नहीं हैं। ज्ञानेंद्रियगोचर आकार के बिना चाहें किसी प्रकार काम चल भी जाय पर मन का गोचर गुणों के बिना तो किसी दशा में नहीं चल सकता। अत: मूर्तामूर्त सबको उस ब्रह्म का व्यक्ताव्यक्त रूप मानने वाले सूफी यदि उस ब्रह्म की भावना अनंत सौंदर्य और अनंत गुणों से संपन्न प्रियतम के रूप में करें तो उनके सिद्धांत में कोई विरोध नही आ सकता। उपनिषदों में भी उपासना के लिये ब्रह्म की सगुण भावना की गई है। सूफी लोग ब्रह्मनंद का वर्णन, लौकिक प्रेमानंद के रूप में करते हैं और इस प्रसंग में शराब, मद, आदि को भी लाते हैं।

प्रतीकोपासना (अग्नि, जल, वायु, आदि के रूप में) और प्रतिमा पूजन के प्रति जो घोर द्वेषभाव पैगंबरी मतों में फैला हुआ था वह सूफियों की उदार और व्यापक दृष्टि में अत्यंत अनुचित और घोर अज्ञानमूलक दिखाई पड़ा। उस कट्टरपन का शांत विरोध प्रकट करने के लिये वे कभी-कभी अपने उपास्य प्रियतम की भावना 'बुत' (प्रतिमा) के रूप मे करते थे। जितना ही इस 'बुत'

का विरोध किया गया उतना ही वह फारसी की शायरी में दखल जमाता गया। सूफी बराबर 'खुदा के नूर को हुस्ने बुताँ के परदे में' देखते रहे। सूफियों के प्राधान्य के कारण धीरे धीरे 'बुत' और 'मैं' (शराब) दोनों शायरी के अंग हो गए। शायर लोग 'खुदा खुदा करना' और 'बुतों के आगे सिजदा करना' दोनों बराबर ही समझने लगे।[1]

पद्मावत में अद्वैतवाद की झलक स्थान-स्थान पर दिखाई पड़ती है। अद्वैतवाद के अंतर्गत दो प्रकार के द्वैत का त्याग लिया जाता है—आत्मा और परमात्मा के द्वैत का तथा ब्रह्म और जड़ जगत् के द्वैत का। इनमें से सूफियों की जोर पहली बात पर ही समझना चाहिए। युजर्वेद के बृहदारण्य उपनिषद का 'अहं ब्रह्मस्मि' वाक्य जिस प्रकार ब्रह्म की एकता और अपरिच्छिन्नता का प्रतिपादन करता है उसी प्रकार सूफियों का 'अनलहक' वाक्य भी। इस अद्वैतवाद के मार्ग में बाधक होता है अहंकार। यह अहंकार यदि छूट जाय तो इस ज्ञान का उदय हो जाय कि 'सब मैं ही हूँ', मुझसे अलग कुछ नहीं है—

हौं हौं कहत सबै मति खोई। जौ तू नाहिं आहि सब कोई॥
आपुहि गुरु सो आपुहि चेला। आपुहि सब औ आपु अकेला॥

'अखरावट' में जायसी ने 'सोऽहं' इस तत्व की अनुभूति से ही पूर्ण शांति की प्राप्ति बताई है—

'सोऽहं सोऽहं' बसि जो करई। सो बुझै, सो धीरज धरई॥

वेदांत का अनुसरण करते हुए जायसी ब्रह्म और जगत् की समस्या पर भी जाते हैं और जगत् को ब्रह्म से अलग नहीं करते। जगत् को जो अलग सत्ता प्रतीत होती है, वह पारमार्थिक नहीं हैं, आभास या छायामात्र है—

जब चीन्हा तब और न कोई। तन मन, जिउ, जीवन सब सोई॥
हौं हौं कहत धोख इतराहीं। जब भा सिद्ध कहाँ परछाहीं?

चित् अचित् की इस अनन्यता के प्रतिपादन के लिये वेदांत 'विवर्तवाद' का आश्रय लेता है जिसके अनुसार यह जगत् ब्रह्म का विवर्त (कल्पित कार्य) हैं। मूल सत्य द्रव्य ब्रह्म ही है और जिस पर अनेक असत्य अर्थात् सदा बदलते रहने वाले दृश्यों का अध्यारोप होता है। जो नामरूपात्मक दृश्य हम देखते हैं वह न तो ब्रह्म का वास्तविक स्वरूप ही है, न ब्रह्म का कार्य या परिणाम ही है। वह है केवल अध्यास या भ्रांतिज्ञान। उसकी कोई अलग सत्ता नहीं है। नित्य तत्व एक ब्रह्म ही है। इसी सामान्य सिद्धांत के स्पष्टीकरण के लिये वेदांत में प्रतिबिंबवाद, दृष्टिसृष्टिवाद, अवच्छेदवाद, अजातवाद (प्रौढ़िवाद) आदि कई वाद चलते हैं।

'प्रतिबिंबवाद' का तात्पर्य यह है कि नामरूपात्मक दृश्य (जगत्) ब्रह्म के प्रतिबिंब हैं। बिंब ब्रह्म है; यह जगत् उसका प्रतिबिंब है। इस प्रतिबिंबवाद की ओर जायसी ने 'पद्मावत' में बड़े ही अनूठे ढंग से संकेत किया है। दर्पण में पद्मिनी के रूप की झलक देख अलाउद्दीन कहता है—

---

1. करूँ मैं सिजदः बुतों के आगे,तू ए बरहमन! 'खुदा, खुदा' कर।

देख एक कौतुक हौं रहा। रहा अँतरपट पै नहिं अहा॥
सरवर देख एक मैं सोई। रहा पानि औ पान न होई॥
सरग आइ धरती महँ छावा। रहा धरति, पै धरत न आवा॥

परदा था भी और नहीं भी था—अर्थात् इस विचार से तो व्यवधान था कि उस स्वरूप का हम स्पर्श नहीं कर सकते थे ओर इस विचार से नहीं भी था कि उस व्यवधान में उस स्वरूप की छाया दिखाई पड़ती थी। प्रकृति की दो शक्तियाँ मानी जाती हैं—आवरण और विक्षेप। आवरण द्वारा वह मूल निर्गुण सत्ता के वास्तव स्वरूप को ढँकती है और विक्षेप द्वारा उसके स्थान पर बदलने वाले नाना रूपों को निकालती हैं। जब कि ये नाना रूप ब्रह्म ही के प्रतिबिंब है तब हम यह नहीं कह सकते हैं कि वह आवरण या परदा ऐसा जिसमें ब्रह्म का आभास बिल्कुल नहीं मिल सकता। सरोवर में पानी था, पर पानी तक पहुँच नहीं होती थी—उसे शीतल करने वाले तत्व की झलक मिलती है, पर उसकी प्राप्ति यों नहीं हो सकती। पूर्ण साधना द्वारा यदि उसकी प्राप्ति हो जाय तो भवताप से चिरनिवृत्ति हो जाए और आत्मा की प्यास सब दिन के लिये बुझ जाय। 'सरग आइ धरती महँ छावा'—स्वर्गीय अमृत तत्व इसी पृथ्वी में व्याप्त है पर पकड़ में नहीं आता है। इसी भाव को जायसी ने 'अखरावट' में अधिक स्पष्ट रूप में प्रकट किया है—

आपुहि आपु जो देखै चहा। आपनि प्रभूत आप से कहा॥
सबै जगत दरपन कै लेखा। आपुहि दरपन, आपुहि देखा॥
आपुहि बन और आपु पखेरू। आपुहि सौजा, आपु अहेरू॥
आपुहि पुहुप फूलि बन फूलै। आपुहि भँवर बासरस भूलै॥
आपुहि घट घट महँ मुख चाहै। आपुहि आपन रूप सराहै॥
दरपन बालक हाथ, मुख देखै, दूसरो गनै।
तस भा दुइ एक साथ, मुहमद एकै जानिए॥

'आपुहि दरपन आपुहि देखा' इस वाक्य से दृश्य और द्रष्टा, ज्ञेय और ज्ञाता का एक दूसरे से अलग न सूचित होता है। इसी अर्थ को लेकर वेदांत में यह कहा जाता है ब्रह्म जगत् केवल निमित्त कारण ही नहीं, उपादान कारण भी हैं। 'आपुहि आपु जो देखै चहा' का मतलब यह है कि अपनी ही शक्ति की लीला का विस्तार जब देखना चाहा। शक्ति या माया ब्रह्म की ही है, ब्रह्म से पृथक् उसकी कोई स्वतंत्र सत्ता नहीं। 'आपुहि घट घट महँ मुख चाहैं'—प्रत्येक शरीर में जो कुछ सौंदर्य दिखाई पड़ता है वह उसी का है। किस प्रकार एक ही अखंड सत्ता के अलग-अलग बहुत से प्रतिबिंब दिखाई पड़ते हैं, यह बताने के लिये जायसी यह पुराना उदाहरण देते हैं—

गगरी सहस पचास, जो कोउ पानी भरि धरै।
सूरुज दिपै अकास, मुहमद सब महँ देखिए॥

जिस ज्योति से मनुष्य उस परमहंस ब्रह्म की छाया देखता है वह स्थिर है क्योंकि वह ब्रह्म ही है। वह ब्रह्म ज्योति अपनी माया से आच्छादित होने पर भी न उससे मिली हुई कहीं जा सकती है न अलग न मिली हुई इसलिये नहीं कि नामरूपात्मक दृश्यों का उसके स्वरूप पर कोई प्रभाव नहीं पड़ सकता, अलग इसलिए नहीं कि उसकी अभिव्यक्ति छाया रूप में रहती है—

देखेउ परमहंस परछाहीं। नयन ज्योति सौं बिछुरति नाहीं॥
जगमग जल महँ दीसै जैसे। नाहिं मिला नहिं बेहरा तैसे॥

नाम, रूप असत्य हैं अर्थात् बदलते रहते हैं पर उनकी तह में जो आत्मसत्ता है वह नित्य और अपरिणामी है, इसका स्पष्ट शब्दों में उल्लेख इस सोरठे में है—

बिगरि गए सब नावै, हाथ, पाँव, मुँह, सीस धर।
तीर नाँव केहि ठाँव, मुहमद सोइ विचारिए॥

—(*अखरावट*)

नित्य तत्व और नामरूप का भेद समझाने के लिये वेदांती समुद्र और तरंग का या सुवर्ण और अलंकार का दृष्टांत लाया करते हैं। अखरावट में वह भी मौजूद है—

सुन्न समुद्र चख माहिं, जल जैसी लहरे उठहिं।
उठि उठि मिटि मिटि जाहिं, मुहमद खोज न पाइए॥

वह अव्यक्त तत्व यद्यपि घट घट में व्याप्त है, नामरूपात्मक जगत् की तह में है, पर नामरूपों का उस पर कोई प्रभाव नहीं, वह निर्लिप्त और अविकारी है—'न चैनं क्लेदयन्त्यापो न शोषयति मारुतः'—

चख महँ नियर, निहारत दूरी। सब घट माहँ रहा भरि पूरी॥
पवन न उड़ै, न भीजै पानी। अगिनि जरै जस निरमल बानी॥

ब्रह्म अपनी माया का विस्तार करके उसमें अपना प्रतिबिंब देखता है। इस बात को समझाने के लिए जायसी आँख की पुतली के बिंदु की ओर संकेत करते हैं। यह बिंदु जब अपनी शक्ति का प्रसार करता है तभी जगत् को देखता है। इस बात की ओर पूर्ण ध्यान देकर विचार करने से मनुष्य को दृग्दृश्य विवेक प्राप्त हो सकता है और वह यह समझ सकता है कि दृश्य की प्रतीति होना अव्यक्त में अव्यक्त का सामना ही है, नित्य अव्यक्त तत्व ब्रह्म मायापट का विस्तार करके—अर्थात् दिक्काल आदि का आरोप करके—अपना प्रतिबिंब डालता है—अव्यक्तमूल प्रतिबिंब प्रतीति के रूप में फिर उसी अव्यक्त नित्य चित्तत्व में पलट-कर समाता है।

पुतरी महँ जो बिंदि एक कारी। देखै जगत सो पट बिस्तारी॥
हेरत दिस्टि उघरि तस आई। निरखि सुन्न महँ सुन्न समाई॥

प्रसिद्ध जर्मन दार्शनिक फिकूट ने भी जगत् की प्रतीति की प्रायः यही पद्धति बताई है।

ब्रह्म को 'ईश्वर' संज्ञा किस प्रकार प्राप्त होती है इसका विवरण वेदांत के ग्रंथों में मिलता है। पहले प्रकृति रजोगुण की प्रवृत्ति से दो रूपों में विभक्त होती है सत्वप्रधान और तम प्रधान। सत्वप्रधान के भी दो रूप हो जाते हैं—शुद्ध सत्व (जिसमें सत्व गुण पूर्ण हों) और अशुद्ध सत्व (जिसमें सत्व अशतः हो)। प्रकृति के इन्हीं भेदों में प्रतिबिंबित होने के अनुसार ब्रह्म कभी 'ईश्वर', कभी 'हिरण्यगर्भ', और कभी 'जीव' कहलाता है। जब माया या शक्ति के तीन गुणों में से शुद्ध सत्व का उत्कर्ष होता है तब उसे 'माया' कहते हैं और इस माया में प्रतिबिंबित होने वाले ब्रह्म को सगुण यानी व्यक्त ईश्वर कहते हैं। अशुद्ध सत्व की. प्रधानता 'अविद्या' और उसमें प्रतिबिंबित होने वाले चित् या ब्रह्म को प्राज्ञ या जीव कहते हैं—इस सिद्धांत का भी आभास जायसी ने इस प्रकार दिया है—

भए आपु औ कहा गोसाईं। सिर नाबहु सगरिउ दुनियाई॥

आप ही तो सब कुछ हुआ, पर माया के भेद के अनुसार एक ओर तो ईश्वर (सर्वशक्तिमान् विधायक और शासक) रूप में व्यक्त हुआ और दूसरी ओर जीव रूप में, जो उस ईश्वर को सिर नवाता है।

ब्रह्म और जीव, आत्मा और परमात्मा की एकता इस प्रकार भी समझी जाती है कि 'जो पिंड में है वही ब्रह्मांड में है। इस तथ्य को लेकर साधना के क्षेत्र में एक विलक्षण रहस्यवाद की उत्पत्ति हुई जिसकी प्रेरणा से योग में पिंड या घट के भीतर ही ब्रहा का एक विशेष स्थान निर्दिष्ट हुआ और उसके पास तक पहुँचाने वाले विकट मार्ग (नाभि से चलकर) की कल्पना की गई। जायसी ने इस रहस्यमयी भावना को स्वीकार किया है—

सातौं दीप नवौ खँड, आठो दिसा जो आहिं।
जो बरह्मंड सो पिंड है, हेरत अंत न जाहि॥

और एक पूरा रूपक बाँधकर पिंड को ही ब्रह्मांड बनाया है—

टा टुक झाँकहु सातौं खंडा। खंडै खंड लखहु बरम्हंडा॥
पहिल खंड जो सनीचर नाऊँ। लखि न अँटकु पौरी महँ ठाऊँ॥
दूसर खंड वृहस्पति तहँवाँ। काम दुवार भोगघर जहँवा॥
तीसर खंड जो मंगल मानहुँ। नाभि कँवल महँ ओहि अस्थानहु॥
चौथ खंड जो आदित अहई। बाई दिसि अस्तन महँ रहई॥
पाँचवें खंड सुक्र उपराहीं। कंठ माहँ औ जीभ तराहीं॥
छठएँ खंड बुद्धि कर बासा। दोउ भौहन्ह के बीच निवासा॥
सातवँ सोम कपार महँ, कहा जो दसवैं दुवार।
जो वह पवँरि उघारै, सो बड़ सिद्ध अपार॥

इसमें जायसी ने मनुष्य शरीर के पैर, गुह्येंद्रिय, नाभि, स्तन, कंठ, दोनों भौंहों के बीच के स्थान और कपाल को क्रमशः शनि, वृहस्पति, मंगी, आदित्य, शुक्र, बुध और सोमस्वरूप कहा है। एक और ध्यान देने की बात यह है कि

कवि ने जिस क्रम से एक दूसरे के ऊपर ग्रहों की स्थिति लिखी है वह सूर्य सिद्धांत आदि ज्योतिष के ग्रंथों के अनुकूल है।

तत्व दृष्टि से 'पिंड और ब्रह्मांड की एकता' के निश्चय पर पहुँच जाने पर फिर उसी के अनुकूल साधना मार्ग सामने आता है, जो योगशास्त्र का विषय है। पतंजलि ने विभूतिपाद में नाभिचक्र, कंठकूप, कूर्मनाड़ी और मूर्धज्योति का ही उल्लेख किया है, पर हठयोग में काव्यव्यूह का विशेष विस्तार से वर्णन है जिसकी चर्चा पहले कर आए हैं। मूर्धज्योति या ब्रह्मरंध्र को ही जायसी ने 'दसवाँ द्वार' कहा है जहाँ वृत्ति को ले जाकर लीन करने से ब्रह्म के स्वरूप का साक्षात्कार हो सकता है। जायसी ने वेदांत के सिद्धांतों के साथ हठयोग की बातों का भी समावेश क्यों किया, इसका कारण उपर्युक्त विवेचन से स्पष्ट हो गया होगा। तत्वज्ञान के पश्चात् उसके अनुकूल साधना होनी चाहिए। जब कि यह सिद्ध हो गया कि जो ब्रह्म विश्व की आत्मा के रूप में ब्रह्मांड में व्याप्त रहा है वही मनुष्य के पिंड या शरीर में भी है तब शरीर के भीतर ही उसके साक्षात्कार की साधना का निरूपण होना ही चाहिए।

अब यह देखिए कि तत्व दृष्टि से जायसी सृष्टि विकास का किस रूप में वर्णन करते हैं। वे कहते हैं कि सृष्टि के पहले ब्रह्म अपने को अपने में समेटे हुए था—'रहा आपु महँ आपु समाना (अखरावट)। सर्गोन्मुख होने के पहले वह 'वज्रबीज' अव्यक्त था—

बजर बीज बीरौ अस, ओहि न रंग न भेस।

अंकुरित होने पर उसमें से दो पत्ते निकले—एक चित्तत्व, दूसरा पार्थिव तत्व—

होतै बिरवा भए दुइ पाता। पिता सरग औ धरती माता॥

इन्हीं दो से फिर अनेक प्रकार की चराचर सृष्टि हुई—

बिरिछ एक लागी दुइ डारा। एकहिं तें नाना परकारा॥
मातु के रकत पिता के बिंदू। उपने दुवौ तुरूक औ हिंदू॥
रकत हुते तन भए चौरंगा। बिंदु हुते जिय पाँचौ संगा॥
जस ए चारिउ धरति बिलाहीं। तस वै पाँचहु सरगहिं जाहीं॥

एक ही वृक्ष की दो डालियाँ हुई—एक चेतन तत्व अर्थात् जीवात्मा और दूसरा अचेतन अर्थात् जड़ द्रव्य। चित् पुरुष पक्ष या पितृपक्ष है और अचित् प्रकृति पक्ष या मातृपक्ष है। चित् को आकाशरूप (चिदाकाश) सूक्ष्म समझना चाहिए और अचित् को पृथ्वीस्वरूप स्थूल।

जब कि व्यक्त चित् (जीव) और व्यक्त अचित् (विकृति) दोनों एक ब्रह्म से उत्पन्न हैं तब ब्रह्म में भी ये दोनों पक्ष अव्यक्त या सूक्ष्म रूप में होंगे। इस प्रकार जायसी के उक्त कथन में रामानुज के विशिष्टाद्वैत की झलक साफ है जिसके अनुसार ब्रह्म चिदचिद्विशिष्ट है अर्थात् चित् और अचित् उसके अंग हैं। जायसी ने आगे चलकर तो ब्रह्म को द्विकलात्मक साफ़ कहा है—

खा खेलार जस है दुइ करा। उहै रूप आदम अवतरा॥

ब्रह्म के सूक्ष्म चित् से जीवात्माओं की उत्पत्ति और सूक्ष्म अचित् से उनके शरीर और जड़ जगत् की उत्पत्ति हुई। विशिष्टाद्वैत के अनुसार ब्रह्म केवल निमित्त कारण है; उपादान है जड़ (स्थूल अचित्) और जीव (स्थूल जीव)। पर दूरारूढ़ वेदांत के अद्वैतवाद में ब्रह्म सब भेदों (स्वगत, सजातीय और विजातीय) से रहित तथा जगत् का निमित्त और उपादान दोनों माना जाता है। सूफियों को भी आत्मा और परमात्मा में किसी प्रकार का पारमार्थिक भेद (जन्य जनक का भी), मान्य नहीं है। अतः अद्वैतियों के अनुकूल यदि हम 'बिरिछ एक लागी दुइ डारा का अर्थ करना चाहें तो जीव और जड़ को क्रमशः ब्रह्म के श्रेष्ठ और कनिष्ठ स्वरूप (जिन्हें गीता में परा और अपरा प्रकृति कहा है) मानकर कर सकते हैं। श्रेष्ठ स्वरूप निर्विकार रहता है और कनिष्ठ स्वरूप (माया) में अनेक प्रकार के भेद और विकार दिखाई पड़ते हैं। पर अद्वैतवाद के अनुकूल सृष्टि के वर्णन में अधिक जटिलता है और शब्दों के प्रयोग में सावधानी की भी बहुत आवश्यकता है। इसका निर्वाह जायसी के लिये कठिन था। इसी से आगे चलकर इन्होंने चित्तत्व के समुद्र से जो असंख्य प्रकार के भीतर जीव बिंदुओं की वर्षा कराई है वह शुद्ध वेदांत के अपरिच्छिन्न चित् के अनुकूल नहीं है, विशिष्टाद्वैत भावना से ही मेल खाती है—

रहा जो एक जल गुपुत समुंदा। बरसा सहस अठारह बुंदा॥
सोई अंश घटहिं घट मेला। औ सोइ बरन बरन होइ खेला॥

इस चौपाई में 'गुपुत समुंदा' सूक्ष्म चित् है जिससे अनेक प्रकार के जीवात्माओं की उत्पत्ति हुई।

यहीं तक नहीं[1] उत्पति का और आगे चलकर जो वर्गीकरण किया गया है वह भी विचारणीय है; जैसे—

रकत हुते तन भए चौरंगा। बिंदु हुते जिउ पाँचौ संगा॥
जस ए चारिउ धरित बिलाहीं। तस वै पाँचौ सरगहि जाहीं॥

'रक्त' से अभिप्रायः यहाँ माता के रज अर्थात् प्रकृति के उपादान से है। प्रकृति के क्रमागत विकास से नाना प्रकार के शरीर संघटित हुए, यहाँ तक तो ठीक ही ठीक है। पर चित्तत्व के अंतर्गत जीवात्मा के अतिरिक्त पाँचो ज्ञानेंद्रियाँ (या पंचप्राण अर्थ लीजिए) भी। यह मत भारतीय दृष्टि से शास्त्रसम्मत नहीं है। सांख्य और वेदांत दोनों में ज्ञानेंन्द्रियाँ और अंतःकरण तथा प्राण भी प्रकृति के उत्तरोत्तर विकास माने जाते हैं। पर अतःकरण या मन से आत्मा भिन्न हैं, यह सूक्ष्म भावना पश्चिमी देशों में स्फुट नहीं थी। पर 'जस वै पाँचौ सरगहि जाहीं' का भारतीय आध्यात्म की दृष्टि से यह अर्थ ले सकते हैं कि जीवात्मा के साथ 'लिंग' शरीर लग जाता है।

---

1. द्वेववब्रह्मणो रूपे, मूर्तञ्चैवामूर्तञ्च, मर्त्यञ्चामृतञ्च।

—बृहदारण्यक (मूर्तामूर्त ब्राह्मण)

पद्मावत के आंरभ में सृष्टि का जो वर्णन है वह तो बिल्कुल स्थूल तथा नैयायिकों, पौराणिकों तथा जनसाधारण के 'आरंभवाद' के अनुसार है। यहीं तक नहीं, उसमें हिंदुओं और मुसलमानों दोनों की भावनाओं का मेल है। उसमें एक ओर तो पुराणों के 'सप्तद्वीप' और 'नवखंड' और दूसरी ओर 'नूर' की उत्पत्ति और 'हिशद हजार आलम'। उक्त वर्णन में एक बात पर और ध्यान जाता है कवि ने सर्वत्र भूतकालिक रूप 'कीन्हेसि' का प्रयोग किया है जिसमें शामी पैगंबरी मतों (यहूदी,ईसाई और इसलाम) को इसी परिभित भावना का आभास मिलता है कि वर्तमान सृष्टि प्रथम और अंतिम है। इन मतों के अनुसार ईश्वर ने न तो इसके पहले सृष्टि की थी और न वह आगे कभी करेगा। इसमें न तो कल्पांतर की कल्पना है, न जीवों के पुनर्जन्म की। कयामत या प्रलय आने तक सबं जीवात्मा इकट्ठे होते जाएँगे और अंत में सबका फैसला एक साथ हो जायेगा। जो पुण्यात्मा होंगे वे अनंत काल तक स्वर्ग भोगने चले जायँगे और जो पापी होंगे वे अनंतकाल तक नरक भोगा करेंगे। 'पद्मावत' में तो एक ही बार सृष्टि होने का थोड़ा सा आभास मात्र है। पर 'अखरावट' में यह बात कुछ अधिक खोलकर कही गई है—

ऐसा जो ठाकुर किय एक दाऊँ। पहिले रचा मुहम्मद नाऊँ॥

हिंदू पौराणिक भावना के अनुसार भी सृष्टि का जहाँ वर्णन होगा वहाँ यही अभिप्राय प्रकट होगा कि ईश्वर 'सृष्टि करता है' अर्थात् बराबर करता रहता है।

आदम की उत्पत्ति का और गेहूँ खाने के अपराध में आदम हौवा के स्वर्ग से निकाले जाने का उल्लेख भी है—

जबहीं किएउ जगत सब साजा। आदि चहेउ आदम उपराजा॥
खाएनि गोहूँ कुमति भुलाने। पर आइ जग मँह, पछिताने॥ *(अखरावट)*
छोह न कीन्ह निछोही ओहू। का हम्ह दोष लाग एक गोहूँ॥ *(पद्मावत)*

स्तुति खंड में यह इसलामी विश्वास भी मौजूद है कि ईश्वर ने पहले नूर (पैगंबर) या ज्योति उत्पन्न की और मुहम्मद ही की खातिर से स्वर्ग और पृथ्वी की रचना की—

कीन्हेसि प्रथम जोति परगासू। कीन्हेसि तेहि पिरीति कविलासू॥

'कविलास' शब्द का प्रयोग जायसी ने बराबर स्वर्ग के अर्थ में किया है।

यह तो प्रसिद्ध ही है कि यहूदियों के पुराने पैगंबर मूसा की उस सृष्टिकथा को ईसाइयों ने भी माना और मुसलमानों ने भी लिया जिसके अनुसार ईश्वर ने छह दिन में आकाश, पृथ्वी, जल तथा वनस्पतियों और जीवों को अलग अलग उत्पन्न किया और अंत में मनुष्य का पुतला बनाकर उसमें अपनी रूह फूँकी। इसलाम में आकर सृष्टि की इस पौराणिक कथा में दो एक बातों का अंतर पड़ा। मूसा के खुदा को सृष्टि बनाने में छह दिन लगे थे, पर अल्लाह ने सिर्फ 'कुन' कहकर एक क्षण में सारी सृष्टि खड़ी कर दी। ज्योति की प्रथम उत्पत्ति का उल्लेख मूसा के वर्णन में भी है पर इसलाम में उस ज्योति का अर्थ 'मुहम्मद का नूर' किया जाता है। कहने की आवश्यकता नहीं है कि सृष्टि का उक्त पैगंबरी वर्णन किसी तात्विक क्रम पर नहीं है। जायसी ने भी आरंभ में ज्योति का

नाम लेकर फिर आगे किसी क्रम का अनुसरण नहीं किया है। वे सिर्फ वस्तुएँ गिनाते गए हैं। पर 'पद्मावत' में एक स्थान भूतों की उत्पत्ति का क्रम इस प्रकार कहा गया है—

पवन होइ भा पानी, पानी होइ भइ आगि॥
आगि होइ भइ माटी, गोरखधंधै लागि॥

यह क्रम तैत्तिरीयोपनिषद् में जो क्रम कहा गया है उससे नहीं मिलता। तैत्तिरीयोपनिषद् में यह क्रम है—आत्मा (परमात्मा) से आकाश, आकाश से वायु, वायु से अग्नि, अग्नि से जल और जल से पृथ्वी। यह क्रम इस आधार पर है कि पहले एक गुण का पदार्थ हुआ, फिर उससे दो गुण वाला और फिर उस दो गुणवाले से तीन गुणवाला—इसी प्रकार बराबर होता गया। पर जायसी का क्रम किस आधार पर है, नहीं कहा जा सकता। हाँ, पाँच भूतों के स्थान पर जायसी ने जो चार ही कहे हैं वह प्राचीन यूनानियों के विचार के अनुसार हैं जिसका प्रचार अरब आदि देशों में हुआ। प्राचीन पाश्चात्यों की भूत कल्पना इतनी सूक्ष्म न थी कि वे भूतों के अंतर्गत आकाश को लेते। आकाश के संबंध में अरब और फारस आदि मुसलमानी देशों के जनसाधारण की भावना भी बहुत स्थूल थी। वे उसे नक्षत्रों से जुड़ा हुआ एक शामियाना समझते थे, इसी से जायसी ने कहा है—

गगन अंतरिख राखा, बाज खंभ बिनु टेक।

'अखरावट' उपनिषद् की कुछ बातें कहीं कहीं ज्यों की त्यों मिलती हैं। आत्मा के संबंध में जायसी कहते हैं—

पवन चाहि मन बहुत उताइल। तेहि तें परम आसु सुठि पाइल॥
मन एक खंड न पहुँचै पावै। आसु भुवन चौदह फिरि आवै॥
पवनहिं महँ जो आपु समाना। सब भा बरन जो आपु अमाना॥
जैस डोलाए बेना डोलै। पवन सबद होइ किछुइ न बौलै॥

यही बात ईशोपनिषद् में कही गई है—

अनेजदेकं मनसो जवीयो नैनद्देवाऽऽप्नुवन् पूर्वमर्षत्।
तद्धावतोऽन्यानत्येति तिष्ठत्तस्मिन्नपो मातरिश्वा दधाति॥ 4॥

अर्थात्—आत्मा प्रबल मन से अधिक बेगवाला है, इंद्रियाँ उसको नहीं पा सकती। वह मन, इंद्रिय आदि दौड़ने वालों से ठहरा हुआ भी, परे निकल जाता है और उसी की सत्ता से वायु में कर्मशक्ति है।

सारांश यह है कि अद्वैतपक्ष मान्य होने पर भी जायसी ने अन्य पक्षों की भावना द्वारा उद्‌घाटित स्वरूपों का भी पूरे औत्सुक्य के साथ अवलोकन किया है। सूक्ष्म और स्थूल दोनों प्रकार के विचारों का समावेश उनमें है। जगह-जगह उन्होंने संसार को असत्य और माया कहा है जिससे मूल पारमार्थिक सत्ता का केवल आत्मस्वरूप होना ध्वनित होता है। साथ ही, जगत को दर्पण कहना,

नामरूपात्मक दृश्यों को प्रतिबिंब या छाया कहना यह सूचित करता है कि अचित् को ब्रह्म तो नहीं कह सकते, पर है वह उसी रूप की छाया जिस रूप में यह जगत दिखाई पड़ता है। दूसरी ओर ईश्वर की भावना कर्ता या केवल निमित्त कारण के रूप में भी सृष्टिवर्णन में उन्होंने की है। यहीं तक नहीं, कहीं कहीं उन्होंने हिंदू और मुस्लिम भावना का मेल भी एक नए और अनूठे ढंग से किया है।

इस प्रकार के कई परस्पर भिन्न सिद्धांतों की झलक से यह लक्षित होता है कि उन्होंने जो कुछ कहा है वह उनके तर्क या 'ब्रह्मजिज्ञासा' का फल नहीं हैं; उनकी सारग्राहिणी और उदार भावुकता का फल है, उनके अनन्य प्रेम का फल है। इसी प्रेमाभिलाष की प्रेरणा से प्रेमी भक्त उस अखंड रूप ज्योति को किसी किसी कला के दर्शन के लिये सृष्टि का कोना-कोना झांकता है, प्रत्येक मत और सिद्धांत की ओर आँख उठाता है और सर्वत्र जिधर देखता है उधर उसका कुछ न कुछ आभास पाता है। यही उदार प्रवृति सब सच्चे भक्तों की रही है। जायसी की उपासना 'माधुर्य भाव' से, प्रेमी और प्रिय के भाव से है। उनका प्रियतम संसार के परदे के भीतर छिपा हुआ है। जहाँ किस रूप में उसका आभास कोई दिखाता है वहाँ उसी रूप में उसे देख ये गद्‌गद होते हैं। वे उसे पूर्णतया ज्ञेय या प्रमेय नहीं मानते। उन्हें यही दिखाई पड़ता है कि प्रत्येक मत अपनी पहुँच के अनुसार, अपने मार्ग के अनुसार, उसका कुछ अंशतः वर्णन करता है। किसी मत या सिद्धांत का यह आग्रह कि ईश्वर ऐसा ही है, भ्रम है। जायसी कहते हैं—

सुनि हस्ती कर नावँ, अँधरन्ह टोवा धाइकै।
जेइ टोवा जेहि ठाँव, मुहम्मद सो तैसे कहा॥

'एकांगदस्सिनो' (एकांगदर्शियों) का यह दृष्टांत पहले पहल बुद्ध ने दिया था। इसको जायसी ने बड़ी मार्मिकता से अपनी उदार मनोवृत्ति की व्यंजना के लिये लिया है। इससे यह व्यंजित होता है कि प्रत्येक मत में सत्य का कुछ न कुछ अंश रहता है। इंगलैंड के प्रसिद्ध तत्वदर्शी हर्बर्ट स्पेंसर ने भी यही कहा है कि 'कोई मत कैसा ही हो उसमें कुछ न कुछ सत्य का अंश रहता है। भूतप्रेतवाद से लेकर बड़े-बड़े दार्शनिक वादों तक सब में एक बात सामान्यतः पाई जाती हैं कि सबके सब संसार का मूल कोई अज्ञेय और अप्रेमय रहस्य समझते हैं जिसका वर्णन प्रत्येक मत करना चाहता है, पर पूरी तरह कर नहीं सकता।'

यह बात प्रसिद्ध है कि पहुँचे हुए साधक अपने अनुभव को गुप्त रखते हैं। उसे प्रकट करना वे ठीक नहीं समझते। जायसी भी कहते हैं—

मति ठाकुर कै सुनि कै, कहै जो हिय मझियार।
बहुरि न मत तासौं करै, ठाकुर दूजी बार॥

इस मौन का रहस्य यही है कि अध्यात्म का विषय स्वसंवेद्य और अनिर्वचनीय है। शब्दों में उसका ठीक ठीक प्रकाश हो नहीं सकता। शब्दों में प्रकट करने के प्रयत्न से दो बातें होती हैं—एक तो शब्द भावना को परिमित

करके अनुभूति में कुछ बाधक हो जाते हैं—दूसरे श्रोता के तर्क वितर्क से भी वृत्ति चंचल हो जाती है। जो अचिंत्य हैं वह शब्दों में ठीक ठीक कैसे आ सकता है?

अचिंत्याः खलु ये भावा न तांस्तर्केण साधयेत्।

इसी से ब्रह्म के संबंध में तीन बार प्रश्न करने पर एक ऋषि ने तीनों बार मौन ही द्वारा उत्तर दिया था।

यहाँ तक तो तत्वसिद्धांत की बात हुई। सामाजिक विचार जायसी के प्रायः वैसे ही थे जैसे उस समय जनसाधारण के थे। अरब, फारस आदि देशों में स्त्रियों का पद बहुत नीचा समझा जाता था। वे विलास की सामग्री मात्र समझी जाती थीं। प्राचीन भारत की बात तो नहीं कह सकते पर इधर बहुत दिनों से इस देश में भी यही भाव चला आ रहा है। बादल युद्ध में जाते समय अपनी स्त्री का हाथ छुड़ाकर उससे कहता है—

तिरिया भूमि खड़ग कै चेरी। जीत जो खड़क होइ तेहि केरी॥

जायसी का रहस्यवाद

सूफियों के अद्वैतवाद का जो विचार पूर्वप्रकरण में हुआ था उससे यह स्पष्ट हो गया कि किस प्रकार आर्य जाति (भारतीय और यूनानी) के तत्वचिंतकों द्वारा प्रतिपादित इस सिद्धांत को सामी पैगंबरी मतों से रहस्यभावना के भीतर स्थान मिला। उक्त मतों (यूहदी, ईसाई, इस्लाम) के बीच तत्वचिंतन की पद्धति या ज्ञानकांड का स्थान न होने के कारण—मनुष्य की स्वाभाविक बुद्धि या अक्ल का दखल न होने के कारण—अद्वैतवाद का ग्रहण रहस्यवाद के रूप में ही हो सकता था। इस रूप में पड़कर वह धार्मिक विश्वास में बाधक नहीं समझा गया। भारत वर्ष में तो यह ज्ञानक्षेत्र से निकला और अधिकतर ज्ञानक्षेत्र में ही रहा; पर अरब, फारस आदि में जाकर यह भावक्षेत्र के बीच मनोहर रहस्यभावना के रूप में फँसा।

यूरोप में भी प्राचीन यूनानी दार्शनिकों द्वारा प्रतिष्ठित अद्वैतवाद ईसाई मजहब के भीतर रहस्यभावना के ही रूप में लिया गया। रहस्योन्मुख सूफियों और पुराने कैथलिक ईसाई भक्तों की साधना समान रूप से माधुर्य भाव की ओर प्रवृत्त रही। जिस प्रकार सूफी ईश्वर की भावना प्रियतम के रूप में करते थे उसी प्रकार स्पेन, इटली आदि योरोपीय प्रदेशों के भक्त भी। जिस प्रकार सूफी 'हाल' की दशा में उस माशूक से भीतर ही भीतर मिला करते थे उसी प्रकार पुराने ईसाई भक्त साधक भी दुलहनें बनकर उस दूल्हे से मिलने के लिये अपने अंतर्देश में कई खंडों के रंगमहल तैयार किया करते थे। ईश्वर की पति रूप में उपासना करने वाली सैफो, सेंट टेरेसा आदि कई भक्तिनें भी यूरोप में हुई हैं।

अद्वैतवाद के दो पक्ष हैं—आत्मा और परमात्मा की एकता तथा ब्रह्म और जगत् की एकता। दोनों मिलकर सर्ववाद की प्रतिष्ठा करते हैं—सर्वं खल्विदं ब्रह्म। यद्यपि साधना के क्षेत्र में सूफियों और पुराने ईसाई भक्तों, दोनों की दृष्टि प्रथम पक्ष पर ही दिखाई देती हैं। पर भावक्षेत्र में जाकर सूफी प्रकृति की नाना

विभूतियों से भी उसकी छवि का अनुभव करते आए हैं।

ईसा की 19 वीं शताब्दी में रहस्यात्मक कविता का जो पुनरुत्थान यूरोप के कई प्रदेशों में हुआ उसमें सर्ववाद (पैनथेइज्म) का—ब्रह्म और जगत् की एकता का—भी बहुत कुछ आभास रहा। वहाँ इसकी ओर प्रवृत्ति—स्वातंत्र्य और लोकसत्तामक भावों के प्रचार के साथ ही साथ दिखाई पड़ने लगी। स्वातंत्र्य के बड़े भारी उपासक अँगरेज कवि शैली में इस प्रकार के सर्ववाद की झलक पाई जाती है। आयरलैंड में स्वतंत्रता की भीषण पुकार के बीच ईट्स की रहस्यमयी कविवाणी भी सुनाई देती रही है। ठीक समय पर पहुँचकर हमारे यहाँ के कवींद्र रवींद्र भी वहाँ के सुर में सुर मिला आए थे। पश्चिम के समालोचकों की समझ में वहाँ के इस काव्यगत सर्ववाद का संबंध लोकसत्तापक्ष भावों के साथ है। इन भावों के प्रचार के साथ ही स्थूल गोचर पदार्थों के स्थान पर सूक्ष्म अगोचर भावना (एब्स्ट्रैक्शन्स) की प्रवृत्ति हुई और वही काव्यक्षेत्र में जाकर भड़कीली और अस्फुट भावनाओं तथा चित्रों के विधान के रूप में प्रकट हुई।[1]

अद्वैतवाद मूल में एक दार्शनिक सिद्धांत है, कविकल्पना या भावना नहीं है। वह मनुष्य के बुद्धिप्रयास या तत्वचिंतन का फल है। वह ज्ञानक्षेत्र की वस्तु है। जब उसका आधार लेकर कल्पना या भावना उठ खड़ी होती है अर्थात् जब उसका संचार भावक्षेत्र में होता है तब उच्च कोटि के भावात्मक रहस्यवाद की प्रतिष्ठा होती है। रहस्यवाद दो प्रकार का होता है—भावात्मक और साधनात्मक। हमारे यहाँ का योगमार्ग साधनात्मक रहस्यवाद है। यह अनेक अप्राकृतिक और जटिल अभ्यासों द्वारा मन को अव्यक्त तथ्यों का साक्षात्कार कराने तथा साधक को अनेक अलौकिक सिद्धियाँ प्राप्त कराने की आशा देता है। तंत्र और रसायन भी साधनात्मक रहस्यवाद है, पर निम्न कोटि के। भावात्मक रहस्यवाद की भी कई श्रेणियाँ हैं जैसे, भूत प्रेत की सत्ता मानकर चलने वाली भावना, परम सत्ता के रूप में एक ईश्वर की सत्ता मानकर चलने वाली भावना स्थूल रहस्यवाद के अंतर्गत होगी। अद्वैतवाद या ब्रह्मवाद को लेकर चलने वाली भावना से सूक्ष्म और उच्च कोटि के रहस्यवाद की प्रतिष्ठा होती है। तात्पर्य यह है कि रहस्यभावना किसी विश्वास के आधार पर चलती है, विश्वास करने के लिये कोई नया तथ्य या सिद्धांत नहीं उपस्थित कर सकती। किसी नवीन ज्ञान का उदय उसके द्वारा नहीं हो सकता। जिस कोटि का ज्ञान या विश्वास होगा उसी कोटि की उससे उद्‌भूत रहस्यभावना होगी।

---

1. द पैशन फार इनटेलेक्चुअल ऐब्सट्रैक्शन्स, ह्वे ट्रांसफर्ड टु द लिटरेचर आव इमैजिनेशन, बिकम्स ए पैशन फार ह्वाट इज ग्रैंडियोज ऐण्ड वेग इन सेंटिमेंट ऐंड इन इमैजरी।....द ग्रेट लारिएट आव यूरोपियन डिमाक्रेसी, विकटर ह्यूगो, एग्जिक्बिट्स ऐटवन्स द डिमाक्रेटिक लव आव ऐब्स्ट्रैक्ट आइडियाज, द डिमाकेटिक डिलाइट इन ह्वाट इज ग्रैंडियोज (ऐज बेल ऐज ह्वाट इज ग्रैंड) इन सेंटिमेंट,ऐंड द डिमाक्रैटिक टेडेंसी टुवर्डर्स ए पोएटिकल पैनथेइज्म।

—डाउडेंन्स 'न्यू स्टडीज इन लिटरेचर' (इंट्रोडक्शन)

अद्वैतवाद का प्रतिपादन सबसे पहले उपनिषदों में मिलता है। उपनिषद् भारतीय ज्ञानकांड के मूल हैं। प्राचीन ऋषि तत्वचिंतन द्वारा ही अद्वैतवाद के सिद्धांत पर पहुँचे थे। उनमें इस ज्ञान का उदय बुद्धि की स्वाभाविक क्रिया द्वारा हुआ था, प्रेमोन्माद या बेहोशी की दशा में सहसा एक दिव्य आभास या इलहाम के रूप में नहीं। विविध धर्मों का इतिहास लिखने वाले कुछ पाश्चात्य लेखकों ने उपनिषदों के ज्ञान को जो रहस्यवाद की कोटि में रखा है, वह उनका भ्रम या दृष्टिसंकोच है। बात यह है कि उस प्राचीन काल में दार्शनिक विवेचन को व्यक्त करने की व्यवस्थित शैली नहीं निकली थी। जगत् और उसके मूल कारण का चिंतन करते करते जिस तथ्य तक पहुँचते थे उसकी व्यंजना अनेक प्रकार से वे करते थे। जैसे आजकल किसी गंभीर विचारात्मक लेख के भीतर कोई मार्मिक स्थल आ जाने पर लेखक की मनोवृत्ति भावोन्मुख हो जाती है और वह काव्य की भावात्मक शैली का अवलंबन करता है उसी प्रकार उन प्राचीन ऋषियों को भी विचार करते करते गंभीर मार्मिक तथ्य पर पहुँचने पर कभी कभी भावोन्मेष हो जाता है और वे अपनी उक्ति का प्रकाश रहस्यात्मक और अनूठे ढंग से कर देते थे।

गीता के दसवें अध्याय में सर्ववाद का भावात्मक प्रणाली पर निरूपण है। वहाँ भगवान् ने अपनी विभूतियों का जो वर्णन किया है वह अत्यंत रहस्यपूर्ण है। सर्ववाद को लेकर जब भक्त की मनोवृत्ति रहस्योन्मुख होगी तब वह अपने को जगत् के नाना रूपों के सहारे उस परोक्ष सत्ता की ओर ले जाता हुआ जान पड़ेगा। वह लिखे हुए फूलों में, शिशु के स्मित आनन में, सुंदर मेघमाला में, निखरे हुए चंद्रबिब में उसके सौंदर्य का, गंभीर मेघगर्जन में, बिजली की कड़क में, वज्रपात में, भूकंप आदि प्राकृतिक विप्लवों में उसकी रौद्र मूर्ति का, संसार के असामान्य वीरों, परोपकारियों और त्यागियों में उसकी शक्ति, शील आदि का साक्षात्कार करता है। इस प्रकार अवतारवाद का मूल भी रहस्यभावना ही ठहरती है।

यद्यपि समष्टि रूप में वैष्णवों की सगुणोपासना रहस्यवाद के अंतर्गत नहीं कही जा सकती, पर श्रीमद्भागवत् के उपरांत कृष्णभक्ति को जो रूप प्राप्त हुआ उसमें रहस्य भावना की गुंजाइश हुई। भक्तों की दृष्टि से जब धीरे-धीरे श्रीकृष्ण का लोकसंग्रही रूप हटने लगा और वे प्रेममूर्तिमात्र रह गये तब उनकी भावना ऐकांतिक हो चली। भक्त लोग भगवान् को अधिकतर अपने संबंध से देखने लगे, जगत् के संबंध से नहीं। गोपियों का प्रेम जिस प्रकार एकांत और रूपमाधुर्यमात्र पर आश्रित था, उसी प्रकार भक्तों का भी हो चला। यहाँ तक कि कुछ स्त्री भक्तों में भगवान् के प्रति उसी रूप का प्रेमभाव स्थान पाने लगा जिस रूप का गोपियों का कहा गया था। उन्होंने भगवान् की भावना प्रियतम के रूप में की। बड़े बड़े मंदिरों में देवदासियों की जो प्रथा थी उससे इस 'माधुर्यभाव' को और भी सहारा मिला। माता पिता कुमारी लड़कियों को मंदिर में दान कर आते थे, जहाँ उनका विवाह देवता के साथ हो जाता था। अत: उनके लिये उस देवता की भक्ति पतिरूप में ही विधेय थी। इन देवदासियों में से कुछ उच्च कोटि

की भक्तिनें भी निकल आती थीं। दक्षिण में अंदाल इसी प्रकार की भक्तिन थी जिसका जन्म विक्रम संवत् 773 के आस पास हुआ था। वह बहुत छोटी अवस्था में किसी साधु को एक पेड़ के नीचे मिली थी वह साधु भगवान् का स्वप्न पाकर, इसे विबाह के वस्त्र पहनाकर श्रीरंग जी के मंदिर में छोड़ आया था।

अंदाल के पद द्रविड़ भाषा में 'तिरुप्पावइ' नामक पुस्तक मे अब तक मिलते हैं। अंदाल एक स्थान पर कहती है—'अब मैं पूर्ण यौवन को प्राप्त हूँ और स्वामी कृष्ण के अतिरिक्त और किसी को अपना पति नहीं बना सकती।' पति या प्रियतम के रूप में भगवान् की भावना को वैष्णव भक्तिमार्ग में 'माधुर्य भाव' कहते हैं। इस भाव की उपासना में रहस्य का समावेश अनिवार्य और स्वाभाविक है। भारतीय भक्ति का सामान्य स्वरूप रहस्यात्मक न होने के कारण इस 'माधुर्य भाव' का अधिक प्रचार नहीं हुआ। आगे चलकर मुसलमानी जमाने में सूफियों को देखादेखी इस भाव की ओर कृष्णभक्ति शाखा के कुछ भक्त प्रवृत्त हुए। इनमें मुख्य मीराबाई हुई जो 'लोकलाज खोकर' अपने प्रियतम श्रीकृष्ण के प्रेम में मतवाली रहा करती थीं। उन्होंने एक बार कहा था कि 'कृष्ण को छोड़ और पुरुष है कौन? सारे जीव स्त्रीरूप हैं।'

सूफियों का असर कुछ और कृष्णभक्तों पर पूरा पूरा पाया जाता है। चैतन्य महाप्रभु में सूफियों की प्रवृत्तियाँ साफ झलकती हैं। जैसे सूफी कव्वाल गाते गाते हाल की दशा में जाते हैं वैसे ही महाप्रभु जी की मंडली भी नाचते नाचते मूर्छित हो जाती थी। यह मूर्च्छा रहस्यवादी सूफियों की रूढ़ि है। इसी प्रकार मद, प्याला, उन्माद तथा प्रियतम ईश्वर के विरह को दुरारूढ़ व्यंजना भी सूफियों की बंधी हुई परंपरा है। इस परंपरा का अनुसरण भी कुछ पिछले कृष्णभक्तों ने किया। नागरीदास जी इश्क का प्याला पीकर बराबर झूमा करते थे। कृष्ण की मधुर मूर्ति ने कुछ आजाद सूफी फकीरों को भी आकर्षित किया। नजीर अकबरावादी ने खड़ी बोली के अपने बहुत से पद्यों में श्रीकृष्ण का स्मरण प्रेमालंबन के रूप में किया है।

निर्गुण शाखा के कबीर, दादू आदि संतों की परंपरा में ज्ञान का जो थोड़ा बहुत अवयव है वह भारतीय वेदांत का है—पर प्रेमतत्व बिल्कुल सूफियों का है। इनमें से दादू, दरियासाहब आदि तो खालिस सूफी ही जान पड़ते हैं। कबीर में 'माधुर्य भाव' जगह जगह पाया जाता है। वे कहते हैं—

हरि मोर प्रिय, मैं राम की बहुरिया।

'राम की बहुरिया' कभी तो प्रिय से मिलने की उत्कंठा और मार्ग की कठिनता प्रकट करती है, जैसे—

मिलना कठिन है, कैसे मिलौंगी पिय जाय?
समुझि सोचि पग धरौं जतन से, बार बार डगि जाय।
ऊँची गैल, राह रपटीली, पाँव नहीं ठहराय।

और कभी विरहदु:ख निवेदन करती है।

पहले कहा जा चुका है कि भारतवर्ष में साधनात्मक रहस्यवाद ही हठयोग, तंत्र और रसायन के रूप में प्रचलित था। जिस समय सूफी यहाँ आए उस समय उन्हें रहस्य की प्रवृत्ति हठयोगियों, रसायनियों ओर तांत्रिकों में ही दिखाई पड़ी। हठयोग की तो अधिकांश बातों का समावेश उन्होंने अपनी साधनापद्धति में कर लिया। पीछे कबीर ने भारतीय ब्रह्मवाद्र और सूफियों की प्रेमभावना को मिलाकर जो 'निर्गुण संत मत' खड़ा किया, उसमें भी 'इला, पिंगला, सुष्मना, नाड़ी' तथा भीतरी चक्रों की पूरी चर्चा रही। हठयोगियों व नागपंथियों की दो मुख्य बातें सूफियों और निर्गुण मत वाले संतों को अपने अनुकूल दिखाई पड़ी—(1)रहस्य की प्रवृत्ति, (2) ईश्वर को केवल मन के भीतर समझना और ढूँढ़ना।

कहने की आवश्यकता नहीं कि ये दोनों बातें भारतीय भक्तिमार्ग से पूरा मेल खाने वाली नहीं है। अवतारवाद के सिद्धांत रूप से प्रतिष्ठित हो जाने के कारण भारतीय परंपरा का भक्त अपने उपास्य को बाहर लोगों के बीच प्रतिष्ठित करके देखता है, अपने हृदय के एकांत कोने में ही नहीं। पर फारस में भावात्मक अद्वैती रहस्यवाद खूब फैला। वहाँ के शायरी पर इसका रंग बहुत गहरा चढ़ा। खलीफा लोगों के कठोर धर्मशासन के बीच भी सूफियों की प्रेममयीवाणी ने जनता को भावमग्न कर दिया।

इसलाम के प्रारंभिक काल में ही भारत का सिंध प्रदेश ऐसे सूफियों का अड्डा रहा जो यहाँ वेदांतियों और साधकों के सत्संग से अपने मार्ग की पुष्टि करते रहे। अतः मुसलमानों का साम्राज्य स्थापित हो जाने पर हिंदुओं और मुसलमानों के समागम से दोनों के लिये जो एक 'सामान्य भक्तिमार्ग' आविर्भूत हुआ वह अद्वैती रहस्यवाद को लेकर, जिसमें वेदांत और सूफी मत दोनों का मेल था। पहले पहल नामदेव ने, फिर रामानंद के शिष्य कबीर ने जनता के बीच इस 'सामान्य भक्तिमार्ग' की अटपटी वाणी सुनाई। नानक, दादू आदि कई साधक इस नए मार्ग के अनुयायी हुए, और 'निर्गुण संत मत' चल पड़ा। पर इधर यह निर्गुण भक्तिमार्ग निकला उधर भारत के प्राचीन 'सगुण मार्ग' ने भी, जो पहले से चला आ रहा था, जोर पकड़ा और राम कृष्ण की भक्ति का स्रोता बड़े वेग से हिंदू जनता के बीच बहा। दोनों की प्रवृत्ति में बड़ा अंतर यह दिखाई पड़ा कि एक तो लोकपक्ष से उदासीन होकर केवल व्यक्तिगत साधना का उपदेश देता रहा पर दूसरा अपने प्राचीन स्वरूप के अनुसार लोकपक्ष को लिए रहा। 'निर्गुण बानी' वाले संतों के लोकविरोधी स्वरूप को गोस्वामी तुलसीदास जी ने अच्छी तरह पहचाना था।

जैसा कि अभी कहा जा चुका है, रहस्यवाद का स्फुरण सूफियों में पूरा पूरा हुआ। कबीरदास में जो रहस्यवाद पाया जाता है वह अधिकतर सूफियों के प्रभाव के कारण। पर कबीरदास पर इस्लाम के कट्टर एकेश्वरवाद और वेदांत के मायावाद का रूखा संस्कार भी पूरा पूरा था। उनमें वाक्चातुर्य था, प्रतिभा थी, पर प्रकृति के प्रसार में भगवान की कला का दर्शन करने वाली भावुकता न थी। इससे रहस्यमयी परोक्ष सत्ता की ओर संकेत करने के लिए जिन दृश्यों को

वे सामने करते हैं वे अधिकतर वेदांत और हठयोग की बातों के खड़े किए हुए रूपक मात्र होते हैं। अतः कबीर में जो कुछ रहस्यवाद है वह सर्वत्र एक भावुक या कवि का रहस्यवाद नहीं है। हिंदी के कवियों में यदि कहीं रमणीय और सुंदर अद्वैती रहस्यवाद है तो जायसी में, जिनकी भावुकता बहुत ही ऊँची कोटि की है। वे सूफियों की भक्तिभावना के अनुसार कहीं तो परमात्मा को प्रियतम के रूप में देखकर जगत् के नाना रूपों में उस प्रियतम के रूप माधुर्य की छाया देखते हैं और कहीं सारे प्राकृतिक रूपों और व्यापारों का 'पुरुष' के समागम के हेतु प्रकृति के शृंगार, उत्कंठा या विरहविकलता के रूप में अनुभव करते हैं। दूसरे प्रकार की भावना पद्मावत में अधिक मिलती है।

आरंभ में कह आए है कि 'पद्मावत' के ढंग के रहस्यवादपूर्ण प्रबंधों की परंपरा जायसी से पहले की है। मृगावती, मधुमालती आदि की रचना जायसी के पहले हो चुकी थी और उनके पीछे भी ऐसी रचनाओं की परंपरा चली। सबमें रहस्यवाद मौजूद हैं। अतः हिंदी के पुराने साहित्य में 'रहस्यवादी कविसंप्रदाय' यदि कोई कहा जा सकता है तो इन कहानी कहने वाले मुसलमान कवियों का ही।

विस्तृत तथा उनके मर्मस्पर्शी स्वरूपों को कहीं अधिक परखनेवाली होती है। इससे उस रहस्यमयी सत्ता का आभास देने के लिये जायसी बहुत ही रमणीय और मर्मस्पर्शी दृश्यसंकेत उपस्थित करने में समर्थ हुए हैं। कबीर के चित्रों (इमैजरी) में न वह अनेकरूपता है, न वह मधुरता। देखिए, उस परोक्ष ज्योति और सौंदर्यसत्ता की ओर कैसी लौकिक दीप्ति और सौंदर्य के द्वारा जायसी संकेत करते हैं—

बहुतै जोति जोति ओहि भई।
रवि, ससि, नखत दिपहिं ओहि जोती। रतन पदारथ मानिक मोती॥
जहँ जहँ बिहँसि सुभावहिं हँसी। तहँ तहँ छिटकि जोति परगसी॥
नयन जो देखा कँवल भा, निरमल नीर सरीर।
हँसत जो देखा हंस भा, दसनजोति नग हीर॥

प्रकृति के बीच दिखाई देने वाली सारी दीप्ति उसी से है, इस बात का आभास पद्मावती के प्रति रत्नसेन के ये वाक्य दे रहे हैं—

अनु धनि! तू निसिअर निसि माहाँ। हौं दिनिअर जेहि कै तू छाहाँ॥
चाँदहिं कहाँ जोति औ करा। सुरुज के जाति चाँद निरमरा॥

अँगरेज कवि शैली की पिछली रचनाओं में इस प्रकार के रहस्यवाद की झलक बड़ी सुंदर दृश्यावली के बीच दिखाई देती है। स्त्रीत्व का आध्यात्मिक आदर्श उपस्थित करने वाले (एपीसाइकीडियन) में प्रिया की मधुर बाणी प्रकृति के क्षेत्र में कहाँ कहाँ सुनाई पड़ती है—

इन सालीद्यूड्स,
हर वायस केम टु मी थ्रू द ह्विस्परिंग उड्स,

ऐंड फ्राम द फाउन्टेंस, ऐंड दि ओडर्स डीप
आव फ्लावर्स ह्विच, लाइक लिप्स मरमरिंग इन देयर स्लीप
आव दी स्वीट किसेज ह्विच हैड लल्ड देम देयर,
ब्रीदड़ बट आव हर टु दि इनैमर्ड एयर;
ऐंड फ्राम द ब्रीजेज, ह्वेदर लो आर लाउड,
ऐंड फ्राम द रेन आव एव्री पासिंग क्लाउड,
ऐंड फ्राम द सिंगिंग आव द समर बर्ड्स,
ऐंड फ्राम आल साउंड्स, आल साइलेंस।

भावार्थ— निर्जन स्थानों के बीच मर्मर करते हुए काननों में, झरनों में, उन पुष्पों की परागगंध में जो उस दिव्य चुंबन के सुखस्पर्श से सोए हुए कुछ बर्राते से मुग्ध पवन को उसका परिचय दे रहे हैं; इसी प्रकार मंद या तीव्र समीर में, प्रत्येक दौड़ते हुए मेघखंड की झंड़ी में वसंत के विहंगमों के कलकूजन में तथा प्रत्येक ध्वनि में और निःस्तब्धता में भी मैं उसी की वाणी सुनता हूँ।

कबीरदास में यह बात नहीं है। उन्हें बाहर जगत् में भगवान की रूपकला नहीं दिखाई देती। वे सिद्धों और योगियों के अनुकरण पर ईश्वर को केवल अंतस् में बताते हैं—

मो को कहाँ ढूँढै बंदे मैं तो तेरे पास में।
ना मैं देव ना मैं मसजिद; ना काबे कैलास में॥

जायसी भी उसे भीतर बताते हैं—

पिउ हिरदय महँ भेंट न होई। को रे मिलाव, कहौं केहि रोई!

पर, जैसा कि पहले दिखा चुके हैं, वे उसके रूप की छटा प्रकृति के नाना रूपों में भी देखते हैं।

मानस के भीतर उस प्रियतम के सामीप्य से उत्पन्न कैसे अपरिमित आनंद की, कैसे विश्वव्यापी आनंद की, व्यंजना जायसी की इन पंक्तियों में हैं—

देखि मानसर रूप सोहावा। हिय हुलास पुरइनि होइ छावा॥
गा अँधियार रैनि मसि छूटी। भा भिनसार किरिन रवि फूटी॥
कँवल बिगस तत बिहँसी देही। भँवर दसन होइ कै रस लेहीं॥

देखि अर्थात् उस अखंड ज्योति का आभास पाकर वह मानस (मानसरोवर और हृदय) जगमगा उठा। देखिए न, खिले कमल के रूप में उल्लास मानसर में चारों ओर फैला है। उस ज्योति के साक्षात्कार से अज्ञान छूट गया—प्रभात हुआ, पृथ्वी पर से अंधकार हट गया। आनंद से चेहरा (देही=बदन=मुँह) खिल उठा, बत्तीसी निकल आई[1]—कमल खिल उठे और उन पर भौंरे दिखाई दे रहे हैं।

---

1. एक स्थान पर जायसी ने कहा है—'मसि बिनु दसन सोह नहिं देहीं।' लखनऊ में मर्द लोग भी मिस्सीसे दाँत काले करते हैं। पान के रंग से भी दाँतों पर स्याही चढ़ जाती है।

अंतर्जगत् और बाह्यजगत् का कैसा अपूर्व सामंजस्य है, कैसी बिंबप्रतिबिंब स्थित है!

उस प्रियतम पुरुष के प्रेम से प्रकृति कैसी बिद्ध दिखाई देती है—

उन्ह बानन्ह अस को जो न मारा? बेधि रहा सगरौ संसारा॥
गगन नखत जो जाहि न गने। वै सब बान ओहि के हने॥
धरती बान बेधि सब राखी। साखी ठाढ़ देहिं सब साखी॥
रोवँ रोवँ मानुष तन ठाढ़े। सूतहि सूत बेध अस गाढ़े॥
अरुनि चाप अस ओपहँ, बेधे रन बन ढाँख।
सौजहि तन सब रोवाँ, पंखिहि तन सब पाँख॥

पृथ्वी और स्वर्ग, जीव और ईश्वर, दोनों एक थे, बीच में न जाने किसने इतना भेद डाल दिया है—

धरती सरग मिले हुत दोऊ। केइ निनार कै दीन्ह बिछोऊ?।

जो इस पृथ्वी और स्वर्ग के वियोगत्व को समझेगा और उस वियोग में पूर्ण रूप से सम्मिलित होगा उसी का वियोग सारी सृष्टि में इस प्रकार फैला दिखाई देगा—

सूरुज बूड़ि उठा होई ताता। औ मजीठ टैसू बन राता॥
भा बसंत, रातीं बनसपती। औ राते सब जोगी जती॥
भूमि जो भीजि भएउ सब गेरू। औ राते सब पंखि पखेरू॥
राती सती, अगिनि सब काया। गगन मेघ राते तेहि छाया॥

सायं प्रभात न जाने कितने लोग मेघखंडों को रक्तवर्ण होते देखते हैं पर किस अनुराग से वे लाल हैं इसे जायसी जैसे रहस्यदर्शी भावुक ही समझते हैं।

प्रकृति के सारे महाभूत उस 'अमरधाम' तक पहुँचने का बराबर प्रयत्न करते रहते हैं पर साधना पूरी हुए बिना पहुँचना असंभव है—

धाइ जो बाजा कै मन साधा। मारा चक्र, 'भएउ दुइ आधा॥
चाँद सूरुज औ नखत तराई। तेहि डर अँतरिख फिरँहिं सबाई॥
पवन जाइ तहँ पहुँचै चहा। मारा तैस लोटि भुई रहा॥
अगिनि उठी, जरि बुझी निआना। धुँआ उठा, उठि बीच बिलाना॥
पानी उठा, उठि जाइ न छूआ[1]। बहुरा रोइ, आइ भुइ चूआ॥

इस अद्वैती रहस्यवाद के अतिरिक्त जायसी कहीं कहीं उस रहस्यवाद में आ फँसे हैं जो पाश्चात्यों की दृष्टि में 'झूठा रहस्यवाद' है। उन्होंने स्थान-स्थान पर हठयोग, रसायन आदि का भी आश्रय लिया है।

---

1. 'उठि जाइ न छूआ' के स्थान पर यदि 'उठि होइ गा धूआ' पाठ होता तो और भी अच्छा होता।

सूक्तियाँ

सूक्तियाँ से मेरा अभिप्राय वैचित्र्यपूर्ण उक्तियों से है जिनमें वाक्चातुर्य ही प्रधान होता है। कोई बात यदि नए अनूठे ढंग से कही जाय तों उससे लोगों का बहुत कुछ मनोरंजन हो जाता है, इससे कवि लोग वाग्वैदग्ध्य से प्रायः काम लिया करते हैं। नीति-संबंधी पद्यों में चमत्कार की योजना अकसर देखने में आती है। जैसे, बिहारी के 'कनक कनक ते सौ गुनी' वाले दोहे में अथवा रहीम के इस प्रकार के दोहों में—

(क) बड़े पेट के भरन में, है रहीम दुख बाढ़ि।
यातें हाथी हहरि कै, दिए दाँत द्वै काढ़ि॥

(ख) ज्यों रहीम गति दीप की, कुल कुपूत गति सोइ।
बारे उजियारो लगै, बढ़े अँधेरो होइ॥

ऐसे कथनों में आकर्षित करने वाली वस्तु होती है वर्णन के ढंग का चमत्कार। इस प्रकार का चमत्कार चित्त को आकर्षित करता है पर उसी रूप में जिस रूप में कोई तमाशा आकर्षित करता है। इस प्रकार के आकर्षण में ही काव्यत्व नहीं है। मन को इस प्रकार से ऊपर ही ऊपर आकर्षित करना, केवल कुतूहल उत्पन्न करना, काव्य का लक्ष्य नहीं है। उसका लक्ष्य है मन को भिन्न भिन्न भावों में (केवल आश्चर्य में ही नहीं, जैसा चमत्कारवादी कहा करते हैं) लीन करना। कुछ वैलक्षण्य द्वारा आकर्षण साधन हो सकता है, साध्य नहीं। जो लोग कथन की चतुराई या अनूठेपन को ही काव्य समझा करते हैं, उन्हें अग्नि-पुराण के वचन पर ध्यान देना चाहिए:—

वाग्वैदग्ध्यप्रधानेऽपि रस एवात्र जीवितम्।

भावव्यंजना, वस्तुवर्णन और तथ्य प्रकाश सबके अंतर्गत चमत्कारपूर्ण कथन हो सकता है। ऊपर जो दोहे दिए गये हैं, वे तथ्य प्रकाश के उदाहरण हैं। भावव्यंजना के अंतर्गत जायसी की चमत्कार योजना के कुछ उदाहरण आ चुके हैं, जैसे—

यह तन जारौं छार कै, कहौं कि 'पवन! उड़ाव'।
मकु तेहि मारग उड़ि परै, कंत धरै जहँ पाव॥

वस्तुचित्रण के बीच जायसी में उक्तिवैचित्र्य स्थान स्थान पर है, जैसे—

चकई बिछुरि पुकारै, कहाँ मिलौं, हो नाह।
एक चाँद निसि सरग महँ, दिन दूसर जल माँह॥

भावव्यंजना, वस्तुवर्णन और तथ्य प्रकाश तीनों में यह तीनों बात है कि यदि चमत्कार के साथ ही किसी भाव की अनुभूति में उपयोगी सामग्री भी है तब तो उक्ति प्रकृत काव्य कही जा सकती है नहीं तो काव्याभास होगी। जायसी के दोनों दोहों को लेकर देखते ही तो प्रथम में जो चमत्कार है वह अभिलाषा के उत्कर्ष की व्यंजना में सहायक है और द्वितीय में जो चमत्कार है वह आलंबन के सौंदर्य की अनुभूति में।

यहाँ पर चमत्कार पद्धति और रसपद्धति में जो भेद है उसे स्पष्ट करने का थोड़ा प्रयत्न करना चाहिए। किसी वस्तु के वर्णन या किसी तथ्य के कथन में बुद्धि को दौड़ाकर यदि ऐसी वस्तु या प्रसंग की योजना की जाय जिसकी ओर प्रस्तुत वस्तु या प्रसंग के संबंध में श्रोता का ध्यान पहले कभी न गया हो और इस कारण बिलकुल नया या विलक्षण लगे तो एक प्रकार का कुतूहल उत्पन्न होगा। यही कुतूहल उत्पन्न करना चमत्कार का उद्देश्य है। रससंचार के निमित्त जो कथन किया जाता है उसमें भी कभी कभी साधारण से कुछ और ढंग पकड़ना पड़ता है (क्या ढंग पकड़ना पड़ता है, इस पर और कभी विचार किया जायगा) पर उसमें यह उद्देश्य मुख्य नहीं होता कि जिस वस्तु या प्रसंग की योजना की जाय वह श्रोता को नया, विलक्षण या झूठा लगे बल्कि अपने मर्मस्पर्शी स्वरूप के कारण भाव की गहरी व्यंजना करे या श्रोता के हृदय में वासनारूप में स्थित किसी भाव को जाग्रत करे। इस प्रकार विचार करने से कवि की उक्ति तीन प्रकार की हो सकती है—(1) जिसमें केवल चमत्कार या वैलक्षण्य हो; (2) जिसमें केवल रस या भावुकता हो; (3) जिसमें रस और चमत्कार दोनों हों।

इनमें से प्रकृत काव्य हम केवल पिछली दो उक्तियों में ही मान सकते हैं, प्रथम में केवल काव्याभास मानेंगे। यहाँ पर हमें प्रयोजन प्रथम और द्वितीय प्रकार की उक्ति से है। ऊपर बिहारी और रहीम के जिन दोहों का उल्लेख हुआ है वे जनसमाज से स्वीकृत साधारण तथ्यों को एक अनूठे ढंग से सामने रखते हैं। अब यह देखिए कि इनमें काव्य का प्रकृत स्वरूप किसमें है, किसमें नहीं। किसी तथ्य का कथन जब काव्यपद्धति द्वारा किया जाता है तब उसकी सत्यता का निश्चय करना विवक्षित नहीं रहता, बल्कि उस तथ्य के प्रति किसी स्वाभाविक भाव के अनुभव को तीव्र करना—जैसे, 'कनन कनक तें सौगुनी' वाले दोहे में कवि धन के बुरे प्रभाव के कारण उसके प्रति श्रोता की तिरस्कार बुद्धि जाग्रत करना चाहता है, इसलिये धतूरे का उल्लेख करता है। इसी प्रकार 'बड़े पेट के भरन में' वाले दोहे में असंतोषजन्य दीनता के प्रति जो जुगुप्सा विवक्षित है वह हाथी ऐसे बड़े जानवर का दाँत निकलना देखकर उत्पन्न हो सकती है। इन दोनों उक्तियों की तह में कुछ भाव निहित है अतः हम इन्हें चमत्कार प्रधान काव्य कह सकते हैं। इस प्रकार का काव्य रस प्रधान काव्य की कोटि तक तो नहीं पहुँच सकता पर काव्य कहला सकता है।

जिसमें भाव का पता देने वाला अथवा भाव जाग्रत करने वाला कोई शब्द या वाक्य अथवा प्रस्तुत प्रसंग के प्रति किसी प्रकार का भाव उत्पन्न कराने में समर्थ अप्रस्तुत वस्तु या व्यापार न हो, केवल दूर की सूझ या शब्दसाम्यमूलक विलक्षणता हो वह उक्ति काव्याभास होगी। जैसे, मिस्सी लगे काले दाँत को देखकर यह कहना कि 'मनो खेलत है लरिका हबसी के', दूर की सूझ या अनूठापन चाहे सूचित करे पर सौंदर्य का भाव उत्पन्न करने में समर्थ नहीं है। दूर की सूझ दिखाने के लिये लोगों ने 'भानु मनो सनि अंक लिए' तक कह डाला है पर उनकी यह सूझ वास्तव में दूर की नहीं है—उन पोथियों तक की जिनमें ग्रहों

का रंग लिखा रहता है। ऐसी भद्दी उक्तियाँ भी सूक्ति कहलाती हैं। सूक्ति कहलाएँ, पर इनका उत्तम काव्य कहा जाना तो रोकना चाहिए।

तथ्य वर्णन में अब रहीम का 'ज्यों रहीम गति दीप' वाला दूसरा दोहा लीजिए। इसमें कही हुई बात यह कि कुपुत्र जब तक बच्चा रहता है तभी तक अच्छा लगता है, जब बढ़ता है तब दु:खदायी हो जाता है। 'बारे' और 'बाढ़' शब्दों के श्लेष के आधार पर ही कवि ने दीप का उल्लेख किया है। पर इस दीपक के व्यापार की योजना कुपुत्र के प्रति विरक्ति आदि के अनुभव में कुछ जोर नहीं पहुँचाती। अत: इन दोहों में कोरा चमत्कार ही कहा जा सकता है। इसी चमत्कार के कारण हम इस उक्ति को कोर तथ्यकथन न कहकर काव्याभास कहेंगे। काव्य की बाहरी रूपरंग इसमें पूरा है, पर प्राण नहीं है। रहीम के कुछ ही दोहे ऐसे मिलेंगे। उनके दोहे भावुकता से भरे हुए हैं। पर नीति के अधिकांश दोहे (जैसे बूंद के) काव्याभास ही के अंतर्गत आ सकते हैं।

यहाँ पर सूक्ति के अंतर्गत हम जायसी के उन्हीं कथनों को लेते हैं जिनमें किसी तथ्य का प्रकाश है। इन कथनों के संबंध में हम यह कह सकते हैं कि इनमें अधिकतर चमत्कार के साथ भावुकता भी है। जैसे, बुढ़ापे पर ये उक्तियाँ लीजिए—

मुहमद बिरिध जो नइ चलै, काह चलै भुइँ टोइ।
जीवन रतन हेरान है, मकु धरती पर होइ।
बिरिध जो सीस डोलावै, सीस धुनै तेहि रीस।
बूढी आऊ होहु तुम्ह, केइ यह दीन्ह असीस॥

यहाँ यौवनावस्था के प्रति मनुष्य का जो स्वाभाविक राग होता है उसकी व्यंजना चमत्कार की अपेक्षा प्रधान है।

मिट्टी पर यह उक्ति देखिए—

माटी मोल न किछु लहै, और माटी सब मोल।
दिस्टि जो माटी सौं करै, माटी होइ अमोल॥

यों तो मिट्टी का कुछ भी मूल्य नहीं कहा जाता पर इसी मिट्टी अर्थात् मनुष्य शरीर का बहुत कुछ मूल्य है। मिट्टी पर भी यदि दृष्टि करे अर्थात् तुच्छ से तुच्छ का भी तिरस्कार न करे तो मिट्टी (शरीर) अमूल्य हो जाय। इसमें विनय या दैन्य का भाव प्रकट होता है।

''जेहिपर जेहिकर सत्य सनेहू, सो तेहि मिलत न कछु संदेहू' इस बात को प्रत्यक्ष करने के लिये जायसी ने बहुत दूर की दो वस्तुओं का एक मात्र होना दिखाया है—

बसै मीन जल धरती, अंबा बसै अकास।
जो पिरीत पै दुवौ महँ, अंत होहिं एक पास॥

इस कथन में जायसी केवल प्रमाण द्वारा निश्चय करते हुए जान पड़ते हैं, यद्यपि प्रमाण तर्क की कोटि का नहीं है। यदि प्रमाण तर्क की कोटि का होता

तो हम इस उक्ति को साधारण तथ्य कथन कहते, पर उसका न्यास काव्य की रीति पर है अत: इस उक्ति को हम काव्याभास कहेंगे।

कौवे सवेरा होने पर क्यों काँव काँव करके चिल्लाते हैं? जायसी कहते हैं कि वे यह देखकर चिल्लाते हैं कि रात्रि की इतनी फैली हुई कालिमा तो छूट गई, वे ही ऐसे अभागे हैं जिनकी कालिमा ज्यों की त्यों बनी है—

भोर होइ जौ लागै, उठहिं रोर कै काग।
मसि छूटै सब रैनि कै, कागहिं केर अभाग॥

इस उक्ति में भी जो कुछ है वह वैलक्षण्य ही है, यद्यपि कालिमा या बुराई की ओर अरुचि की भी झलक है।

फुटकल प्रसंग

पद्मावत के बीच बीच में बहुत से ऐसे फुटकल प्रसंग भी आए हैं जैसे, दान महिमा, द्रव्य-महिमा, विनय इत्यादि। ऐसे विषयों के वर्णन को काव्य पद्धति के भीतर करने के लिये कवि जन या तो उनके प्रति अनुराग, श्रद्धा, विरक्ति आदि अपना कोई भाव व्यंग्य रखते हैं या कुछ चमत्कार की योजना करते हैं। कवि के भाव का पता विषय के प्रिय या अप्रिय, विशद या कुत्सित रूप में प्रदर्शित करने से लग सकता है। इस रूप में प्रदर्शित करते समय अत्युक्ति प्राय: करनी पड़ती है क्योंकि रूप के उत्कर्ष या अपकर्ष से ही कवि (आश्रय) की रति या विरक्ति का आभास मिलता है। जैसे यदि कोई पात्र किसी स्त्री का बहुत सुंदर रूप में वर्णन करता है तो उसके प्रति उसके रतिभाव का पता लगता है, वैसे ही यदि कवि दानशीलता, विनय आदि गुणों का खूब बढ़ा चढ़ाकर वर्णन करता है तो उन गुणों के प्रति उसका अनुराग प्रकट होता है। नीचे कुछ फुटकल प्रसंग दिए जाते रहे हैं।

दान महिमा—

धनि जीवन औ ताकर हीया। ऊँच जगत महँ जाकर दीया॥
दिया जो जप तप सब उपराहीं। दिया बराबर जग किछु न हीं॥
एक दिया ते दसगुन लहा। दिया देखि सब जग मुख चहा॥
दिया करै आगे उजियारा। जहाँ न दिया तहाँ अँधियारा॥
दिया मंदिर निसि करै अँजोरा। दिया नाहिं, घर मूसहिं चोरा॥

नम्रता की शक्ति—

एहि सेंति बहुरि जूझ नहिं करिए। खड़ग देखि पानी होइ ढरिए॥
पानिहि काह खड़ग कै धारा। लौटि पानि होइ सोइ जो मारा॥
पानी केर आगि का करई। जाइ बुझाइ जौ पानी परई॥

दु:ख की घोरता—

दुख जारै, दुख भूँजै, दुख खोवै सब लाज।
गाजहि चाहि अधिक दुख, दुखी जान जेहि बाज॥

इस दोहे से कवि के हृदय की कोमलता, प्राणिमात्र के दुःख से सहानुभूति प्रकट होती है।

अपकार के बदले उपकार—

मंदहि भल जो करै भल सोइ। अंतहि भला भले कर होई॥
शत्रु जो विषा देइ चाहै मारा। दीजिय लोन जानि विषहारा॥
विष दीन्हें विसहर होइ खाई। लोन दिए होइ लोन बिलाई॥
मारे खडग खड़ग कर लेई। मारे लोन नाइ सिर देइ॥

साहस—

साहस जहाँ सिद्धि तहँ होई

द्रव्यमहिमा—

(क) दरब तें गरब करै जों चाहा। दरब तें धरती सरग बेसाहा॥
दरब तें हाथ आव कविलासू। दरब तें अछरी छाँड़ न पासू॥
दरब ते निरगुन होइ गुनवंता। दरब तें कुबुज होइ रूपवंता॥
दरब रहै भुईं, दिपै लिलारा। अस मन दरब देइ को पारा?

(ख) साँठि होइ जेहि तेहि सब बोला। निसँठ जो पुरुष पात जिमि डोला॥
साँठिहि रंग चलै झौंराई। निसँठ राव सब कह बौराई॥
साँठिहि आब गरब तन फूला। निसँठिहि बोल बुद्धि बल भूला॥
साँठिहि जागि नींद निसि जाई। निसँठहि काह होइ औंघाई।
साँठिहि दिस्टि जोति होइ नैना। निसँठ होइ, मुख आव न बैना॥

जायसी की जानकारी

साहित्य की दृष्टि से जायसी की रचना की जो थोड़ी बहुत समीक्षा हुई उससे यह तो प्रकट ही है कि उन्हें भारतीय काव्यपद्धति और भाषा सहित्य का अच्छा परिचय था। भिन्न-भिन्न अलंकारों की योजना, काव्यसिद्ध उक्तियों का विस्तृत समावेश (जैसा कि नखशिख वर्णन में है); प्रबंध काव्य के भीतर निर्दिष्ट वर्ण्य विषयों का संनिवेश (जैसे जलक्रीड़ा, समुद्र वर्णन) प्रचलित काव्यरीति के परिज्ञान के परिचायक हैं। यह परिज्ञान किस प्रकार का था, यह ठीक नहीं कहा जा सकता। वे बहुश्रुत थे, बहुत प्रकार के लोगों से उनका सत्संग था, यह तो आरंभ में ही कहा जा चुका है। पर उनके पहले चारणों के वीरकाव्यों और कबीर आदि कुछ निर्गुणोपासक भक्तों की वाणियों के अतिरिक्त और नाम लेने लायक काव्यों का पता न होने से यह निश्चयपूर्वक नहीं कहा जा सकता कि उन्होंने काव्यों और रीतिग्रंथों का क्रमपूर्वक अध्ययन किया था। ग्रियर्सन साहब ने लिखा है कि जायस में आकर जायसी ने पंडितों से संस्कृत काव्यरीति का अध्ययन किया। इन अनुमान का उन्होंने कोई आधार नहीं बताया। संस्कृत ज्ञान का अनुमान जायसी की रचना से तो नहीं होता। उनका संस्कृत शब्द भंडार बहुत परिमित है। उदाहरण के लिये 'सूर्य' और 'चंद्र' ये दो

शब्द लीजिए जिनका व्यवहार जायसी ने इतना अधिक किया है कि जी ऊब जाता है। इन दोनों शब्दों के कितने अधिक पर्याय संस्कृत में है, यह हिंदी जानने वाले भी जानते हैं। पर जायसी ने सूर्य के लिये रवि, भानु और दिनअर (दिनकर) और चंद्र के लिये ससि, ससहर और मयंक (मृगांक) शब्दों का ही व्यवहार किया है। दूसरी बात यह है कि संस्कृताभ्यासी से चंद्र को स्त्रीत्व में कल्पित करते न बनेगा।

यह आरंभ में ही कह आए हैं कि पद्मावत के ढंग के चरितकाव्य जायसी के पहले बन चुके थे। अतः जायसी ने काव्यशैली किसी पंडित से न सीखकर किसी कवि से सीखी। उस समय काव्य व्यवसायियों को प्राकृत और अपभ्रंश से पूर्ण परिचित होना पड़ता था। छंद और रीति आदि के परिज्ञान के लिये भाषा कविजन प्राकृत और अपभ्रंश का सहारा लेते थे। ऐसे ही किसी कवि से जायसी ने काव्यरीति सीखी होगी। पद्मावत में 'दिनअर', 'ससहर', 'अहूठ', 'भुवाल', 'बिसहर', 'पुहुमी' आदि शब्दों का प्रयोग तथा प्राकृत अपभ्रंश की पुरानी प्रथा के अनुसार 'हि' विभक्ति का सब कारकों में व्यवहार देख यह दृढ़ अनुमान होता है कि जायसी ने किसी से भाषा-काव्य-परंपरा की जानकारी प्राप्त की थी। 'सैरंधी' (सैरंध्री=द्रोपदी), 'गंगेऊ' (गांगेय=भीष्म),'पारथ' ऐसे अप्रचलित शब्दों का जो कहीं-कहीं उन्होंने व्यवहार किया है वह इसी जानकारी के बल से, न कि संस्कृत के अभ्यास के बल से।

यह ठीक है कि संस्कृत कवियों के भाव कहीं कहीं ज्यों के त्यों पाए जाते हैं, जैसे इस दोहे में—

भवँर जो पावा कँवल कहँ, मन चीता बहु केलि।
आइ परा कइ हस्ति तहँ, चूर किएउ सो बेलि॥

यह इस श्लोक का अनुवाद जान पड़ता है—

रात्रिर्गमिष्यति भविष्यति सुप्रभातं
भान्वानुदेष्यति हसिष्यति पंकजश्री।
इत्थं विचिन्तयति कोशगते द्विरेफे
हा हन्त! हन्त! नलिनीं गज उज्जहार॥

इस प्रकार

'शैले शैले न माणिक्यं, मौक्तिकं न गजे गजे।
साधवो न हि सर्वत्र, चंदनं न वने वने॥

चाणक्य के इस श्लोक का हिंदी रूप भी पद्मावत में मौजूद है—

थल थल नग न होहिं जेहि जोती। जल जल सीप न उपनहिं मोती॥
बन बन बिरिछ न चंदन होइ। तन तन बिरह न उपनै सोई॥

पर इस प्रकार के भाव भी उन्हें भाषा काव्य द्वारा ही मिले।

छंद:शास्त्र के ज्ञान का प्रमाण जायसी की रचनाओं से नहीं मिलता। चौपाई बहुत ही सीधा छंद है, पर उसमें भी कहीं 16 मात्राएँ हैं, कहीं 15 ही। दोहों के

चरण तो प्रायः गड़बड़ हैं। तुलसीदास जी के दोहों में भी कहीं-कहीं मात्राएँ घटती हैं, पर जायसी में तो बहुत कम दोहे ऐसे मिलेंगे जो ठीक उतरते हों। विषम चरण कोई 11 मात्राओं का है, कोई 16—जैसे,

(क) जो चाहा सो चीन्हेसि, करै जो चाहै कीन्ह।

(ख) काया मरम जान पै रोगी, भोगी रहै निचिंत।

'नखशिख' में आए हुए उपमान प्रायः सब काव्य प्रसिद्ध ही हैं। बहुत सी चमत्कारपूर्ण उक्तियाँ भी पुरानी हैं जिनका प्रयोग सूर आदि और समसामयिक कवियों ने भी किया है। उदाहरण के लिये यह मनोहर उक्ति लीजिए—

गहै बीन मकु रैनि बिहाई। ससि बाहन तहँ रहै ओनाई॥

सूरदास जी ने भी इस उक्ति की योजना की है—

दूर करहु बीना कर धरिबो।

मोहे मृग नाहीं रथ हाँक्यौ, नाहिं न होत चंद को ढरिबो॥

पर जायसी ने इस उक्ति को बढ़ाकर कुछ और भी सुसज्जित किया है।

यह तो हुई साहित्य की अभिज्ञता। अब थोड़ा यह भी देखना चाहिए कि और विषयों का ज्ञान उनका कैसा था। पद्मावत में ज्योतिष, हठयोग, कामशास्त्र और रसायन की बातें भी आई हैं। हमारी समझ में ज्योतिष को छोड़कर और बातों की जानकारी उन्हें सत्संग द्वारा प्राप्त हुई थी, न कि ग्रंथों के अध्ययन द्वारा। किसी कवि की रचना में किसी शास्त्र की साधारण बातों का कुछ उल्लेख देख चट यह कह बैठना की वह उस शास्त्र का बड़ा भारी पंडित था, अपनी भी हँसी करना है और उस कवि की भी। 'कहत सबै बेंदी दिए आँक दसगुनो होत' और 'यह जग काँचो काँच सो मैं समुझ्यो निरधार' को आगे करके जो लोग कह बैठते हैं कि 'वाह !वाह! कवि गणित और वेदांत शास्त्र का कैसा भारी पंडित था', उन्हें विचार से काम लेने और वाणी का संयम रखने का अभ्यास करना चाहिए। 'अहा हा!' और 'वाह वाह' वाली इस चाल की समालोचना जितनी ही जल्द बंद हो उतना ही अच्छा। सिद्धांतों पर विचार करते समय वेदांत की कई बातों की झलक हम पद्मावत और अखरावट में दिखा आए हैं। पर उसका यह अभिप्राय नहीं है कि जायसी 'शारीरिक भाष्य' और 'पंचदशी' धोखे में बैठे थे। 'पंचभूत' शब्द का प्रयोग उन्होंने पाँच ज्ञानेद्रियों के अर्थ में किया है। यह बात दर्शनशास्त्र का अभ्यास नहीं सूचित करती।

हिंदुओं के पौराणिक वृत्तों की जानकारी जायसी को थी, पर बहुत पक्की न थी। कुबेर का स्थान अलकापुरी है, इसका पता उन्हें था क्योंकि बादशाह की भेजी योगिनी से कहलाते हैं—'गइउँ अलकपुर जहाँ कुबेरू'। 'नारद' को जो उन्होंने शैतान के स्थान पर रखा है, उसका कारण सूफियों की प्रवृत्ति विशेष है। सूफी शैतान को ईश्वर का विरोधी नही मानते बल्कि उसकी आज्ञा के अनुसार अनधिकारियों को ईश्वर तक पहुँचाने से रोकने वाला मानते हैं। 'सरग' शब्द जायसी आसमान के अर्थ में ही लाए हैं। हिंदू कथाओं का यदि उन्हें अच्छा परिचय होता तो वे चंद्रमा को स्त्री कभी न बनाते। उनके चंद्रमा वही है जिन्हें

अवध की स्त्रियाँ 'चंदा माई! धाय आव कहकर बुलाती हैं। सप्तद्वीपों के तो उन्होंने कहीं नाम नही लिए हैं पर सात समुद्रों के नाम उन्हें समुद्रवर्णन में गिनने पड़े हैं। इन नामों में दो (किलकिला और मानसर) पुराणों के अनुसार नहीं हैं। पुराणों में एक ही मानसरोवर उत्तर में माना गया है पर जायसी ने उसे सिंहल के पास कहा और सात समुद्रों में गिन लिया है। पर रामायण, महाभारत आदि के प्रसिद्ध पात्रों के स्वरूप से वे अच्छी तरह परिचित थे। इंद्र द्वारा कर्ण से अक्षय कवच ले लिए जाने तथा इसी प्रकार के और प्रसंगों का उन्होंने उल्लेख किया है।

अब उनका भौगोलिक ज्ञान लीजिए। इतिहास और भूगोल दोनों में हमारे देश के पुराने लोग कच्चे होते थे। अपने देश के ही भिन्न-भिन्न प्रदेशों और स्थानों की यदि ठीक ठीक जानकारी उस समय किसी को हो तो उसे बहुत समझना चाहिए। अपने देश के बाहर की बात जानना तो कई सौ वर्षों से भारतवासी छोड़े हुए थे। सिंहलद्वीप, लंका आदि के नाम ही जायसी के समय में याद रह गए थे। अत: जायसी को यदि सिंहल की ठीक ठीक स्थिति का पता न हो तो कोई आश्चर्य नहीं। जायसी सिंहलद्वीप को चित्तौड़ से पूरब समझते थे, जैसा कि इस चौपाई से प्रकट होता है—

पच्छिउँ कर बर, पुरुब क बारी।
जोरी लिखी न होइ निनारी॥

लंका को वे सिंहल के दक्षिण मानते थे, यह बात उस प्रसंग को ध्यान देकर पढ़ने से विदित हो जाती है जिसमें सिंहल से लौटते समय तूफान में बहकर रत्नसेन के जहाज नष्ट हुए थे। जायसी लिखते हैं कि जहाज आधे समुद्र में भी नहीं आए कि उत्तर की हवा बड़े जोर से उठी—

आधे समुद्र ते आए नाहीं।
उठी बाउ आँधी उतराहीं॥

इस तूफान के कारण जहाज भटककर लंका की ओर चल पड़े—

बोहित चले जो चितउर ताके। भए कुपंथ लंक दिसि हाँके॥

उत्तर की ओर से आंधी आने से जहाज दक्षिण की ओर ही जायँगे। इससे लंका सिंहल से दक्षिण की ओर हुई।

इस अज्ञान के होते हुए भी जनता के बीच प्राचीन काल की विलक्षण स्मृति का आभास पद्मावत में मिलता है। भारत के प्राचीन इतिहास का विस्तृत परिचय रखने वाले मात्र यह जानते होंगे कि प्राचीन हिंदुओं के अर्णवपोत पूर्वीय समुद्रों में बराबर दौड़ा करते थे। पश्चिम के समुद्रों में जाने का प्रमाण तो वैसा नहीं मिलता पर पूर्वीय समुद्रों में जाने के चिह्न अब तक वर्तमान हैं। सुमात्रा, जावा आदि द्वीपों में हिंदू मंदिरों के चिह्न तथा सुदूर बाली, लंबक आदि द्वीपों में हिंदुओं की बस्ती अब तक पाई जाती है। बंगाल की खाड़ी से लेकर प्रशांत महासागर के बीच होते हुए चीन तक हिंदुओं के जहाज जाते थे। ताम्रलिप्ति (आधुनिक तमलूक जो मेदिनीपुर जिले में है) और कलिंग में पूर्व समुद्र में जाने के लिये

प्रसिद्ध बंदरगाह थे। फाहियान नामक चीनी यात्री, जो द्वितीय चंद्रगुप्त के समय भारतवर्ष में आया था, ताम्रलिप्ति से ही जहाज पर बैठकर सिंहल और जावा होता हुआ अपने देश को लौटा था। उड़ीसा के दक्षिण कलिंग देश में कोरिगापटम (कलिंगपट्टन) नाम का एक पुराना नगर अब भी समुद्रतट पर है। बाली और लंबक टापुओं के हिंदू अपने को कलिंग ही से आए हुए बताते हैं। जायसी के समय में यद्यपि हिंदुओं का भारतवर्ष के बाहर जाना बंद हो गया था पर समुद्र के उस पुराने घाट (कलिंग) की स्मृति बनी हुई थी—

आगे पाव उड़ैसा, बाएँ दिस सो बाट। दहिनाबरत देइकै उतरू समुद्र के घाट॥

यहीं तक नहीं, पूर्वीय समुद्र की कुछ विशेष बातें भी उस समय तक लोकस्मृति में बनी हुई थी। प्रशांत महासागर के दक्षिण भाग में मूँगों से बने हुए टापू बहुत से हैं। कहीं-कहीं मूँगों के तह जमते टीले बन जाते हैं। कपूर निकालने वाले पेड़ भी प्रशांत महासागर के टापुओं में बहुत हैं। इन दोनों पर प्राचीन समुद्रयात्रियों का ध्यान विशेष रूप से गया होगा। इनका स्मरण जनता के बीच बना हुआ था, इसका पता जायसी इस प्रकार देते हैं—

राजा जाइ तहाँ बहि लागा। जहाँ न कोई सँदेसी कागा॥
तहाँ एक परबत अह डूंगा। जहवाँ सब कपूर और मूँगा॥

जायसी ने चित्तौड़ से सिंहल जाने का जो मार्ग का वर्णन किया है वह यद्यपि बहुत संक्षिप्त है पर उससे कवि की दक्षिण अर्थात् मध्य प्रदेश के स्थानों की जानकारी प्रकट होती है। चित्तौड़ से रत्नसेन पूर्व की ओर चले हैं। कुछ दूर चलने पर जायसी कहते हैं—

'दहिने बिदर, चँदेरी बाएँ॥

'चँदेरी' आजकल ग्वालियर राज्य के अंतर्गत है और ललितपुर से पश्चिम पड़ता है। बिदर गोलकुंडे के पासवाला सुदूर दक्षिण का बिदर नहीं बल्कि बराबर (प्राचीन विदर्भ) के अंतर्गत एक स्थान था[1] जायसी का बिदर से अभिप्राय विदर्भ या बरार से है। रत्नसेन चित्तौड़ से कुछ दक्षिण लिए पूर्व की ओर चला और रतलाम के पास आ निकला जहाँ से चंदेरी बाईं ओर या उत्तर और बरार दक्षिण पड़ेगा। यहाँ से शुक राजा को विजयगढ़ (जो सूबा मालवा के भीतर था और जिसका प्रधान नगर विजयगढ़ था) होते हुए और अँधियार खटोला (होशंगाबाद और सागर के बीच के प्रदेश) बाई या उत्तर की ओर छोड़ते हुए गोंडों के देश गोंडवाने में पहुँचने को कहता है—

सुन मत, काज चहसि जो साजा। बीजानगर विजयगढ़ राजा॥
पहुँचहु जहाँ गोड़ औ कोला। तजि बाएँ अँधियार खटोला॥

---

1. आईने अकबरी में सूबा बरार का उत्तर दक्षिण विस्तार हँड़िया (मध्य प्रदेश की पश्चिमी सीमा पर नर्मदा के किनारे एक छोटा कस्बा) से बिदर तक 180 कोस लिखा है और बरार के दक्षिण तिलंगाना बताया गया है।

विजयगढ़ इंदौर के दक्षिण नर्मदा के दोनों ओर फैला हुआ राज्य था। तात्पर्य यह कि रत्नसेन रतलाम के पास से चलकर इंदौर के दक्षिण नर्मदा के किनारे होता हुआ हँडिया या हरदा के पास निकला जहाँ से पूरब जाने वाले को होशंगाबाद (अँधियार खटोला) उत्तर या बाईं ओर पड़ेगा। हँडिया बरार की उत्तरी सीमा पर था और बराबर के दक्षिण तिलंगाना देश माना जाता था जो आजकल के बरार का दक्षिणी भाग है। हँड़िया के उत्तर जबलपुर पड़ेगा जिसके पास गढ़कंटक था। अत इस स्थान पर (हँड़िया के पास) शुक का कहना बहुत ही ठीक है कि—

दक्खिन दहिने रहहि तिलंगा। उत्तर बाएँ गढ़ काटंगा॥

हँड़िया के पास से फिर आगे बढ़ने के लिये तोता इस प्रकार कहता है—

माँझ रतनपुर सिंहदुवारा। झारखंड देइ बाँव पहारा॥

यहाँ पर कवि ने केवल छंद के बंधन के कारण 'सिंहदुबारा' (छिंदवाड़) के पहले रतनपुर रख दिया है। हँड़िया के पास पूरब चलने वाले को पहले छिंदवाड़ा पड़ेगा तथा रतनपुर जो विलासपुर जिले में है। रतनपुर से फिर शुक झारखंड (सरगुजा का जंगल) उत्तर छोड़ते हुए आगे बढ़ने को कहता है। यदि बराबर आगे बढ़ा जायेगा तो चलने वाला उड़ीसा में पहुँचेगा, अतः कुछ दूर बढ़ने पर उड़ीसा जाने वाला मार्ग छोड़कर शुक रत्नसेन को दक्षिण की ओर घूम पड़ने को कहता है। दक्षिण घूमने पर कलिंग देश में समुद्र का घाट मिलेगा—

आगे पाव उड़ैसा, बाएँ दिए सो वाट।
दहिनावरत देइ कै, उतरू समुद्र के घाट॥

ऊपर के विवरण से यह स्पष्ट हो जाता है कि जायसी ने चित्तौड़ से कलिंग तक जाने का मार्ग लिखा है वह यों ही उटपटांग नहीं है। उत्तरोत्तर पड़ने वाले प्रदेशों का क्रम ठीक है।

जायसी को बहुत दूर दूर के स्थानों के नाम मालूम थे। बादशाह की दूती जब योगिनी बनकर चित्तौड़ गई है तब उसने अपने तीर्थाटन के वर्णन में बहुत से तीर्थों के नाम बताए हैं, जिनमें से अधिकतर तो बहुत प्रसिद्ध पर कुछ ऐसे अप्रसिद्ध स्थान भी आए हैं जिन्हें इधर के लोग कम जानते हैं, जैसे नागरकोट और बालनाथ का टीला—

गउमुख हरिद्वार फिरि कीन्हिउँ। नगरकोट कटि रसना दीन्हिउ॥
ढूँढ़िउँ बालनाथ कर टीला। मथुरा मथिउँ न सो पिउ मीला॥

'नागरकोट' काँगड़े में है और जहाँ लोग ज्वालादेवी के दर्शन को जाते हैं। 'बालनाथ का टीला' भी पंजाब में है। सिंध और झेलम के बीच सिंध सागर दोआब में जो नमक के पहाड़ पड़ते हैं उसी के अंतर्गत यह एक बहुत ऊँची पहाड़ी है जिसमें बालनाथ नामक एक योगी की गुफा है[1] साधु यहाँ बहुत जाते हैं।

---

1. बालनाथ नाथसंप्रदाय या गोरखपंथ के एक योगी हो गए हैं।

इतिहास का ज्ञान भी जायसी को जनसाधारण से बहुत अधिक था। इसका एक प्रमाण तो 'पद्मावत' का प्रबंध ही है। जैसा कि आरंभ में कहा जा चुका है, पद्मिनी और हीरामन सूए की कहानी उत्तरीय भारत में, विशेषतः अवध में, बहुत दिनों से प्रसिद्ध चली आ रही है। कहानी बिल्कुल ज्यों की त्यों यही है। पर कहानी कहने वाले राजा का नाम, बादशाह का नाम आदि कुछ भी नहीं बताते। वे यों ही कहते हैं कि 'एक राजा था', 'एक बादशाह था'। समय के फेर से जैसी कहानी इतिहास हो जाती है वैसे ही इतिहास कहानी। अतः जायसी ने जो चित्तौड़, रत्नसेन, अलाउद्दीन, गोरा, बादल आदि नाम देकर इस कहानी का वर्णन किया है उससे यह स्पष्ट है कि व जानते थे कि घटना किस स्थान की और किस बादशाह के समय की है, पद्मिनी किसकी रानी थी, और किस राजपूत ने युद्ध में सबसे अधिक वीरता दिखाई थी। इसके अतिरिक्त अलाउद्दीन की और चढ़ाइयों का भी उन्हें पूरा पता था, जैसे देवगिरि और रणथंभौर गढ़ पर की चढ़ाई का। देवगिरि पर चढ़ाई अलाउद्दीन ने अपने चाचा सुल्तान अलाउद्दीन के समय में ही सन् 1296 ई0 में की थी। रणथंभौर पर चढ़ाई उसने बादशाह होने के चार वर्ष पीछे अर्थात् सन् 1300 में की थी पर उसे ले न सका था। दूसरे वर्ष सन् 1301 में रणथंभौर गढ़ टूटा है और प्रसिद्ध वीर हम्मीर मारे गए हैं। ये दोनों घटनाएं चित्तौड़ टूटने (सन् 1201 ई0) के पहले की है, अतः इनका उल्लेख ग्रंथ में इतिहास की दृष्टि से अत्यंत उचित हुआ है।

अलाउद्दीन के समय की और घटनाओं का भी जायसी को पूरा पता था। मंगोलों के देश का नाम उन्होंने 'हरेव' लिखा है। अलाउद्दीन के समय में मंगोलों के कई आक्रमण हुए थे जिनमें सबसे जबरदस्त हमला सन् 1303 ई0 में हुआ था। सन् 1303 ई0 में ही चित्तौड़ पर अलाउद्दीन ने चढ़ाई की। अब देखिए मंगोलों की इस चढ़ाई का उल्लेख जायसी ने किस प्रकार किया है। अलाउद्दीन चित्तौड़ गढ़ को घेरे हुए हैं, इसी बीच में दिल्ली से चिट्ठी आती है—

एहि विधि ढील दीन्ह तब ताईं! दिल्ली तें अरदासैं आईं॥
पछिउँ हरेव दीन्हि जो पीठी। सो अब चढ़ा सौंह के दीठी॥
जिन्ह भुईं माथ गगन तेहि लागा। थाने उठे आव सब भागा॥
उहाँ साह चितउर गढ़ छावा। इहाँ देस अब होइ परावा॥

ज्योतिष का परिज्ञान जायसी को अच्छा प्रतीत होता है। रत्नसेन के सिंहलद्वीप से प्रस्थान करने के पहले उन्होंने जो यात्रा विचार लिखा है वह बहुत विस्तृत भी है और ग्रंथों के अनुकूल भी। इस प्रसंग की उनकी बहुत सी चौपाइयाँ तो सर्वसाधारण की जवान पर हैं, जैसे—

सोम सनीचर पुरुब न चालू। मंगर बुद्ध उत्तर दिसि कालू।

पिंड और ब्रह्मांड की एकता का प्रतिपादन करते हुए अखरावट में जायसी ने शरीर में ही जो ग्रहों की नीचे ऊपर स्थिति लिखी है वह सूर्य सिद्धांत आदि ज्योति ग्रंथों के ठीक अनुकूल है। अरबी, फारसी, नामों के साथ भारतीय नामों

के तारतम्य का भी ज्ञान कवि को पूरा था, जो एक कठिन बात है। 'सुहैल' तारे का 'सोहिल' के नाम से पद्मावत में उन्होंने कई जगह उल्लेख किया है। यह 'सुहैल' अरबी शब्द है। फारसी और उर्दू की शायरी में इस तारे का नाम बराबर आता है, पर शोभावर्णन की दृष्टि से प्राय: हिलाल के साथ। यह तारा भारतीयों का अगस्त्य तारा है, इस बात का पता जायसी को था। अत: उन्होंने इसका वर्णन उस रूप में किया है जिस रूप में भारतीय कवि किया करते हैं। भारतीय कवि इसका वर्णन वर्षा का अंत और शरत् का आगमन सूचित करने के लिये किया करते हैं, जैसे गोस्वामी तुलसीदास जी ने कहा है—

उदित अगस्त पंथ जल सोषा। जिमि लोभहिं सीखै संतोषा।

जायसी ने ठीक इसी प्रकार का वर्णन 'सुहैल' का किया है—

बिछरंता जब भेंटे, सौ जानै जेहि नेह।
सुक्ख सुहेला उग्गवै, दु:ख झरै जिमि मेह॥

ऐसा ही एक स्थल पर और है। राजा रत्नसेन को दिल्ली से छुड़ाकर जब गोरा बादल लेकर चले हैं तब बादशाही सेना ने उनका पीछा किया है। उस समय गोरा के कहने से बादल तो रत्नसेन को लेकर चित्तौड़ की ओर जाता है और वृद्ध गोरा मुसलमान सेना की ओर लौटकर इस प्रकार ललकारता है—

सोहिल जैस गगन उपराहीं। मेघ घटा मोहिं देखि बिलाहीं॥

इसी प्रकार 'अगस्त' शब्द का उल्लेख भी वे गोरा बादल की प्रतिज्ञा में करते हैं—

उए अगस्त हस्ति जब गाजा। नीर घटे पर आवहिं राजा॥

यह तो हुआ शास्त्रीय ज्ञान। व्यवहारज्ञान भी जायसी का बहुत बढ़ा-चढ़ा था। घोड़ों और भोजनों के अनेक भेद तो इन्होंने कहे ही हैं पुराने समय के वस्त्रों के नाम भी 'पद्मावती रत्नसेन भेंट' के प्रसंग में बहुत से गिनाए हैं।

जायसी मुसलमान थे, इससे कुरान के वचनों का पूरा अभ्यास उन्हें होना ही चाहिए। पद्मावत के आरंभ में ही चौपाई के ये दो चरण—

कीन्हेंसि प्रथम जोति परगासू। कीन्हेंसि तेहि पिरीत कैलासू॥

कुरान की एक आयत के अनुसार जिसका मतलब है—'अगर न पैदा करता मैं तुझको, न पैदा करता मैं स्वर्ग को।' इसके अतिरिक्त ये पंक्तियाँ भी कुरान के भाव को लिए हुए हैं—

(1) सबै नास्ति वह अहथिर ऐस सास जेहि केर।

(2) ना ओहि पूत, न पिता न माता।

(3) 'अस्ति अपार करता कर करना' से लेकर कई चौपाइयों तक।

(4) 'दूसर ठाँव दई ओहि लिखे।'

अभिप्राय यह कि खुदा के नाम के बाद पैगंबर का ही नाम रखा, जैसा कि मुसलमानों के कलमा में है।

इस्लाम धर्म की ओर अनेक बातों का समावेश पद्मावत और अखरावट में हम पाते हैं। सिद्धान्तों के प्रसंग में हम कह आए हैं कि सामी पैगंबरी मतों के

अनुसार कयामत या प्रलय के दिन ही सब मनुष्यों के कर्मों का विचार होगा। मुसलमानों का विश्वास है कि भले और बुरे कर्मों के लेख की बही खुदा के सामने एक तराजू में तोली जायेगी और वह तराजू जिब्राईल फरिश्ते के हाथ में होगा। सबूत के लिये सब अंग और इंदियाँ अपने द्वारा किए हुए कर्मों की साख देंगी। उस समय मुहम्मद साहब उन लोगों की ओर से प्रार्थना करेंगे जो उन पर ईमान लाए होंगे। इन बातों का उल्लेख पद्मावत में स्पष्ट शब्दों में है—

गुन अवगुन विधि पूछब, होइहि लेख औ जोख।
वै बिनउब आगे होइ, करब जगत कर मोख॥
हाथ पाँव, सरवन औ आँखी। ए सब उहाँ भरहिं मिलि साखी॥

स्वर्ग के रास्ते में एक पुल पड़ता है जिसे 'पुले सरात' कहते हैं। पुल के नीचे घोर अंधकारपूर्ण नरक है। पुण्यात्माओं के लिये वह पुल खूब लंबी चौड़ी सड़क हो जाता है पर पापियों के लिये तलवार की धार की तरह पतला हो जाता है। पुल का उल्लेख पद्मावत में तो बिना नाम दिए और अखरावट में नाम देकर स्पष्ट रूप में हुआ है—

खाड़ै चाहि पैनि बहुताई। बार चाहि ताकर पतराई॥

पुराने पैगंबर मूसा की किताब में आदम के स्वर्ग से निकाले जाने का कारण हौवा के कहने से एक वृक्षविशेष का फल खाना लिखा है। मुसलमानों में यह वृक्ष गेहूँ प्रसिद्ध है। अखरावट में तो इस कहानी का उल्लेख है ही, पद्मावत में भी पद्मावती की सखियाँ उसकी विदाई के समय कहती हैं—

आदि अंत जो पिता हमारा। ओहु न यह दिन हिए बिचारा।।
छोह न कीन्ह निछोही ओहू। का हम्ह दोष लाग एक गोहूँ॥

एक पढ़ा लिखा मुसलमान फारसी से अपरिचित हो, यह हो ही नहीं सकता। फारसी शायरों की कई उक्तियाँ पद्मावत में ज्यों की त्यों आई हैं। अलाउद्दीन की चढ़ाई करने का वर्णन करते हुए घोड़ों की टापों से उठी धूल के आकाश में छा जाने पर जायसी कहते हैं—

सत षँड धरती भइ षट खंडा। ऊपर अस्ट भए बरम्हडा॥

यह फिरदौसी के शाहनामे के इस शेर का ज्यों का त्यों अनुवाद है—

जे सुम्मे सितौराँ दर पन्हें दश्त। जमीं शश शुदो, आस्माँ गश्त हश्त॥

अर्थात्—उस लंबे चौड़े मैदान में घोड़ों की टाप से जमीन सात खंड के स्थान पर छह ही खंड रह गई और आसमान सात खंड (तबक) के स्थान पर आठ खंड का हो गया। मुसलमानों की कल्पना के अनुसार भी सात लोक नीचे हैं (तल, वितल, रसातल के समान) और सात लोक ऊपर।

राजा रत्नसेन का संदेश सुआ इस प्रकार कहता है—

दहुँ जिउ रहै कि निसरै, काह रजायसु होइ?

यह हाफिज के इस शेर का भाव है—

अज्म दीदारे तू दारद जान बर लब आमदः।

बाज गरदद या बर आयद चीस्त फरमाने शुमा॥

कवियों के भावों के अतिरिक्त फारसी की चलती कहावतों की भी छाया कहीं कहीं दिखाई पड़ती है; जैसे—

(क) नियरहिं दूर फूल जस काँटा। दूरहिं नियर सो जस गुर चाँटा॥

फारसी—दूराँ बाबसर नजदीक या नजदीकाँ बेबसर दूर (अर्थात् दृष्टिवाले को दूर भी नजदीक और बिना दृष्टिवाले को नजदीक भी दूर हैं)।

(ख) परिमल प्रेम न आछे छपा।

फारसी—इश्क व मुश्क रा नतवाँ नहुफ्तन।

(प्रीति और कस्तूरी छिपाए नहीं छिपती)

हिंन्दुओं की ऐसी प्राचीन रीतियों का उल्लेख भी पद्मावत में मिलता है जो जायसी के समय तक न रह गई होंगी। जायसी ने उनका उल्लेख साहित्य की परंपरा के अनुसार किया है। पत्रावलि या पत्रभंगरचना प्राचीन समय में ही शृंगार करने में होती थी। वह किस प्रकार होती थी, इसका ठीक पता आजकल नहीं है। कुछ लोग चंदन या रंग से गंडस्थल पर चित्र बनाने को पत्रभंग कहते हैं। प्राचीन रीति, नीति और वेशविन्यास जानने की अपनी बड़ी पुरानी उत्कंठा के कारण उनके संबंध में जो कुछ विचार हम अपने मन में जमा सके हैं उनके अनुसार पत्रभंग सोने या चाँदी के महीन बरक या पत्रों के कटे हुए टुकड़े होते थे जिन्हें कानों के पास से लेकर कपोलों तक एक पंक्ति में चिपकाते थे। आजकल हम रामलीला आदि में उसी रीति पर चमकी या सितारे चिपकाते हैं। स्त्रियाँ अब तक माथे पर इस प्रकार के बूंदे चिपकाती हैं। पत्रभंग शब्द से भी इसी बात का संकेत मिलता है। खैर जो हो, जायसी ने इस पत्रावलि रचना का उल्लेख पद्मावती के शृंगार के प्रसंग में (विवाह के उपरांत प्रथम समागम के अवसर पर) किया है—

रचि पत्रावलि, माँग सेंदुरू। भरे मोति औ मानिक चूरू॥

प्राचीन काल में प्रधान राजमहिषी या पटरानी को 'पट्टमहादेवी' कहते थे। यह उस समय की बात है जब क्षत्रिय लोग एक दूसरे को 'सलाम' नहीं करते थे और 'रानी' शब्द के आगे 'साहबा' नहीं लगता था—जब हमारा अपना निज का शिष्टाचार था, फारसी तहजीब की नकल मात्र नहीं। राजा रत्नसेन को चित्तौड़ से गए हुए बहुत दिन हो जाने पर जब नागमती विरह से व्याकुल होती है तब दासियाँ समझाती हैं—

पाट महादेइ! हिये न हारू। समुझि जीउ चित चेत सँभारू॥

यह 'पाट महादेइ' शब्द 'पट्टमहादेवी' का अपभ्रंश है।

भारतीय 'वीरपूजा' का प्रसंग बड़ी मार्मिकता से बड़े सुंदर अवसर पर जायसी लाए हैं। जिस समय बादल के साथ राजा रत्नसेन छूटकर आता है उस समय पद्मावती बादल की आरती उतारती हैं—

परसि पायँ राजा के रानी। पुनि आरति बादल कहँ आनी॥
पूजे बादल कै भुजदंडा। तुरी के पाँव दाब करखंडा॥

प्राचीन काल में वर्षाऋतु में सब प्रकार की यात्रा बंद रहती थी। शरद् ऋतु आते ही वणिकों की विदेशयात्रा और राजाओं की युद्धयात्रा होती थी। शरत् के वर्णन में पुराने कवि राजाओं की युद्धयात्रा का भी उल्लेख करतें हैं। इसी पुरानी रीति के अनुकूल गोरा बादल प्रतिज्ञा करते समय पद्मिनी से कहते हैं—

उए अगस्त हस्ति जब गाजा। नीरू घटै, घर आइहि राजा॥
बरसा गए, अगस्त के दीठी। परै पलानि तुरंगन्ह पीठी॥

राजपूतों की भिन्न भिन्न जातियों के बहुत से नाम तो जायसी को मालूम थे पर इस बात का ठीक ठीक पता उन्हें न था कि किस जाति का राज्य कहाँ था। यदि इसका पता होता तो वे रत्नसेन को चौहान न लिखतें। रत्नसेन को जब सूली देने के लिये ले जाते थे तब भाँट ने राजा गंधर्वसेन से उनका परिचय इस प्रकार दिया था—

जंबूदीप चित्तउर देसा। चित्रसेन बड़ तहाँ नरेसा।
रतनसेन यह ताकर बेटा। कुल चौहान जाइ नहिं मेटा॥

यह इतिहास प्रसिद्ध बात है कि चित्तौड़ में बाप्पा रावल के समय से अंत तक सिसोदिया का राज्य चला आ रहा है।

जायसी की भाषा

जायसी की भाषा ठेठ अवधी है और पूरबी हिंदी के अंतर्गत है इससे उसमें ब्रजभाषा और खड़ी बोली दोनों से कई बातों में विभिन्नता है। जायसी को अच्छी तरह समझने के लिये अवधी की मुख्य मुख्य विशेषताओं को जान लेना आवश्यक है। अतः संक्षेप में कुछ बातों का उल्लेख यहाँ किया जाता है।

शुद्ध अवधी की बोलचाल में क्रिया का रूप सदा कर्ता के पुरुष, लिंग और वचन के अनुसार होता है; कर्म के अनुसार सकर्मक भूतकालिक क्रिया में भी नहीं होता। कारण यह है कि पूरबी बोलियाँ भूतकाल में कृदंत रूप नहीं लेता है, तिङंत रूप ही रखती है। मूल चाहे इन रूपों का कृदंत ही हो, जैसा कि कहीं कहीं लिंगभेद से प्रकट होता है, पर व्यवहार तिङंत ही सा होता है। नीचे के उदाहरणों से यह बात स्पष्ट हो जायेगी।—

(1) उत्तम पुरुष

(क) **देखेउँ** तोरे मंदिर घमोई। (पुं० एक वचन) मैं

(ख) **ढूँढ़िउँ** बालनाथ कर टीला। (स्त्री० एक वचन) मैं

(ग) और हम **देखा,** सखी सरेखा। (पुं० स्त्री बहुवचन) हम

(2) मध्यम पुरुष

(क) **चाहेसि** परा नरक के कूआँ धातु कमाय **सिखे** तैं जोगी	पुं०स्त्री० एक वचन	(तू या तैं)

(ख) रूप चीन्ह कै जोग **बिसेखेहु** (पुं० बहुवचन)तुम

(ग) पूजि **मनाइउ** बहुतै भाँती। (स्त्री० बहुवचन) तुम

(3) प्रथम पुरुष

(क) रोइ **हँकारेसि** माझी सूआ। (पुं० स्त्री एक वचन)वह

(ख) **कहेन्हि** 'न रोव, बहुत तैं रोवा'। (पुं० बहुत वचन)तुम

मध्यम पुरुष के रूप ही आज्ञा में भी वहाँ आते हैं जहाँ खड़ी बोली में साधारण क्रिया का प्रयोग होता है; जैसे—

आयसु लिहे **रहिउ** निति हाथा। सेवा **करिउ** लाइ भुइ माथा॥

प्रथम पुरुष की भूतकालिक क्रिया के स्त्रीलिंग रूपों में 'एसि' और 'एनि' की जगह 'इसि' और 'इनि' अंत में होते हैं, जैसे—पुं० 'लखेनि', स्त्री० 'लखिनि'। बोलचाल में अकसर अंत्य 'नि' निकाल बचे हुए खंड के अंतिम स्वर को सानुनासिक कर देते हैं—जैसे पुं० 'गएनि', 'लखेनि' को 'गएँ', 'लखें' और स्त्री० 'गइनि', 'लखिनि', को 'गइँ', 'लखीं' भी बोलते हैं। जायसी ने बोलचाल के इस रूप का भी प्रयोग किया है—

लछिमी लखन बतीसौ **लखीं**

(लखीं = लखिन्हि या लखिनि)

ऊपर जो सकर्मक क्रिया के रूपों के उदाहरण दिए गए हैं वे ठेठ या पूरबी अवधी के हैंऔर उसमें पुरुषभेद बराबर बना हुआ है। पश्चिमी हिंदी के सकर्मक भूतकालिक क्रिया में पुरुषभेद नहीं रहता—जैसे, मैंने किया, तुमने किया, उसने किया। ठेठ अवधी के ऊपर दिए हुए रूपों के अतिरिक्त जायसी और तुलसी दोनों एक सामान्य अकारांत रूप भी रखते है जिसका प्रयोग वे तीनों पुरुषों, दोनों लिंगों और दोनों वचनों में समान रूप से करते है, जैसे—

उत्तम पुरुष	(1) का मैं **बाआ** जनम ओहि भूँजी?
	(2) हम तो ताहिं **देखावा** पीऊ।
मध्यम पु०	(3) तुइ **सिरजा** यह समुद अपारा।
	(4) अब तुम आइ अँतरपट **साजा**।
प्रथम पु०	(5) भूलि चकोर दिस्टि तहँ **लावा**।
	(6) तिंन्ह **पावा** उत्तिम कैलासू।

वर्तमानकालिक क्रिया के रूप ब्रजभाषा के समान ही होते हैं। केवल मध्यम पुरुष एकवचन के रूप में अंत में संस्कृत के समान 'सि' होता है जैसे करसि, जासि—

तू जुग सारि,**चहसि** पुनि छुवा।

विधि और आज्ञा में भी यही रूप रहता है, पर कभी कभी संस्कृत के समान 'हि' से अंत होने वाला रूप भी आता है, जैसे—

'तू सपूत माता कर अस परदेस न **लेहि**।

अब ताईं मुइ होइहि, मुए जाइ गति **देहि**॥

उत्तम पुरुष

(1) कौन उत्तर **देबौं** तेहि पूछे। (एक वचन) मैं

(2) कौन उत्तर **पाउब** पैसारू (बहुवचन) हम

प्रथम पुरुष

(1) **होइहि** नाप और जोख (एकवचन)

(2) देव बार सब **जैहैं** बारी। (बहुवचन)

'होइहि' पुराना रूप है। 'ह' के घिस जाने से आजकल 'होई' (= होगा) बोलते हैं।

इनमें उत्तम पुरुष के बहुवचन का जो रूप (पाउब) वह अवधी साहित्य में सब पुरुषों में मिलता है (यद्यपि बोलचाल में उत्तम पुरुष बहुवचन 'हम' के ही साथ आता है)। जायसी और तुलसी दोनों ने सब पुरुषों में और दोनों वचनों में इस रूप का व्यवहार किया है जैसे—

घर कैसे **पैठब** मैं छूछे (उत्तम पुरुष, एकवचन)

गुन अवगुन विधि **पूछब** (प्रथम पुरुष, एक वचन)

पूरबी अवधी में साधारण क्रिया (इनफिनिटिव) का भी यही 'ब' वर्णांत रूप है।

ठेठ अवधी की एक बड़ी भारी विशेषता को सदा ध्यान में रखना चाहिए। खड़ी बोली और ब्रजभाषा दोनों में कारक चिन्ह सदा क्रिया के साधारण रूप में लगते हैं, जैसे—'करने का', 'करने को' या 'करिबे को'। पर ठेठ या पूरबी अवधी में कारक चिन्ह प्रथम पुरुष, एकवचन की वर्तमानकालिक क्रिया के से रूप में लगता है, जैसे—'आवै कहँ', 'खाय माँ', 'बैठे कर'—

(क) दीन्हेसि स्रवन **सुनै कहँ मैना**।

(ख) सती **होइ** कहँ सीस उघारा।

कहीं कहीं कारकचिन्ह का लोप भी मिलता है, जैसे—

(क) जो नित **चलै** सँवारे पाँखा। आजु जो रहा कालि को राखा।

(ख) सबै सहली **देखै** धाईं।

(चलै = चलने के लिये; देखै = देखने के लिये)

इसी प्रकार संयुक्त क्रिया में भी जहाँ पहले साधारण क्रिया का रूप रहता है वहाँ भी अवधी में यही वर्तमान का सा रूप ही रहता है—

(क) **तपै लागि** अब जेठ असाढ़ी।

(ख) **मरै चहहिं** पै **मरै न पावहिं**।

पूरबी अवधी में मागधी की प्रवृत्ति के अनुसार ब्रजभाषा के ओकारांत सर्वनामों के स्थान पर एकारांत सर्वनाम होते हैं, जैसे—'को' (=कौन) के स्थान पर 'कै', 'जो' के स्थान पर 'जे' ओर 'कोऊ' के स्थान पर 'केऊ' या 'कोहू'। नीचे कुछ उदाहरण दिए जाते हैं—

(क) **केइ** उपकार मरन कर कीन्हा। (=किसने)

(ख) **जेइ** जिउ दीन्ह कीन्ह संसारू। (= जिसने)

(ग) तजा राज रावन, का **केहू?** (= कोई)

(घ) जियत न रहा जगत महँ **केऊ** (= कोई)

इन सर्वनामों का रूप विभक्ति और कारकचिन्ह लगाने के पहले एकारांत ही रहता है (जैसे, केहि कर, जेहि पर); ब्रजभाषा या पश्चिमी अवधी के समान आकारांत (जैसे, जाको और जाकर, तापर और तापै) नहीं होता।

जायसी और तुलसी दोनों की रचनाओं में एक विलक्षण नियम मिलता है। वे सकर्मक भूतकालिक क्रिया के कर्ता की तो सविभक्ति पूरबी रूप 'केइ', 'जेइ' 'तेइ' रखते हैं पर अकर्मक क्रिया के कर्ता का 'को, जो, सो', जैसे—

(क) **जो** एहि खीर समुद्र महँ परे।

(ख) **जो** ओहि विषै मारि के खाई॥

अवधी के कारकचिन्ह इस प्रकार है—

कर्ता—×

कर्म—कहँ (आधुनिक 'काँ'),के

करण—सन, से (पश्चिमी अवधी 'सौं)

संप्रदान—कहँ (आधुनिक 'काँ'), के

अपादान—से (पश्चिमी अवधी 'तइँ', 'तैं')

संबंध—कर, कै

अधिकरण—पुराना रूप 'महँ', आधुनिक 'माँ', 'पर'

हिंदी के संबंधकारक चिन्ह में लिंगभेद होता है। खड़ी बोली में पुं० संबंधकारक चिन्ह का 'का' और स्त्री० 'की'। ब्रजभाषा में भी यह भेद है। अवधी की बोलचाल में तो यह भेद लक्षित नहीं होता पर साहित्य की भाषा में भेद दिखाई पड़ता है। जायसी और तुलसी दोनों पुं० संबंधकारक चिन्ह 'कर' रखते हैं और स्त्री० संबंधकारक चिन्ह 'कै' जैसे—

(1) राम तें अधिक राम **कर** दासा।
जेहि पर कृपा राम **कै** होई॥—तुलसी

(2) सुनि तेहि सन राजा **कर नाउँ**।
पलुही नागमती **कै** बारी॥—जायसी

इससे यह स्पष्ट होता है कि अवधी में स्त्री० संबंधकारक चिन्ह **'की'** कभी नही होता, 'कै' ही होता है।

बोलचाल में उच्चारण संक्षिप्त करने की प्रवृत्ति स्वाभाविक होती है। इसी प्रवृत्ति के अनुसार 'कर' के स्थान पर केवल 'क' बोल देते हैं। तुलसी और जायसी दोनों में यह संक्षिप्त रूप मिलता है, जैसे—

(क) धनपति उहै जैहि **क** संसारू।—जायसी

(ख) पितु आयसु सब धरम **क** टीका।—तुलसी

ठेठ अवधी का एक प्रकार का प्रयोग भाषा के इतिहास की दृष्टि से ध्यान देने योग्य है। वर्तमान रूप में आने के पहले हमारी भाषा के कारकों की कुछ दिनों तक बड़ी अव्यवस्थित दिशा रही। कुछ तो संबंधकारक की 'ही' विभक्ति (मागधी 'ह' अप, हो) से काम चलता रहा जिसका प्रयोग सब कारकों में होता था और कुछ स्वतंत्र शब्दों द्वारा। पुराने रूप के नमूने अभी टीकाओं आदि में मिल सकते हैं जिसमें 'पृथ्वी पर' के स्थान में 'पृथ्वी विषय' लिखा मिलेगा, जैसे—'नारद जी पृथ्वी विषय आए।' संबंध कारक के चिन्ह के रूप में इस 'कृत' शब्द का प्रयोग गोस्वामी तुलसीदास जी ने कई जगह किया है, जिससे वर्तमान 'कर' और 'का' निकले हैं। यह तो हुई पुरानी बात। पूरबी अवधी में अब तक अपादान कारक के (और करण के भी) चिन्ह के रूप में '**भै**', या 'भए' शब्द का प्रयोग होता है जैसे—'मीत भै' (=मित्र से), 'तर भैं, (=नीचे से), 'ऊपर भै' (=ऊपर से)। जायसी और तुलसी ने ऐसा प्रयोग किया है—

(1) **मीत भै** माँगा बेगि बिमानू। (=मित्र से तुरंत विमान माँगा)।

(2) **ऊपर भए** सो पातुर नाचहिं (=ऊपर से)

तर भए तुरुक कमानहिं खाँचहिं (=नीचे से)

(3) भरत आइ **आगे भए** लीन्हें (=आगे से)—तुलसी

इसी तरह जायसी ने 'होइ' शब्द का प्रयोग भी पंचमी विभक्ति के स्थान पर किया है, जैसे--

बैठि **तहाँ होइ** लंका ताका (=वहाँ से)

इसमें तो कुछ कहना ही नहीं है कि यह 'भए' या 'होइ' 'भू' धातु से निकले हुए 'होना' क्रिया के रूप हैं। प्राकृत की 'हिंतो' विभक्ति भी वास्तव में 'भू' धातु से निकली है और 'भूत्वा' शब्द का अपभ्रंश है। जायसी ने '**हुँत**' रूप में ही इस विभक्ति का बराबर प्रयोग किया है, जैसे—

(क) तेहि **बंदि हुँत** छूटै जौ पावा। (=बंदि से)

(ख) **जल हुँत** निकसि भूवै नहिं काछू (=जल से)

(ग) **जबहुँत** कहिगा पंखि सँदेसी। (=जब से)

(घ) **तबहुँत** तुम बिन रहै न जीउ। (=तब से)

'करण' और 'द्वार' के अर्थ में भी 'हुँत' का प्रयोग होता है, जैसे—

(क) **तुम हुँत** मंडप गइउँ परदेसी। (=तुम्हारे लिये, तुम्हारे कारण)

(ख) **उन्ह हुँत** देखै पाएउँ दरस गोसाई कर (=उनके द्वारा)

जायसी ने ठेठ पूरबी अवधी के शब्दों का जितना अधिक व्यवहार किया है उतना अधिक तुलसीदास जी ने नहीं। नीचे कुछ शब्दों के उदाहरण दिए जाते हैं—

(1) **राँध** जो मंत्री बोले सोई।

तेहि डर **राँध** न बैठों, मकु साँवरि होइ जाउँ।

(राँध = निकट. पास)

इस शब्द का व्यवहार अब केवल यौगिक रूप में रह गया है, जैसे—राँध पड़ोसी। और ठेठ शब्द लीजिए, जो साहित्यज्ञों को ग्राम्य लगेंगे—

(2) **अहक** मोरि पुरुषारथ देखेहु। (अहक=लालसा)

(3) **नौजि** होइ घर पुरुष बिहूना। (नौजि=ईश्वर न करे। अरबी नउज= बिल्ला।

(4) **जहिया** लंक दही श्रीरामा। (जहिया=जब)

(5) जौ देखा **तीवइ** है साँसा। (तीवइ=स्त्री)

(6) जस यह समुद दीन्ह दुख **मोकाँ**। (मोंकाँ=मोंकहँ=मुझको)

(7) जाना नहिं कि होब अस **महूँ** । (महूँ= मैं भी)

(8) हहरि हहरि **अधिकौ** हिय काँपै। (अधिकौ=और भी अधिक)

ऊपर जो पूरबी अवधी के रूप दिखाए गए उनसे यह न समझना चाहिए कि जायसी ने सर्वत्र पूरबी अवधी के व्याकरण का अनुसरण किया है। कवि ने तुलसीदास जी के समान सकर्मक भूतकालिक क्रिया के लिंग, वचन अधिकतर पश्छिमी हिंदी के ढंग पर कर्म के अनुसार ही रखे हैं, जैसे—

बसिठन्ह आइ कही अस बाता।

इसी प्रकार भूतकालिक क्रिया का पुरुष-भेद-शून्य पश्चिमी रूप भी प्रायः मिलता है, जैसे—

तुम तो **खेलि** मंदिर महँ आई।

इसके अतिरिक्त पश्चिमी साधारण क्रिया (इनफिनिटिव) के 'न' वर्णांत रूप का प्रयोग भी कहीं-कहीं देखा जाता है, जैसे—

कित **आवन** पुनि अपने हाथा। कित मिल कै खेलब एक साथा।

पूरबी हिंदी में जब तक कोई कारकचिन्ह नहीं लगता तब तक संज्ञाओं के बहुवचन का रूप वही रहता है जो एकवचन का। पर जायसी ने पछाँही हिंदी के बहुवचन रूप कहीं-कहीं रखे हैं, जैसे—

(क) **नसैं** भईं सब ताँति।

(ख) जोबन लाग **हिलोरैं** लेई॥

जायसी 'तू' या 'तैं' के स्थान पर अकसर 'तुई' का प्रयोग करते हैं। यह कन्नौजी और पश्चिमी अवधी का रूप है जो खीरी, शाहजहाँपुर से लेकर कन्नौज तक बोला जाता है।

खड़ी बोली और ब्रज भाषा दोनों पछाहीं बोलियों की प्रवृत्ति दीर्घांत पदों की ओर हैं। पर अवधी की लघ्वंत प्रवृत्ति है। खड़ी बोली और ब्रज भाषा में जो विशेषण और संबंधकारक के सर्वनाम आकारांत और ओकारांत मिलते हैं वे अवधी में अकारांत पाए जाते हैं। नीचे ऐसे कुछ शब्द दिए गये है—

खड़ी बोली	ब्रजभाषा	अवधी
ऐसा	ऐसो	ऐस या अस
जैसा	जैसो	जैस या जस
तैसा	तैसो	तैस या तस
कैसा	कैसो	कैस या कस
छोटा	छोटो	छोट
बड़ा	बड़ो	बड़
खोटा	खोटो	खोट
खरा	खरो	खर
भला	भलो	भल
×	नीको	नीक
थोड़ा	थोरो	थोर
गहिरा	गहिरो	गहिर
पतला	पतरो, पातरो	पातर
पिछला	पाछिलो	पाछिल
चकला	चकरो	चाकर
दूना	दूना	दून
साँवला	साँवरो	साँवर
गोरा	गोरी	गोर
प्यारा	प्यारी	पियार
ऊँचा	ऊँचो	ऊँच
नीचा	नीचा	नीच
अपना	अपनो	आपन
मेरा	मेरो	मोर
तेरा	तेरो	तोर
हमारा	हमारो	हमार
तुम्हारा	तुम्हारो	तुम्हार
पीला	पीरो	पीयर
हरा	हरो	हरियर

साधारण क्रिया (इनफिनिटिव) के रूप अवधी में लध्वंत बकारांत होते ही हैं। जैसे—आउब, जाब, करब, खाब इत्यादि। पश्चिमी हिंदी के कुछ दीर्घांत संज्ञा शब्द भी अवधी में कहीं कहीं लध्वंत होते हैं। जैसे—

बहल घोड़ हस्ती सिंहनी

खड़ी बोली के समान अवधी में भूतकालीन कृदंत होते हैं। बहुत से अकर्मक कृदंत विकल्प से लध्वंत भी होते हैं जैसे ठाढ़, बैठ, आय, गय इत्यादि। नीचे कुछ उदाहरण दिए जाते हैं।

(1) **बैठ** महाजन सिंहलदीपी (बैठ=बैठ है=बैठे हैं)

(2) रहा न जोबन **आव** बुढ़ापा (आव=आया)

(3) कटक सरह अस **छूट** (छूट=छूटा)

सकर्मक में करना, देना और लेना इन तीनों क्रियाओं के भी विकल्प से क्रमश: 'कीन्ह', 'दीन्ह', और 'लीन्ह' रूप होते हैं। इसी प्रकार पद्य में कभी कभी वर्तमान काल के रूप के स्थान पर संक्षेप के लिये धातु का रूप रख दिया जाता है जैसे--

(क) हौं अंधा जेहि **सूझ** न पीठी। (सूझ=सूझती है)

(ख) बिनु गथ बिरिछ निपात जिमि ठाढ़ पै **सूख**। (सूख=सूखता है)

संभाव्य भविष्यत् का रूप साधारणत: तो वर्तमान ही के समान पुरुषभेद लिए हुए होता है पर ठेठ पूरबी अवधी में प्राय: प्रथम पुरुष में भी मध्यम पुरुष बहुवचन का रूप ही रहता है जैसे—

(क) जोबन, **जाउ,** जाउ सो भँवरा।

(जाउ=जाय, चाहे चला जाय)

(ख) सब लिखनी कै **लिखु** संसारा।

(लिखु=यदि लिखे)

(ग) अजस **होउ,** जग सुजस **नसाऊ**।

(होउ=चाहे हो। नसाऊ=चाहे नसाय)

तुलसी और जायसी के लिंगनिर्णय में ऊपर लिखी बातों का ध्यान रखना चाहिए। चौपाई में चरण के अंत का पद यदि लध्वंत हो तो भी दीर्घांत कर दिया जाता है, यह तो प्रसिद्ध ही है। अत: चरण के अंत में आए किसी पद के लिंग का निर्णय करते समय यह विचार कर लेना चाहिए कि वह छंद की दृष्टि से लध्वंत से दीर्घांत तो नहीं किया गया है। तुलसी और जायसी के कुछ उदाहरण लीजिए—

(क) मरम वचन जब सीता **बोला**—तुलसी।

(ख) देखि चरित पदमावति **हँसा**—जायसी

ऊपर कह आए हैं कि कभी कभी वर्तमान में संक्षेप के लिये धातु का रूप रख दिया जाता है। अत: 'बोला' और 'हँसा' वास्तव में 'बोल' और 'हँस' है जो छंद की दृष्टि से दीर्घांत कर दिए गए हैं। कहने की आवश्यकता नहीं कि इन संक्षिप्त रूपों का व्यवहार दोनों लिंगों में समान रूप से हो सकता है। इसी प्रकार संभाव्य भविष्यत् का रूप भी कभी कभी दीर्घांत होकर चरण के अंत में आ जाता है जैसे—

(क) कों हींछा पूरै, दुख **खोवा?**

(खोवा—खोव या खोउ अर्थात् खोवे)

(ख) दरपन सांहि भीति तहँ **लावा**। देखहुँ जबहि झरोखे आवा॥

(आवा=**आव** या आउ अर्थात् आवै)

जायसी और तुलसी दोनों कवियों ने कहीं-कहीं बहुत पुराने शब्दों और रूपों का व्यवहार किया है जिनसे परिचय हो जाना बहुत ही आवश्यक है। दिनिअर, ससहर, अहुट्ठ, भुवाल, पइट्ठ, बिसहर, सरह,पुहुमी, (दिनकर, शशधर, अध्युष्ठ, भूपाल, प्रविष्ठ, विषधर, शलभ, पृथ्वी) आदि प्राकृत संज्ञाओं के अतिरिक्त और प्रकार के पुराने शब्द और रूप भी मिलते हैं। उनसे से मुख्य मुख्य का उल्लेख नीचे किया जाता है।

किसी समय संबंध की 'हि' विभक्ति से सब कारकों का काम लिया जाता था, पीछे वह कर्म और संप्रदान में नियत सी हो गई। इस 'हि' या 'ह' विभक्ति का सब कारकों में प्रयोग जायसी और तुलसी दोनों की रचनाओं में देखा जाता है। जायसी के उदाहरण लीजिए—

(1) **जेहि** जिउ दीन्ह कीन्ह संसारू। (कर्ता)

(2) **चाँटहि** करै हस्ति सरि जोगू। (कर्म)

(3) **बज्रहि** तिनकहि मारि उड़ाई। (करण)

(4) देस देस के बर **मोहिं** आवहि। (संप्रदान)

(5) राजा **गरबहि** बोल नाहीं। (अपादान)

(6) **सौंजहि** तन सब रोवाँ, पंखिहि तन सब पाँख | (संबंध)
चतुर वेद हौ पंडित, हीरामन **मोहि** नावँ |

(7) **तेहि** चढ़ि हेर, कोइ नहिं साथा। | (अधिकरण)
कौन पानि **जेहि** पवन न मिला? |

कर्ता कारक में 'हि' की विभक्ति गोस्वामी तुलसीदास जी ने तो केवल सकर्मक भूतकालिक क्रिया के सर्वनाम में ही लगाई है (जैसे, तेइ सब लोक लोकपति जीते) पर जायसी ने आकारांत संज्ञा कर्ता में भी यह चिन्ह प्रायः मिलता है, जैसे—

(क) **राजै** कहा 'सत्य कहु सूआ'।

(राजै=राजहिं=राजा ने)

(ख) **राजै** लीन्ह ऊबि कै साँसा।

(ग) **सुऐ** तहाँ दिन दस कल काटी।

(सूऐ=सुअहि=सुए ने)

उच्चारण में 'हि' के 'ह' के घिस जाने से केवल स्वर रह गया जिससे 'राजहि' का 'राजइ' हुआ और 'राजइ' से 'राजै'। इसी तरह 'केहि', 'जेहि', 'तेहि', भी 'केइ' 'जेई' 'तेइ' बोले जाने लगे। इसी से हमने पाठ में में ये पिछले रूप ही रखे हैं। जायसी के समय इस 'ह' का लोप हो चला था इसका प्रमाण

दो चार जगह हकारलुप्त कारकचिन्हों का प्रयोग है, जैसे—

जस यह समुद दीन्ह दुख **मोकाँ**।

यह 'काँ' आजकल की अवधी बोलचाल में कर्म और संप्रदान का चिन्ह हैं और 'कहँ' का बिगड़ा हुआ (हकारलुप्त) रूप है। 'कहँ' पुराना रूप है। बोलचाल की अवधी में 'काँ' और 'के' दो रूप चलते हैं। यह 'के' भी अपभ्रंश की पुरानी कर्मविभक्ति 'केहि' का घिसा हुआ रूप है।

'हि' और 'ह' दोनों एक ही है। 'ह' का व्यवहार पृथ्वीराज रासो में बराबर मिलता है। 'तुम्हा' में यह 'ह' अब तक लिपटा चला आ रहा है। 'ह' के साथ संयुक्त सर्वनामों का व्यवहार जायसी ने बहुत किया है, जैसे—हम्ह—हमको, तुम्ह=तुमको। इसी प्रकार और कारकों में भी यह 'ह' सर्वनाम में संयुक्त मिलता है। कुछ उदाहरण देखिए—

(क) गुरु भएउँ आप कीन्ह **तुम्ह** चेला। (=तुमको)

(ख) आज़ु आगि **हम्ह** जूड़। (=हमको, हमारे लिये)

(ग) पदुम गंध **तिन्ह** अंग बसाहीं। (=उनके)

(घ) **जिन्ह** एहि हाट न लीन्ह बेसाहा। (=जिन्होंने)

(ङ) मैं **तुम्ह** राज बहुत सुख देखा। (=तुम्हारे)

(च) एहि बन बसत गइ **हम्ह** आऊ। (=हमारी)

(छ) परसन आइ भए **तुम्ह** राती। (=तुम्हारे ऊपर)

इस पुरानी विभक्ति के अतिरिक्त जायसी और तुलसी ने कुछ पुराने शब्दों का भी व्यवहार किया है। इनमें से कई एक ऐसे हैं जो अब प्रसिद्ध नहीं हैं। उदाहरण के लिये 'चाहि' और 'बाज' इन शब्दों को लीजिए। चाहि का अर्थ है अपेक्षाकृत अधिक बढ़कर—

(क) मेघहु **चाहि** अधिक वै कारे।

(ख) एक सौ एक **चाही** रूपमनी।

(ग) कुलिसहु **चाहि** कठोर अति, कोमल कुसुमहु **चाहि**।—तुलसी

यह 'चाहि' शायद संस्कृत 'चापि' से निकला हो। बँगला में यह 'चेये' इस रूप में बोला जाता है। अब दूसरा शब्द 'बाज' लीजिए जिसके अर्थ होते हैं बिना, बगैर, अतिरिक्त छोड़कर।

(क) गगन अंतरिख राखा, **बाज** खंभ बिनु टेक।

(ख) को उठाइ बैठारे **बाज** पियारे जीउ।

(ग) दीन दुख दारिद दरै को कृपाबारिधि **बाज**?—तुलसी

यह 'बाज' संस्कृत 'त्रर्ज्य' का अपभ्रंश है।

'पारनी' क्रिया के रूप अब बंगाल ही में सुनाई पड़ते हैं पर जायसी और तुलसी के जमाने तक शायद वे अँवध की बोलचाल में भी रहे हों; क्योंकि इनके पहले के कबीर साहब की वाणी में वे पाए जाते हैं। जो कुछ हो, जायसी

और तुलसी दोनों ने इस 'पारना' (=सकना) क्रिया का खूब व्यवहार किया है, जैसे—

(क) परी नाथ कोइ **छुवै न पारा**।—जायसी

(ख) तुमहि अछत को **बरनै पारा**।—तुलसी

यही दशा 'आछना' क्रिया की भी है। यह 'अस' धातु से निकली जान पड़ती है जिसके रूप पाली में 'अच्छति'—'अच्छंति' आदि होते हैं। अब हिंदी में तो उसका वर्तमान कृदंत रूप 'अछत' या 'आछत' ही बोलचाल में है, पर बँगला में इसके और रूप प्रचलित हैं। कबीर साहब और जायसी दोनों में इसके कुछ रूप पाए जाते हैं—

(क) कह कबीर किछु **अछिलो** न जहिया।

(अछिलो=था; मिलाओ बँगला 'छिलो')

(ख) कँवल न **आछै** आपनि बारी।

(आछै =है; बँगला 'आछे')

(ग) का निचिंत रे मानुष आपन चीते **आछु**।

(आछु=रह)

इसी प्रकार 'आदि' शब्द का प्रयोग 'बिल्कुल' या 'निपट' के अर्थ में अब केवल बंगभाषा में ही सुनाई पड़ता है, जैसे, नदी में **बिल्कुल पानी नहीं है**=आदौ जल नाय); पर जायसी ने 'पद्मावत' में किया है। 'बादल' अपनी माता से कहता है—

मातु न जानसि बालक आदी। हौं बादला सिंह रनबादी॥

अर्थात् माता मुझे बिल्कुल बालक न समझ।

सत्तार्थक 'होना' क्रिया के रूपों के आदि में 'अ' अक्षर पहले रहता था वह अब तक अवध के कुछ हिस्सों में—जायस और अमेठी के आसपास—वर्तमान काल में बना हुआ है। वहाँ 'है' के स्थान में 'अहै' बोलते हैं। जायसी ने भूतकालीक रूप 'अह' (=था) का भी व्यवहार किया है। संभव है उस समय बोला जाता रहा हो। उदाहरण—

(क) भाँट **अहै** ईसर कै कला।

(ख) परबत एक **अहा** तहँ डूँगा।

(ग) जब जग गुरु हौं **अहा** न चीन्हा।

तुलसीदास जी में केवल वर्तमान का रूप 'अहै' मिलता है। यह सत्तार्थक क्रिया 'भू' धातु से न निकलकर अस् धातु से निकली जान पड़ती है। भू धातु से निकले हुए पुराने प्राकृत कृदंत 'हुत' (=था) का प्रयोग जायसी की भाषा में हमें प्रायः मिलता है—

(क) **हुत** पहले और अब है सोई।

(ख) गगन **हुता** नहिं महि **हुती**, **हुते** चंद नहिं सूर।

ब्रज और बुंदेलखंड में यह शब्द 'हतो' इस रूप में अब तक बोला जाता है।

एक बहुत पुराना निश्चयार्थक शब्द 'पै' है जो निश्चय या 'ही' के अर्थ में आता है। यह ठीक नहीं मालूम होता कि यह 'अपि' शब्द से आया है या और किसी शब्द से; क्योंकि 'अपि' शब्द 'भी' के अर्थ में आता है। जायसी ने इसका प्रयोग बहुत किया है। तुलसी ने कम किया है; पर किया है, जैसे—

माँगु माँगु पै कहहु पिय, कबहुँ न देहु न लेहु।

उच्चारण—दो से अधिक वर्णों के शब्द के आदि में ह्रस्व 'इ' और ह्रस्व 'उ' के उपरांत 'आ' का उच्चारण अवधी को पसंद और पश्चिमी हिंदी (खड़ी और व्रज) को नापसंद है। इसी भिन्न प्रवृति के अनुसार अवधी में बोले जाने वाले 'सियार', 'कियारी', 'बियारी', 'बियाज', 'बियाह', 'पियार', 'नियाव' आदि शब्द तथा 'दुआर', 'कुआर', 'खुआर', 'गुवाल' आदि शब्द खड़ी बोली और ब्रजभाषा में क्रमशः स्यार, क्यारी, ब्यारौ, ब्याज,ब्याह, प्यारा, प्यारो, न्याव, तथा द्वार, क्वार, ख्वार, ग्वाल बोले जायँगे। 'इ' और 'उ' के स्थान पर 'य' और 'व' की इसी प्रवृत्ति के अनुसार अवधी 'इहाँ', 'उहाँ' 'हिआँ' 'हुआँ' खड़ी बोली और ब्रजभाषा में 'यहाँ', 'वहाँ' और 'ह्याँ', 'ह्वाँ' बोले जाते हैं। इस प्रकार 'अ' और 'आ' के उपरांत अवधी को 'इ' पसंद है और ब्रजभाषा को 'य' जैसे—अवधी के 'आई, जाइ, पाइ, कराइ' तथा 'आइहै, जाइहै, पाइहै, कराइहै', (अथवा अइहै, जइहै, पइहै, करइहै,) के स्थान पर ब्रजभाषा में क्रमशः आय, पाय, जाय, कराय'', 'आयहै, जायहै, पायहै, करायहै (अथवा आयहै—ऐहै, जायहै=जैहै)' कहेंगे।

इसी रुचि वैचित्र्य के कारण 'ए' और 'औ' का संस्कृत उच्चारण (अइ, अउ के समान) पच्छिमी हिंदी से जाता सा रहा, केवल 'यकार' और 'वकार' के पहले रह गया (जैसे, गैया, कन्हैया) पर यह अवधी में बना हुआ है। इससे अवधी में 'ए' और 'और' का उच्चारण 'अय' और 'अव' सा न करके 'अइ' और 'अउ' सा करना चाहिए, जैसे—ऐस-अइस, जैसे-जइस, भैंस-भैंइस, दौरि-दउरि इत्यादि। केवल पदांत के 'ऐ' और 'औ' का उच्चारण पश्चिमी हिंदी के समान 'अय' और 'अव' सा करना चाहिए, जैसे—कहै लाग=कहयलाग, तपै लाग, तपय लाग, चलौ=चलव इत्यादि।

प्राकृत की एक पंचमी विभक्ति 'सुतो' थी, जो 'से' के अर्थ में आती थी। इसका हिंदी रूप-'सेंता' (तृतीया में) बहुत दिनों तक बोला जाता रहा। 'वली' आदि उर्दू के पुराने शायरों में यह विभक्ति मिलती है। कबीरदास ने भी इसका व्यवहार किया है, जैसे—

तोहि सयपीर जो प्रेम की पाका सेंती खेल॥

तुलसीदास ने इसका कहीं व्यवहार किया है या नहीं, ठीक ठीक नहीं कह सकते पर जायसी इसे बहुत जगह लाए हैं, जैसे—

(क) सबन्ह कहा मन समझहु राजा।
काल **सेंति** कै जूझ न छाजा॥

(ख) रतन छुवा जिन्ह हाथन्ह **सेंती**।

हिंदी कवि कभी कभी श्रवणसुखदाता की दृष्टि से लकार के स्थान पर रकार कर दिया करते हैं, जैसे 'दल' के स्थान पर 'दर', 'बल' के स्थान पर 'बर'। जायसी ने ऐसा बहुत किया है। नीचे कुछ उदाहरण दिए गये हैं—

(क) होत आव **दर** जगत असूझ। (=दल)

(ख) सत्त के **बर** जी नहिं हिय फटा। (=बल)

(ग) कीन्हेसिं पुरुष एक **निरमरा** । (=निर्मल)

(घ) नाम मुहम्मद पूनिउँ **करा**। (=कला)

यहाँ तक तो इस बात का विचार हुआ कि जायसी की भाषा कौन सी है और उसका व्याकरण क्या है। अब थोड़ा यह भी देखना चाहिए कि जायसी की भाषा कैसी है।

जायसी ने अपनी भाषा अधिकांश पूरबी या ठेठ अवधी रखते हुए भी बीच बीच में नए पुराने, पूरबी पच्छिमी कई प्रकार के रूपों को स्थान दिया है, इससे भाषा कुछ अव्यवस्थित सी लगती है। पर उन रूपों का विवेचन कर लेने पर यह अवस्था नहीं रह जाती। केशव के अनुयायी भूषण, देव आदि फुटकरिए कवियों की भाषा से इनकी भाषा कहीं स्वच्छ और व्यवस्थित है। चरणों की पूर्ति के लिये अर्थसंबंध और व्याकरण-संबंध-रहित शब्दों की भरती कही नहीं है। कहीं कुछ शब्दों के रूप व्यापकरण विरूद्ध मिल जायँ तो मिल जाँय पर वाक्य का वाक्य शिथिल और बेढ़गा कहीं नहीं मिलेगा। शब्दों के व्याकरण विरुद्ध रूप अवंश्य कहीं कहीं मिल जाते हैं, जैसे—

दसन देखि कै बीजु लजाना।

'लजाना' के स्थान 'लजानी' चाहिए। पूरबी अवधी में भी 'लजानि' रूप होगा जिसे छंद के विचार से यदि दीर्घांत करेंगे तो 'लजानी' होगा। कहीं-कहीं तो जायसी के वाक्य बहुत चलते हुए; जैसे देवपाल की दूती पद्मिनी के मायके की स्त्री बनकर उससे कहती हैं—

सुनि तुम कहँ चितउर महँ कहिउँ कि भेटौं जाइ।

बोलचाल में ठीक इसी तरह कहा जाता है—'तुमको चित्तौड़ में सुनकर मैंने कहा कि जरा चलकर भेंट कर लूँ।' कहावतें और मुहाविरें भी कहीं कहीं मिलते हैं पर वे यों ही भाषा के स्वाभाविक प्रवाह में आए हुए हैं, काव्य रचना के कई आवश्यक अंग समझकर नहीं बाँधे गए हैं। मुहाविरे को अधिक प्राधान्य देने से रूढ़ पद समूहों में भाषा बँधी सी रहती है, उसकी शक्तियों का नवीन विकास नहीं होने पाता। कवि अपने विचारों को ढालने के लिए नए नए साँचे न तैयार करके बने बनाए साँचों में ढलने वाले विचारों को ही बाहर करता है। खैर, इस प्रसंग में यहाँ कुछ अधिक कहने की आवश्यकता नहीं। जायसी के दो

एक उदाहरण देकर आगे चलते हैं—

(क) जोबन नीर घटे का घटा। सत्त के बर जौ नहिं हिय फटा॥

यहाँ कवि ने 'हृदय फटना' या 'जी फ़टना' इस मुहावरे का बड़े कौशल से प्रयोग किया है। कवि ने हृदय को सरोवर माना है,यद्यपि 'सरोवर' पद आ नहीं सका है। पद की न्यूनता से अभिप्राय जरा देर से खुलता है। जब जल घटने लगता है तब ताल की गीली मिट्टी सूखकर फट जाती है। कवि का अभिप्राय है कि जिस प्रकार जल घटने से ताल फट जाता है, उसी प्रकार यदि यौवन के ह्रास से प्रिय से जी न फटे, प्रीति वैसी ही बनी रहे तो कोई हर्ज नहीं। कुछ और उदाहरण लीजिए—

(क) हाथ लिए अपना जिउ होई।

(ख) आवा पवन बिछोह कर, पात परा बेकरार।

तरिवर तजा जो चूरि कै, लागै कहि डार?।

दसरे उदाहरण में 'किसी की डाल लगना' यह मुहावरा अन्योक्ति में खूब ही बैठा है। लोकोक्तियों के भी कुछ नमूने देखिए—

(क) सूधी अँगुरि न निकसै घीऊ।

(ख) दरब रहै भुई, दिपै लिलारा।

(घ) धरती परा सरग को चाटा।

जायसी की काव्यरचना स्वच्छ होने पर भी तुलसी के समान सुव्यवस्थित नहीं है। उसमें जो वाक्यदोष मुख्यतः दिखाई पड़ता है वह 'न्यूनपदत्व' है। विभक्तियों का लोप, संबंधवाचक सर्वनामों का लोप, अव्ययों का लोप, जायसी में बहुत मिलता है। विभक्ति या कारकचिन्ह का अध्याहार तुलसी की रचनाओं में कहीं कहीं करना पड़ता है, पर उन्होंने लोप या तो ऐसा किया है जैसा बोलचाल में भी प्रायः होता है—जैसे सप्तमी के चिन्ह —अथवा लुप्त चिन्ह का पता प्रसंग से बहुत जल्द लग जाता है। पर जायसी ने मनमाना लोप किया है—विभक्तियों का ही नहीं, सर्वनामों, अव्ययों का भी। कहीं कहीं तो इस लोप के कारण 'प्रसादगुण' बिलकुल जाता रहा है और अर्थ का पता लगाना दुष्कर हो गया है, जैसे—

सरजै लीन्ह साँग पर धाऊ। परा खड़क जनु परा निहाऊ॥

इसमें दूसरे चरण का अर्थ शब्दों से यही निकलता है कि 'खड्ग ऐसा पड़ा मानों निहाई पड़ी' पर कवि का तात्पर्य यह है कि 'खड्ग निहाई पर पड़ा'। देखिए इस 'पर' के लोप से अर्थ में कितनी गड़बड़ी पड़ गई। विभक्ति और कारक चिह्न के बेढंगे लोप के और नमूने देखिए—

(क) जंघ छपा कदली होइ बारी।

(जंघ=जंघ से)

(ख) करन पास लीन्हेउ कै छंदू?

(पास=पास से)

अव्ययों का लोप भी प्रायः मिलता है—और ऐसा जिससे अर्थ समझने में भी कभी-कभी कुछ देर लगती है, जैसे—

(1) तब तहँ चढ़ै फिरे नौ भँवरी। (फिरै=जब फिरै)

(2) दरपन साहि भीति तहै लावा।
देखहुँ जबहिं झरोखे=आवा॥
(देखहुँ=इसलिए जिसमें देखूँ)

(3) पुनि सो रहै, रहै नहिं कोई।
(दूसरे 'रहै' के पहले 'जब' चाहिए)

(4) काँच रहा तुम कंचन कीन्हा।
तब भा रतन जोति तुम दीन्हा।
('जोति' के पहले 'जब' चाहिए)

संबंधवाचक सर्वनामों के लोप में तो जायसी अँगरेज कवि ब्राउनिंग से भी बड़े हैं। एक नमूना काफी है—

कह सो दीप पतँक कै मारा।

इस चरण में 'पतंग' के पहले 'जेइ' (=जिसने) पद लुप्त है जिससे अभिप्रेत अर्थ तक पहुँचने में व्यर्थ देर होती है। पहले देखने में यही अर्थ भासित होता है कि 'पतँग का मारा हुआ दीपक कहाँ है?' न्यूनपदत्व के अतिरिक्त 'समाप्तपुनरात्तत्व' भी प्रायः मिलता है, जैसे—'हिये छाहँ उपना औ सीऊ।' यदि अपना शब्द आदि में कर दें तो वह दोष दूर हो जाय।

हिंदी के अधिकांश कवियों पर शब्दों का अंगभंग करने का दोष लगाया जा सकता है। पर जायसी के चरण के अंत में पड़ने वाले शब्द को दीर्घांत करने में जितना रूपांतर होता है उतने से अधिक किसी शब्द का रूप नहीं बिगड़ा। कहीं एकाध जगह ऐसा उदाहरण मिल जाय तो मिल जाय जैसे कि ये है—

(क) दंडा करन बीझ बन जाहाँ (=जहाँ)

(ख) करन पास लीन्हेउ कै छंदू।
विप्र रूप धरि झिलमिल इंदू॥
(इंद्र के स्थान पर 'इंदू' करना ठीक नहीं हुआ है।)

जायसी के दो शब्दों का व्यवहार पाठकों को कुछ विलक्षण प्रतीत होगा। उन्होंने 'निरास' शब्द का प्रयोग 'जो किसी की आशा का न हो, जो किसी का आश्रित न हो' इस अर्थ में किया है, जैसे—

ओहि न मोरि किछु आसा, हौं ओहि आस करउँ।
तेहि निरास प्रीतम कह, जिउ न देउँ, का देऊँ?॥

व्युत्पत्ति के अनुसार तो इस अर्थ में कोई बाधा नहीं पर प्रवृत्ति से भिन्न होने के कारण 'अप्रत्युक्तत्व' दोष अवश्य है। दूसरा शब्द है 'बिसवास' जिसे जायसी 'विश्वासघात' के अर्थ में लाए हैं, जैसे—

(क) राजै वीरा दीन्हा, नहिं जाना बिसवास।

(ख़) आदम हौवा कहँ सृजा, लेइ घला कैलास।

पुनि तहँवा से काढ़ा, नारद के **बिसवास**॥

इसी प्रकार 'बिसवासी' शब्द भी विश्वासघाती के अर्थ में कई जगह लाया गया है—

अरे मलिछ **बिसवासी** देवा। कित मैं आइ कीन्हि तोरि सेवा॥

और कवियों ने भी 'बिसासी' शब्द का इसी अर्थ में प्रयोग किया है, जैसे—

(क) कबहूँ वा **बिसासी** सुजान के आँगन भों अँसुवान को लै बरसौ॥

—घनानंद

(ख) अब तौर उर माहि बसाय कै मारत ए जू **बिसासी?** कहाँ धौं बसे।

—घनानंद

(ग) सेखर घेरे करें सिंगरे, पुरवासी **बिसासी** भए दुखदात हैं। *—शेखर*

(घ) जापै हौ पठाई ता **बिसासी** पै गई न दीसै;

संकर की चाही चंद्रकला तैं लहाई री। *—दूलह*

जायसी की भाषा बोलचाल की और सीधी है। समस्त पदों का व्यवहार उन्होंने बहुत ही कम किया है। जहाँ किया भी है वहाँ दो से अधिक पदों के समास का नहीं। दो पदों के समासों का भी हाल यह है कि वे तत्पुरुष ही हैं और अधिकतर संस्कृत की रीति पर नहीं हैं, विपरीत क्रम से है, जैसे कि फारसी में हुआ करते हैं। दो उदाहरण नमूने के लिये काफी होंगे—

(क) **लीक पखान** पुरुष कर बोला। (=पखान—लीक)

(ख) भा भिनसार **किरिन रवि** फूटी। (=रवि—किरिन)

एक स्थान में तो पद्मावत में फारसी का एक वाक्यखंड ही उठाकर रख दिया गया है—

केस मेघावरि **सिर ता पाई**।

यह 'सिर ता पाई' फारसी का 'सर ता पा' है जिसका अर्थ होता है 'सर से पैर तक।' फारसी की बस इतनी ही थोड़ी सी झलक कहीं कहीं पर दिखाई पड़ती है,और सब तरह से जायसी की भाषा देशी साँचे में ढली हुई है, हिंदुओं के घरेलू भावों से भरी हुई, बहुत ही मधुर और हृदयग्राहिणी है। 'खुसबोय', 'दराज', ऐसे भोंड़े शब्द, 'खुसाल खुसबाही सौं' ऐसे बेहुदा वाक्य कहीं नहीं मिलते। बादशाही दरबार आदि के वर्णन में 'अरकान', 'बारिगह' आदि कुछ शब्द आए हैं पर वे प्रसंग के विचार से नहीं खटकते।

जायसी की भाषा बहुत ही मधुर है पर उसका माधुर्य निराला है। वह माधुर्य 'भाषा का माधुर्य' है, संस्कृत का माधुर्य नहीं। वह संस्कृत की कोमलकांत पदावली पर अवलंबित नहीं। उसमें अवधी अपनी निज की स्वाभाविक मिठास

लिए हुए हैं। 'मंजू', 'अमंद' आदि की चाशनी उसमें नहीं। जायसी की भाषा और तुलसी की भाषा में यह बड़ा भारी अंतर है। जायसी की पहुँच अवध में प्रचलित लोकभाषा के भीतर बहते हुए माधुर्यस्रोत तक ही थी, पर गोस्वामी जी की पहुँच दीर्घ संस्कृत परंपरा द्वारा परिपक्व चाशनी के भांडागार तक भी पूरी-पूरी थी। दोनों के भिन्न प्रकार के माधुर्य का अनुमान नीचे उद्धृत चौपाइयों से हो सकता है—

(क) जब हुँत कहि गा पंखि सँदेसी। सुनिउँ की आवा है परदेसी॥
तब हुँत तुम्ह बिनु रहै न जीऊ। चातक भइउँ कहत 'पिउ पीऊ'॥
भइउँ चकोरि सो पंथ निहारी। समुद सीप जस नयन पसारी॥
भइउँ विरह जरि कोइलि कारी। डार डार जिमि कूकि पुकारी॥

—जायसी

(ख) अमिय मूरि मय चूरन चारू। समन सकल भवरुज परिवारू॥
सुकृत संभु तन बिमल विभूति। मंजुल मंगल मोद प्रसूती॥
जन मन मंजु मुकुर मल हरनी। किए तिलक गुनगन बस करनी॥
श्रीगुरु पद नख मनि गन जोती। सुमिरत दिव्य दृष्टि हिय होती॥

—तुलसी

यदि गोस्वामी जी ने अपने 'मानस' की रचना ऐसी ही भाषा में की होती जैसी कि इन चौपाइयों की है—

काउ नृप होउ हमै का हानी। चेरि छाँड़ि अब होव कि रानी?
जारै जोग सुभाउ हमारा। अनभल देखि न जाइ तुम्हारा॥

तो उनकी एक भाषा 'पद्मावत' की ही भाषा होती और यदि जायसी ने सारी 'पद्मावत' की रचना ऐसी भाषा में की होती जैसी कि इस चौपाई की है—

उदधि आइ तेइ बंधन कीन्हा। हति दसमाथ अमरपद दीन्हा॥

तो उसकी और 'रामचरितमानस' की एक भाषा होती। पर जायसी में इस प्रकार की भाषा कहीं ढूँढ़ने से एकाध जगह मिल सकती है। तुलसीदास जी में ठेठ अवधी की मधुरता भी प्रसंग के अनुसार जगह जगह मिलती है। सारांश यह है कि तुलसीदास जी को दोनों प्रकार की भाषाओं पर अधिकार था और जायसी को एक ही प्रकार की भाषा पर। एक ही ढंग की भाषा की निपुणता उनकी अनूठी थी। अवधी की खालिस, बेमेल मिठास के लिए 'पद्मावत' का नाम बराबर लिया जायेगा।

संक्षिप्त समीक्षा

अब तक जो कुछ लिखा गया उसमें जायसी की इन विशेषताओं और गुणों की ओर मुख्यत:ध्यान गया होगा—

(1) विशुद्ध प्रेममार्ग का विस्तृत प्रत्यक्षीकरण

लौकिक प्रेमपथ के त्याग, कष्टसहिष्णुता तथा विघ्नबाधाओं का चित्रण करके कवि ने भगवत्प्रेम की उस साधना का स्वरूप दिखाया है जो मनुष्य की वृत्तियों को विश्व का पालन और रंजन करने वाली उस परम वृत्ति में लीन कर सकती है।

(2) प्रेम की अत्यंत व्यापक और गूढ़ भावना

लौकिक प्रेम के उत्कर्ष द्वारा जायसी को भगवतत्प्रेम की गंभीरता का निरूपण करना था इससे वियोगवर्णन में सारी सृष्टि वियोगिनी की अनुभूति में योग देती दिखाई गई है। जिस प्रेम का आलंबन इतना बड़ा है--अनंत और विश्वव्यापक है—उसके अनुरूप प्रेम की व्यंजना के लिये एक मनुष्य का क्षुद्र हृदय पर्याप्त नहीं जान पड़ता; इससे कहीं कहीं वियोगिनी सारी सृष्टि के प्रतिनिधि के रूप में दिखाई पड़ती है। उसकी 'प्रेमपीर' सारे विश्व की 'प्रेमपीर' सी लगती है।

(3) मर्मस्पर्शिनी भावव्यंजना

प्रेम या रति भाव के अतिरिक्त स्वामिभक्ति, वीरदर्प, पातिव्रत तथा और छोटे छोटे भावों की व्यंजना अत्यंत स्वाभाविक और हृदयग्राही रूप में जायसी ने कराई है; जिससे उनके हृदय की उदात्त वृत्ति और कोमलता का परिचय मिलता है।

(4) प्रबंध सौष्ठव

पद्मावत की कथावस्तु का प्रवाह स्वाभाविक है। केवल कुतूहल उत्पन्न करने के लिए घटनाएँ इस प्रकार कहीं नहीं मोड़ी गई हैं जिससे बनावट अलौकिकता प्रकट हो। किसी गुण का उत्कर्ष दिखाने के लिये भी घटना में अस्वाभाविकता जायसी ने नहीं आने दी है। दूसरी बात यह है कि वर्णन के लिये जायसी ने मनुष्यजीवन के मर्मस्पर्शी स्थलों को पहचान कर रखा है। परिणाम वैसे ही दिखाए गए हैं जैसे संसार में दिखाई पड़ते हैं कर्मफल के उपदेश के लिये उनकी योजना नहीं की गई है। पद्मावत में राघवचेतन ही का चरित्र खोटा दिखाया गया है; पर उसकी कोई दुर्गति कवि ने नहीं दिखाई। राघव का उतना ही वृत्त आया है जितने की घटनाओं को 'कार्य' की ओर अग्रसर करने में योग है।

(5) वर्णन की प्रचुरता

जायसी के वर्णन बहुत विस्तृत हैं—विशेषत: सिंहलद्वीप, नखशिख, भोज, बारहमासा, चढ़ाई और युद्ध के—जिनसे उनकी जानकारी और वस्तुपरिचय का अच्छा पता लगता है। कहीं तो इतनी वस्तुएँ गिनाई गई हैं कि जी ऊब जाता है।

(6) प्रस्तुत अप्रस्तुत का सुंदर समन्वय

पद्मावत की अन्योक्तियों और समासोक्तियों में प्रस्तुत अप्रस्तुत का जैसा सुंदर समन्वय देखा जाता है वैसा हिंदी के कम कवियों में पाया जाता है।

अप्रस्तुत की व्यंजना के लिये जो प्रस्तुत वस्तुएँ काम में लाई गई हैं और प्रस्तुत की व्यंजना के लिये जो अप्रस्तुत वस्तुएँ सामने रखी गई हैं, वे आवश्यकतानुसार कहीं बोधवृति में सहायक होती है और कहीं भावों के उद्दीपन में। योगसाधकों के मार्ग की जो व्यंजना चित्तौड़गढ़ के प्रस्तुत वर्णन द्वारा कराई गई है, वह रोचक चाहे न हो पर ज्ञानप्रद अवश्य है। इसी प्रकार 'कँवल जो बिगसा मानसर बिनु जल गएउ सुखाइ' वाले दोहे में जो जल बिनु सूखते कमल का प्रस्तुत दृश्य सामने रखा गया है वह सौंदर्य की भावना के साथ-साथ दिया और सहानुभूति के भाव को उद्दीप्त करता है।

(7) ठेठ अवधी का माधुर्य

जायसी ने संस्कृत के सुंदर पदों की सहायता के बिना ठेठ अवधी का भोला भाला माधुर्य दिखाया है, इसका वर्णन पूर्व प्रकरण में आ चुका है।

जिस प्रकार जायसी के उपर्युक्त गुणों और विशेषताओं की ओर पाठक का ध्यान गए बिना नहीं रह सकता उसी प्रकार इन नीचे लिखी त्रुटियों की ओर भी—

(1) पुनरुक्ति

'पद्मावत' में एक ही भाव, एक ही उपमा, कहीं-कहीं तो एक ही वाक्य में न जाने कितनी जगह और कितनी बार आई है। सूर और चाँद के जोड़े से तो शायद ही कोई पृष्ठ खाली मिले। पद्मावती के नखशिख का जो वर्णन सूए ने रत्नसेन से किया है, प्राय: वही राघव चेतन अलाउद्दीन के सामने दुहराता है। प्राय: वे उपमाएँ और उत्प्रेक्षाएँ फिर आई हैं; कुछ थोड़ी सी दूसरी हों तो हों। सूखे सरोवर के फटने का भाव तीन जगह लाया गया है। इसी प्रकार और बहुत सी पुनरुक्तियाँ है जिनके कारण पाठक को कभी कभी विरक्ति हो जाती है।

(2) अरोचक और अनपेक्षित प्रसंगों का संनिवेश

रत्नसेन-पद्मावती-समागम के वर्णन में राजा का रसायिनी प्रलाप और शतरंज के मोहरों और चालों की बंदिश, नागमती-पद्मावती-विवाद के भीतर फूल पौधों के नामों की अनावश्यक योजना इसी प्रकार की है। सोलह शृंगार और बाहर आभरणों का वर्णन तथा ज्योतिष का लंबा चौड़ा यात्रा विचार केवल जानकारी प्रकट करने के लिये जोड़े हुए जान पड़ते हैं। ये किसी काव्य के प्रकृत अंग कदापि नहीं हो सकते। पद्मिनी, चित्रिणी आदि चार प्रकार की स्त्रियों के वर्णन भी कामशास्त्र के ग्रंथ में उपयुक्त हो सकते हैं। काव्य कामशास्त्र नहीं है।

(3) वर्णनों में वस्तुनामावली का अरोचक विस्तार

रत्नसेन के विवाह और बादशाह की दावत के दर्शन में पकवानों और व्यंजनों की लंबी सूची, बगीचे के वर्णन में पौधों के नाम ही नाम, युद्धयात्रा आदि के वर्णन में घोड़ों की जातियों की गिनती से पाठक का जी ऊबने लगता है। वर्णन का अर्थ गिनती नहीं है।

(4) अनुचितार्थत्व

कई जगह श्रृंगार के प्रसंग में नायक रत्नसेन रावण कहा गया है—ऐसा हिंदी के कुछ सूफी कवियों ने भी, शायद 'रावण' का अर्थ रमण करने वाला मानकर, किया है। पर इस शब्द से 'रुलानेवाले' रावण की ओर ही ध्यान ही जाता है। रावण बड़ा भारी प्रतापी और शूरवीर रहा हो, पर मनोहर नायक के रूप में कविपरंपरा से उसकी प्रसिद्धि नहीं है। वह हीन और दुष्ट पात्र ही प्रसिद्ध है।

(5) न्यूनपदत्व

भाषा पर विचार करते समय विभक्तियों, कारकचिन्हों, संबंधवाचक सर्वनामों और अव्ययों के लोप के ऐसे उदाहरण दिये जा चुके हैं, जिनके कारण अर्थ में गड़बड़ी होती है।

(6) च्युतसंस्कृत

इसका एक उदाहरण दिया जाता है—

दसन देखि कै बीजु लजाना।

हिंदी के चरित्रकाव्य बहुत थोड़े हैं। ब्रजभाषा में तो कोई ऐसा चरिकाव्य नहीं जिसने जनता के बीच प्रसिद्धि प्राप्त की हो। पुरानी हिंदी के पृथ्वीराजरासो, बीसल देवरासो, हम्मीररासो आदि वीरगाथाओं के पीछे चरितकाव्य की परंपरा हमें अवधी भाषा में ही मिलती है। ब्रजभाषा में केवल ब्रजवासीदास के ब्रजविलास का कुछ प्रचार कृष्णभक्तों में हुआ, शेष रामरसायन आदि जो दो एक प्रबंधकाव्य लिखे गए वे जनता को कुछ भी आकर्षित न कर सके। केशव की रामचंद्रिका का काव्यप्रेमियों में आदर रहा पर उसमें प्रबंधकाव्य के वे गुण नहीं है जो होने चाहिए। चरितकाव्य में अवधी भाषा को ही सफलता हुई और अवधी साहित्य में हम जायसी के उच्च स्थान का अनुमान कर सकते हैं।

बिना किसी निर्दिष्ट विवेचन पद्धति के यों ही कवियों की श्रेणी बाँधना और एक कवि को दूसरे कवि से छोटा या बड़ा कहना हम एक बहुत भोंड़ी बात समझते हैं। जायसी के स्थान का निश्चय करने के लिये हमें चाहिए कि हम पहले अलग-अलग क्षेत्र निश्चित कर लें। सुबीते के लिये यहाँ हम हिंदी काव्य के दो ही क्षेत्र विभाग करके चलते हैं—प्रबंध क्षेत्र और मुक्तक क्षेत्र। इन दोनों क्षेत्रों के भीतर भी कई उपविभाग हो सकते हैं। यहाँ मुक्तक क्षेत्र से कोई प्रयोजन नहीं जिसके अंतर्गत केशव, बिहारी, भूषण, देव, पद्माकर आदि कवि आते हैं। प्रबंध क्षेत्र के भीतर हम कह चुके हैं, दो काव्य सर्वश्रेष्ठ हैं— रामचरितमानस' और 'पद्मावत'। दोनों में 'रामचरितमानस' का पद ऊँचा है यह हम स्थान स्थान पर दिखाते भी आए हैं और सबको स्वीकृत भी होगा। अत: समग्र प्रबंध क्षेत्र के विचार से हम कह सकते हैं कि प्रबंध क्षेत्र में जायसी का स्थान तुलसी से दूसरा है। और जीवनगाथा—और इस व्यवस्था के अनुसार रासो आदि को वीरगाथा के अंतर्गत, मृगावती, पद्मावती, आदि को प्रेमगाथा के अंतर्गत तथा रामचरित-मानस को जीवनगाथा के अंतर्गत रखते हैं तो प्रेमगाथा की परंपरा के भीतर

(जिसमें कुतुबन, उसमान, नूरमुहम्मद आदि हैं) जायसी का नंबर सबसे ऊँचा ठहरता है। मृगावती, चंद्रावती, चित्रावली आदि को बहुत कम लोग जानते हैं, पर 'पद्मावत' हिंदी साहित्य का एक जगमगाता रत्न है।

यदि कोई इसके विचार का आग्रह करे कि प्रबंध और मुक्तक इन दो क्षेत्रों में कौन क्षेत्र अधिक महत्त्व का है, किस क्षेत्र में कवि की सहृदयता और भावुकता की पूरी परख हो सकती है, तो हम बार बार वही बात कहेंगे जो गोस्वामी जी की आलोचना में कह आए हैं अर्थात् प्रबंध के भीतर आई हुई मानवजीवन के भिन्न-भिन्न दशाओं के साथ जो अपने हृदय का पूर्ण सामंजस्य दिखा सके वही पूरा और सच्चा कवि है। प्रबंध क्षेत्र में तुलसीदास जी का जो सर्वोच्च आसन है, उसका कारण यह है कि वीरता, प्रेम आदि जीवन का कोई एक ही पक्ष न लेकर उन्होंने संपूर्ण जीवन को लिया है और उसके भीतर आने वाली अनेक दशाओं के प्रति अपनी गहरी अनुभूति का परिचय दिया है। जायसी का क्षेत्र तुलसी की अपेक्षा परिमित है पर प्रेमवेदना उनकी अत्यंत गूढ़ है।

—रामचंद्र शुक्ल